john Gray

# auseinander geliebt

john gray

# auseinander geliebt

Wie Paare ihrer Beziehung
neue Energie
geben können

südwest

# Inhalt

# Einleitung

Eine wirklich gute Beziehung verlangt Einsatz von beiden Seiten. Unermüdlich müssen die Partner daran arbeiten, sie müssen sich aber auch regelmäßige Verschnaufpausen gönnen, ganz wie der Jahresurlaub die notwendige Entspannung verschaffen soll. Frauen erkennen das. Männer hingegen scheinen das oft als Gegensatz zu sehen: Man geht zur Arbeit, macht seinen Job, und wenn man nach Hause kommt, ist Freizeit angesagt. Von Arbeit an der Beziehung keine Spur. Ist das Desinteresse, oder was steckt dahinter?

Die Fähigkeiten, die jahrtausendelang ausreichten und einen Mann zu einem guten Jäger machten – Abwarten, Beobachten, Energieaufsparen – werden heute als Herumtreiberei und Faulheit wahrgenommen. Viele Frauen verstehen nicht, daß er sich auf diese Weise von seinem anstrengenden Tag erholt. Wenn eine Frau ihren Mann mit der Fernbedienung in der Hand vor dem Fernseher sitzen sieht, nimmt sie es persönlich und meint fälschlicherweise, er interessiere sich nicht für die Beziehung.

Einst mag es ausgereicht haben, daß der Mann seine Frau unterstützte, indem er für ihr leibliches Wohl Sorge trug. Das ist inzwischen anders.

## Gefühle als Problem – ein Generationswechsel

Heute kann eine Frau materiell in der Regel für sich selbst aufkommen, und sie betrachtet den Mann eher als emotionale Stütze. Dies ist das ganze Geheimnis der Beziehungsarbeit. Das Problem der heutigen Beziehungen ist nicht das Geld, obwohl wir es manchmal zu einem Problem machen. In den Beziehungen von heute geht es um die emotionalen Bedürfnisse des Partners und deren Erfüllung. Die emotionalen Bedürfnisse der modernen Frau sind ganz andere als die von vor fünfzig Jahren, und auch die des Mannes haben sich gewan-

delt. Es hat ein Generationswechsel stattgefunden. Die Welt hat sich geändert und mit ihr unsere Erwartungen.
Wenn eine Frau sagt: »Wir müssen reden«, denkt der Mann meist: »Reden, nein, nur das nicht!« Er empfindet Angst und Beklommenheit, häufig weiß er nicht, was er tun soll.

## Tolerieren oder missionieren

Für einen Mann bedeutet wahre Liebe, den anderen nicht ändern zu wollen. Wenn er »die Richtige« trifft, schenkt er ihr – manchmal sofort, manchmal nach vielen Gesprächen – sein Herz und liebt sie fortan so, wie sie ist. Er möchte von ihr genau das gleiche. Die meisten Frauen aber wissen dies nicht.
Auf der Suche nach einem Partner hält eine Frau nach einem Mann Ausschau, bei dem es ihr gutgeht, um dessen Wohl sie sich sorgt und den sie liebt. Tief in ihr aber regt sich ein Bedürfnis: »In ihm stecken einige Möglichkeiten, das sehe ich. Was ich mit ihm machen könnte! Die Liebe wird siegen. Ich liebe ihn einfach. Ich werde ihm eben viel geben, dann wird er sich schon ändern.«
Frauen wollen Männer ändern, und das führt meist zu Problemen. Doch sie können lernen, an diesem Missionierungsdrang zu arbeiten, so wie Männer lernen können, diesen weiblichen Zug zu akzeptieren. In dem vorliegenden wie auch in meinem Buch »Männer sind anders. Frauen auch.« gehe ich ausführlich auf diese weibliche Eigenheit ein. Mit diesem Buch möchte ich Paaren ein Instrument in die Hand geben, das ihnen hilft, die Wesenszüge des Partners oder der Partnerin respektieren zu lernen und so mehr Nähe zueinander zu entwickeln.
Und wenn dennoch Ärger aufkommt? Bewahren Sie Ihren Humor, und versuchen Sie es mit dieser Betrachtungsweise: Offensichtlich stammen Sie beide von verschiedenen Planeten. Männer wahrscheinlich vom Mars, Frauen von der Venus. Und auf diesen Planeten herrschen jeweils andere Sitten und Gebräuche. Wenn Sie lernen, sie zu akzeptieren und

zu respektieren, dann läuft alles glatt. Ohne diesen Respekt aber muß man sich zwangsläufig gegenseitig auf die Zehen treten.
Nach meiner Erfahrung hilft es Paaren am besten, wenn sie nach den wirklich einfachen Dingen suchen, die sie verändern sollten, anstatt mit den schwierigen zu beginnen. Ich entsinne mich, wie ich einmal ein Paar aufforderte, ihre Schwierigkeiten zu schildern. Als gute Venusianerin erinnerte sich die Frau an jedes Detail ihrer Probleme. Frauen vergessen nicht. Der Mann hingegen schien förmlich in seinem Sessel zu versinken, Schwierigkeiten wollte er nicht wahrhaben. Denn Marsianer sind eigentlich als Wesen bekannt, die sich von Problemen nicht aufhalten lassen. Auf ihrem Heimatplaneten bekommen die Männer das Gefühl, kompetent zu sein und für ihre Fähigkeiten anerkannt zu werden. Daher hält ein Mann in der Regel nicht an, um sich nach dem Weg zu erkundigen. Er kann ihn auch so finden. Wie lange das dauert, ist eine andere Frage. Die Äußerung seiner Partnerin, daß er sich geirrt habe, kann er überhaupt nicht vertragen. Er will der Anführer sein. Gehen seine Energiereserven zur Neige, wünscht er sich nichts anderes als etwas Anerkennung von seiner Frau. Keinesfalls sollte sie ihn daran erinnern, daß seine Reserven aufgebraucht sind oder daß er seit einer Viertelstunde denselben Häuserblock umkreist. Er weiß es selbst, auch wenn er es nicht zugibt.

## Der kreative Rückzug

Es gibt einige Kleinigkeiten, die eine Venusianerin an einem Marsianer ändern kann. Einen grundlegenden Charakterzug aber muß sie akzeptieren, da er ihn niemals ändern wird: Wenn ein Mann den ganzen Tag damit zugebracht hat, dieses und jenes berufliche Problem zu lösen und abends gestreßt nach Hause kommt, dann zieht er sich zunächst in seine Höhle zurück. Jeder Marsianer hat seine Privathöhle, vor der ein Schild mit einer Aufschrift in Marsianisch angebracht ist. Übersetzt lautet sie: »Achtung, gefährlicher Drache! Nicht

eintreten!« Alle Männer kennen dieses Schild, nicht aber die Frauen – und ein Mann versteht nicht, daß er diesen Aspekt seiner Persönlichkeit einer Frau behutsam erklären muß. Vor der Höhle hängt aber auch ein zweites Schild, das besagt: »Komme gleich zurück.« Die Frau muß wissen, daß der Mann wieder aus seiner Höhle herauskommen wird und daß er drinnen keine Zeit vertrödelt, sondern sich für neue Aufgaben rüstet.
Manche Männer fallen jedoch auf ein ganz modernes Phänomen herein: Viele Frauen verkleiden sich heute als Marsianer. Siearbeiten so hart wie Männer, denken und handeln im Berufsleben wie Männer – bleiben aber nach wie vor die Frau, die sie sind. Ihre emotionalen Bedürfnisse werden tagsüber nicht erfüllt. Mehr als jemals zuvor haben Frauen das Bedürfnis zu reden, um zu sich selbst und damit zu ihrem Gleichgewicht zurückzufinden.

## Einfach nur zuhören

Die Schwierigkeit, die damit auf ein Paar zukommt, ist, daß sie sich ihre Probleme einfach von der Seele reden möchte, er jedoch Lösungen dafür anbietet, wie es seiner männlichen Natur entspricht. In einem solchen Augenblick helfen männliche Lösungen einer Frau nicht weiter, sondern sie möchte, daß er ihr einfach zuhört und sein Mitgefühl zeigt.
Wenn er aus seiner Höhle herauskommt, ist sie vielleicht innerlich wütend, weil sie so lange auf das Zusammensein mit ihm warten mußte. Womöglich geht sie sogar weg, um sich auch eine Höhle zu bauen und ihn so dafür zu bestrafen, daß er nicht mit ihr reden wollte. Als dies vor acht Jahren in meiner Ehe geschah, wurde mir klar, was es mit der Höhle und den Bedürfnissen der Frau auf sich hat.
Ich kam aus meiner Höhle, und meine Frau ging weg. »Bestens«, dachte ich, »dann kann ich ja fernsehen.« Mir war nicht klar, daß ich bestraft wurde. Tagelang sprachen wir kaum ein Wort miteinander. Ich dachte: »Wie schön friedlich es ist. Es ist wie bei einem Angelausflug.« Einige Tage später,

als ich mit ihr intim sein wollte, fand ich heraus, daß sie mir grollte und deshalb verstummt war. Wir redeten die ganze Nacht miteinander.
Das Geschenk, das wir uns selbst machen können, ist die Einsicht, daß wir alle nur Menschen sind und daß Männer und Frauen diese Tatsache manchmal aus den Augen verlieren. Wir dürfen auch nicht vergessen, daß Veränderungen nicht über Nacht geschehen.

Wenn jemand einen Fehler macht, braucht er einfach eine erneute Chance, besonders, wenn es um die Unterschiede zwischen den Geschlechtern geht. Wichtig ist auch die Erkenntnis, daß man nicht alles, was der Partner oder die Partnerin sagt, persönlich nehmen muß. Da sie mich mit meinen marsianischen Eigenschaften respektiert, sagt meine Frau zu mir: »Es ist nicht deine Aufgabe, diese Probleme zu lösen, du hast damit nichts zu tun. Ich muß nur darüber reden. Mir geht es gleich etwas besser.« Darauf ich: »Tatsächlich?« »Ja«, sagt sie, und ich denke: »Gut!«
Ich hoffe, daß dieses Buch Ihnen einige Einsichten vermitteln und Wege aufzeigen wird, wie Sie ihre Beziehungen verbessern, mehr Selbstachtung gewinnen und die Veränderungen verstehen können, die Männer und Frauen durchlaufen. Und wie Sie die einzigartigen Eigenschaften schätzen lernen, die uns zu dem machen, was wir sind.

John Gray, Ph. D.
Mill Valley, Kalifornien

# Die Kunst, den anderen zu lieben

Die fundamentale Einsicht, daß alle Menschen verschieden sind, ist eine Grundvoraussetzung für positive und liebevolle Beziehungen.
Im wirklichen Leben aber haben wir diese Erkenntnis nicht völlig verinnerlicht. Statt dessen wollen wir unbedingt einander ändern. Wir nehmen den anderen ihr Anderssein übel, begehren dagegen auf, lehnen es ab. Wir verlangen, daß die Menschen, mit denen wir zu tun haben, fühlen, denken und handeln wie wir selbst. Und wenn sie anders reagieren, machen wir es ihnen zum Vorwurf und verurteilen sie. Wir weisen sie zurecht, wenn sie eigentlich Verständnis brauchen und aufgebaut werden wollen; wir versuchen, an ihnen herumzubessern, obgleich sie tatsächlich das Gefühl der Akzeptanz, der Wertschätzung und des Vertrauens nötig hätten.

## Die Menschen sind verschieden

Wenn sie sich nur ändern würden, so klagen wir, dann könnten wir sie lieben; wären sie mit uns einig, würden sie das gleiche empfinden wie wir, täten sie nur, worum wir sie bitten – wir könnten sie lieben.
Was aber ist Liebe? Bedeutet sie, einen Menschen nur dann zu akzeptieren und zu mögen, wenn er unsere Erwartungen erfüllt? Heißt Lieben, einen Menschen dahingehend zu ändern, wie wir ihn uns wünschen, anstatt ihn so zu lassen, wie er sein möchte? Bedeutet Liebe Zuneigung zu einem anderen, weil er genauso denkt und fühlt wie man selbst?
Dies ist gewiß keine Liebe. Dem Gebenden mag es wie Liebe erscheinen, nicht aber dem Empfangenden. Wirkliche Liebe ist bedingungslos. Sie fordert nicht, sondern bestärkt und drückt Wertschätzung aus. Bedingungslose Liebe ist nicht möglich, ohne daß wir die Unterschiede zwischen uns erkennen und respektieren. Solange wir irrigerweise meinen, ein

von uns geliebter Mensch täte besser daran, wie wir zu denken, zu fühlen und sich zu verhalten, kann es keine echte Liebe geben. Erst wenn wir zu der Einsicht gelangen, daß alle Menschen nicht nur verschieden sind, sondern es auch sein sollen, beginnen die Schranken auf dem Weg zur wahren Liebe zu fallen.

## Worin wir uns unterscheiden

Letztendlich ist ein jeder Mensch einzigartig und läßt sich unmöglich einer bestimmten Kategorie zuordnen. Indem wir uns jedoch die möglichen Unterschiede zwischen uns bewußter machen, erschließt sich eine Systematik, die äußerst hilfreich sein kann.

Morphologisch lassen sich drei Körperbautypen unterscheiden, die mit drei psychischen Grundkonstitutionen in Zusammenhang gebracht werden: der handlungsorientierte athletische, der gefühlsorientierte rundlich-pyknische und der geistig orientierte magere Typus.

Hippokrates, Adickes, Kretschmer, Spranger, Adler und Jung haben zur Klassifizierung der Unterschiede vier Temperamente ermittelt, die mitunter verallgemeinernd als körperlich, gefühlsbetont, überlegt oder intuitiv bezeichnet werden. Beim vielfach verwendeten Myers-Briggs-Indikator ist dieses System auf sechzehn Kategorien erweitert. Die klassische Astrologie charakterisiert zwölf Wesenstypen. Der Sufismus kennt neun Grundcharaktere, die zusammen das sogenannte Enneagramm bilden. Viele der heute angebotenen Seminare zur Persönlichkeitsentwicklung oder auch zu wirtschaftlichen Themen beschreiben vier Typen: Unterstützer, Förderer, Kontrolleur und Analytiker. Dabei wird davon ausgegangen, daß der einzelne potentiell über eine jede dieser Qualitäten verfügt und sie mit einem geschärften Bewußtsein nach Belieben entwickeln und integrieren kann.

Es werden jedoch immer wieder Befürchtungen laut, eine Kategorisierung dieser Art könnte den Menschen jeden Spielraum nehmen. Die Feststellung, jemand sei analytisch und

ein anderer emotional, könnte einseitige Beurteilungen zur Folge haben. Man steckt uns in irgendeine Schublade und sieht uns auf bestimmte Hauptmerkmale reduziert – und nicht so komplex und facettenreich, wie wir wirklich sind.
Beurteilungen und Vorurteile erwachsen scheinbar aus Unterschieden. Bei näherem Hinsehen wird jedoch deutlich, daß Nichtakzeptanz und Unverständnis für unser Anderssein die eigentliche Ursache dieser Beurteilungen sind. Zum Beispiel kann ein »analytischer« Mensch aufgrund der irrigen Erwartung, alle Menschen müßten wie er selbst sein, einen anderen für »zu emotional« halten. Aufgrund dieser Einschätzung wird er eine emotionale Persönlichkeit unmöglich wirklich schätzen oder achten. Ebenso kann eine »emotionale« Person einen analytischen Menschen als »zu analytisch« aburteilen, weil sie nicht erkennt, daß zwischen ihnen beiden einfach Unterschiede in der Veranlagung bestehen.

## Unterschiede akzeptieren

Die Anerkennung von Unterschieden wird oft als bedrohlich empfunden, sie ist es aber nicht. Indem wir akzeptieren, daß die Menschen verschieden sind, befreien wir uns von dem Zwang, sie ändern zu wollen. Wenn wir nicht damit beschäftigt sind, andere zu ändern, vermögen wir sie in ihrer Einmaligkeit wahrzunehmen. Letztendlich können wir, indem wir die Andersartigkeit der Menschen anerkennen, von Beurteilungen Abstand nehmen.
Dadurch, daß wir die psychologischen Unterschiede zwischen den Menschen akzeptieren, werden wir frei, die Grundharmonie zu erleben, die unsere Beziehungen durchdringt. Auf eine abstrakte Weise sind wir alle gleich. Jede spirituelle Lehre spricht von diesem Einklang. Tief in uns fühlen wir uns eins mit unseren Mitmenschen. Wenn wir von hungernden Kindern lesen, spüren wir in unserem Herzen den Schmerz, den wir auch bei unseren eigenen Kindern empfinden würden.
Indem wir unser Herz öffnen, werden wir uns bewußt, daß

das, was außen ist, auch in uns ist. Das Streben, sich zu öffnen, kann verschiedene Formen annehmen: Man kann den Pfad zur Erleuchtung einschlagen, die Suche nach Gott aufnehmen, von einer glücklichen Ehe träumen, einem Seelenverwandten begegnen oder ein liebevolles Familienleben beginnen. In jedem Fall fühlt sich jeder Mensch auf unerklärliche Weise zu etwas oder einem anderen hingezogen.
Wer die Erleuchtung sucht, fühlt sich zu einem Lehrer hingezogen, weil dieser etwas verkörpert, was der Suchende in sich trägt und was es zu erkennen gilt. Durch die Liebe und das Verständnis für den Lehrer oder die Lehre liebt und akzeptiert der Suchende eben diese Qualitäten in sich selbst. Allmählich erspürt er das Gesuchte in sich. So finden wir zwangsläufig zu dem, was wir in uns zum Leben erwecken müssen, was wir zum Leben brauchen. Letztendlich sind wir alle motiviert, uns von den Fesseln, die uns einengen, zu befreien und die Verbundenheit zwischen uns zu erkennen.

## Gegensätze ziehen sich an

Ein Mann, der seine emotionalen Anteile unterdrückt, wird kühl und distanziert. Als Ausgleich sucht er die Verbindung mit der Empfindsamkeit und Wärme einer Frau. Die Unterschiede beider schaffen eine Anziehung – die Chemie stimmt. Und immer wenn seine mit ihren Energien zusammentreffen, erlebt er das Glücksgefühl seiner eigenen Ganzheit. Im liebevollen Kontakt mit der weiblichen Empfindsamkeit wird er selbst weich und zart, ohne seine männliche Stärke und Tatkraft zu verlieren.
Nicht die Ähnlichkeit, sondern die Unterschiedlichkeit zieht uns zu einem anderen Menschen hin. Die andere Person verkörpert Qualitäten, die wir unbewußt in uns selbst suchen. Durch die Liebe zu diesem Menschen beginnen wir, eben jene in uns verborgenen Eigenschaften zu erwecken und zu akzeptieren. Die Entdeckung unseres Selbst verhilft uns zu tieferer Erfüllung.

Durch die Liebe können wir die Eigenschaften der geliebten Person in uns selbst integrieren. Doch ist dies erst möglich, wenn wir uns der Unterschiede bewußt sind. Wir fühlen uns zu etwas hingezogen, das anders ist als wir. Unsere Herausforderung besteht darin, diese Unterschiede zu verstehen, zu akzeptieren und zu schätzen. So werden sie zu einem natürlichen Bestandteil unserer selbst. Das ist eine Herausforderung, denn dieser Prozeß ist nicht immer einfach. Eine starke Sympathie für jemanden deutet darauf hin, daß es viele Unterschiede in Einklang zu bringen und zahlreiche Entdeckungen zu machen gilt.
Da wir uns zu den Menschen hingezogen fühlen, die anders sind als wir, ist die Einsicht, daß alle Menschen verschieden sind, eine Grundvoraussetzung für eine erfüllte Beziehung.
Indem wir unser Bewußtsein für diese Unterschiede und ihre Auswirkungen auf die Menschen, mit denen wir zu tun haben, schärfen, klären sich allmählich die Mißverständnisse zwischen Männern und Frauen. Wichtige Fragen finden eine Antwort, wir kommen ohne Beurteilungen aus, können Konflikte besser lösen und schließlich vermeiden.

## Die Unterschiede verstehen

Katja, 32 Jahre alt, ist eine erfolgreiche Musikerin und Komponistin. Sie macht Karriere, und dabei eröffnen sich ihr vielerlei Möglichkeiten. Wie so viele beruflich erfolgreiche Frauen ist sie ledig, wünscht sich aber hin und wieder, verheiratet zu sein. »Ich weiß nicht, warum ich Männer abschrecke«, sagt sie. »Irgendwie vertreibe ich sie. Vielleicht fordere ich zu viel. Was kann man von einem Mann schon erwarten? Männer bringen mich durcheinander, Beziehungen auch. Ich weiß nicht einmal, wie eine gute Beziehung aussieht.«
Alice, eine 36jährige Unternehmensberaterin, und Richard, 40 Jahre alt und im Bereich der Baulanderschließung tätig, sind seit sechs Jahren ein Ehepaar. »Als wir heirateten, war Richard aufmerksam, rücksichtsvoll und so romantisch«, berichtet Alice. »Jetzt ist alles langweilige Routine. Wir reden

nicht einmal miteinander. Manchmal weine ich mich abends, wenn Richard auf dem Sofa eingenickt ist, in den Schlaf und denke dabei zurück, wie sehr ich ihn einmal liebte und welche besonderen Gefühle er in mir erweckte. Ich verstehe nicht, warum jetzt alles so anders ist. Wir können nicht einmal mehr ein Gespräch führen. Ab und zu öffnet er sich und teilt sich mit, dann geschieht irgend etwas, und schon verschließt er sich wieder. Ich wüßte so gern den Grund dafür.«
Patrick, 42 Jahre alt und Restaurant-Designer, ist frustriert über seine Freundin Jennifer, eine 36jährige Künstlerin, mit der er zusammenlebt. Er liebt sie und denkt daran, sie zu heiraten, ist sich aber wegen ihrer häufigen Auseinandersetzungen nicht sicher. »Wann immer ich etwas Konstruktives sage oder versuche, ihr zu helfen, reagiert Jennifer, als würde ich sie angreifen. Wenn ich dann erkläre, was ich meine, regt sie sich noch mehr auf. Ich weiß nicht, was ich tun soll. Ich bin frustriert, denn ich möchte sie wirklich unterstützen. Ich liebe sie, aber wenn sie auf alles, was ich sage oder tue, überreagiert, nehme ich eine Abwehrhaltung ein und werde boshaft. Ich weiß nicht, wie lange ich das noch aushalte.«
Was all diesen Beziehungen fehlt, ist ein tiefes Verständnis dafür, worin Männer und Frauen sich unterscheiden. Ohne dieses Verständnis ist es fast unmöglich, das, was jedes Geschlecht so besonders und einzigartig macht, wirklich zu respektieren und zu schätzen. Zur näheren Erläuterung hier drei Beispiele:

## Katja möchte teilen, Thomas braucht seinen Freiraum

Katja ist frustriert, weil sie unfähig ist, ihre Wünsche und Bedürfnisse in einer Beziehung zu erfüllen, ohne den Partner zu kränken. Wenn sie und ihr Partner Thomas zum Beispiel nach der Arbeit zusammen sind, möchte sie darüber reden, was beide tagsüber erlebt haben. Er dagegen will es vergessen, sieht fern und liest lieber Zeitung . Je mehr sie sich um ein Gespräch bemüht und je mehr Widerstand er leistet, desto größer wird die Spannung zwischen beiden.

Sie fragt: »Wie war dein Tag?« Er antwortet: »Gut« und denkt dabei: Ah, jetzt kann ich mich in Ruhe hinsetzen, die Nachrichten sehen und abschalten.
Sie möchte wissen: »Wie ist deine Sitzung gelaufen?« Er antwortet: »Okay« und denkt gleichzeitig: O nein, jetzt geht das wieder los. Sie möchte etwas über meinen Tag erfahren. Ich will aber nicht darüber sprechen. Wenn ich es wollte, würde ich es tun. Ich möchte nur den Tag vergessen und die Nachrichten sehen.
Sie fragt: »Hast du daran gedacht, die Anmeldung für dein Auto zu verlängern?« Er sagt: »Ja«, denkt aber: Ich habe daran gedacht, es aber noch nicht getan. Ist denn das die Möglichkeit! Sie verfolgt all meine Aktivitäten. Ich habe das Gefühl, ich ersticke. Traut sie mir denn nicht zu, daß ich mich um meine Autoanmeldung selbst kümmere?
Sie startet einen neuen Versuch: »Wie war der Verkehr heute morgen auf dem Weg in die Stadt?« Er antwortet: »Wie immer« und denkt dabei: Was interessiert mich der Verkehr. Warum nervt sie mich nur? Vielleicht möchte sie mir sagen, daß ich morgens früher losfahren sollte. Ich hasse es, wenn sie versucht, an mir herumzubessern. Laß mich in Frieden, ich möchte nur fernsehen.
Die nächste Runde: »Bist du rechtzeitig zu der Sitzung gekommen?« Seine Antwort: »Ja.« Dabei denkt er: Gib doch endlich Ruhe. Du traust mir auch gar nichts zu. Sicher, einen Teil der Besprechung habe ich verpaßt, aber das letzte, was ich von ihr hören möchte, ist ein Vortrag darüber, wie ich mir meine Zeit besser einteile. Ich wette, sie wartet auf eine Gelegenheit zu sagen: »Habe ich es dir nicht gesagt?«
Katja spürt Thomas' Gereiztheit, hat aber keine Ahnung, warum er verärgert ist. Sie fühlt sich verletzt und fragt: »Bist du böse auf mich?« Er antwortet: »Nein«, während er denkt: Ich möchte doch nur etwas Ruhe, und nun will sie über Gefühle reden. Ich hasse es, wenn sie das tut. Jetzt kann ich nicht mehr entspannt die Nachrichten sehen, weil sie ärgerlich auf mich ist. Ich habe mich bestens gefühlt, bis sie mit

dieser Diskussion angefangen hat. Warum kann sie mich nicht einfach dann unterstützen, wenn wir wirklich etwas zusammen machen? Weiß sie denn nicht, daß ich einen harten Tag hinter mir habe? Ich nerve sie doch auch nicht mit einem Wust von Fragen!

Thomas erkennt nicht, daß Katja versucht, ihn zu unterstützen, indem sie ihn auf eine Art und Weise behandelt, wie sie selbst behandelt werden möchte. Mit ihren Fragen will sie keineswegs an ihm herumbessern, sondern sie versucht nur, ein Gespräch in Gang zu bringen, in dem er sich so ausspricht, wie sie das gerne tut. Letztendlich wünscht sie sich von ihm Unterstützung in Form solcher liebevoll gemeinten Fragen. Fatalerweise glaubt er, sie zu unterstützen, indem er keine Fragen stellt und ihr »Raum« läßt, und versteht nicht, warum sie ihm nicht seinen Freiraum zugesteht.

Katja wiederum fühlt sich ungeliebt, ignoriert und wie ein altes Möbelstück im Zimmer hingenommen. Sie denkt: Ich kann es nicht verstehen, daß er mir so gar nichts von sich mitteilen möchte. Er hat doch früher soviel mit mir geredet. Er liebt mich einfach nicht mehr so wie damals. Vielleicht langweile ich ihn. Es verletzt, wenn man nicht mehr das Gefühl vermittelt bekommt, etwas Besonderes zu sein. Ich bin so wütend. Er hört mir überhaupt nie zu. Das ist nicht die Art von Beziehung, die ich führen möchte. Warum finde ich keinen Mann, der mich liebt? Er muß doch wissen, daß ich einen harten Tag hatte und das Bedürfnis verspüre zu reden. Ich habe ihm soviel Aufmerksamkeit geschenkt, und er hat sich nicht einmal erkundigt, wie mein Tag war. Das ist nicht fair.

Katja erkennt nicht, wie ihre Versuche, Thomas zu unterstützen, bei ihm genau das gegenteilige Gefühl erzeugen. Sie begeht den Fehler, ihren Partner in verschiedener Hinsicht so zu behandeln, wie sie behandelt werden möchte, und versteht nicht, warum es nicht funktioniert. Fälschlicherweise nimmt sie an, Männer reagierten genauso wie sie oder andere Frauen auch.

## Alice versucht Wünsche zu erfüllen, Richard braucht Anerkennung

Alice ist verstimmt und läßt Richard fast jeden Abend ihren Ärger spüren, weil sie meint, er lehne alles ab, was sie zu seiner Hilfe tut, und im übrigen wisse er es auch nicht zu schätzen. In Wirklichkeit schätzt er fast alle ihrer Aktivitäten. Führt ihre Hilfsbereitschaft aber dazu, daß sie sich verausgabt und sich dann über die Beziehung ärgert, sähe er es lieber, wenn sie weniger täte.

Bis Richard nach Hause kommt, hat Alice verschiedenste Arbeiten erledigt, um ihn zufriedenzustellen. Sie hat den Mülleimer geleert, seinen Schreibtisch aufgeräumt, das Haus geputzt, seine T-Shirts und Unterwäsche gewaschen und etwas gekocht, was er gerne ißt. Sie räumt hinter ihm auf und spült ab, sie hört den Anrufbeantworter ab und tut alles, was ihr einfällt, um ihm eine Freude zu machen und sein Leben angenehmer zu gestalten.

Alice versucht also, alle Bedürfnisse Richards im voraus zu erahnen – und nimmt es ihm übel, wenn er nicht das gleiche für sie tut.

Richard ist müde, wenn er von der Arbeit kommt. Der Groll seiner Frau, den er dann zu spüren bekommt, laugt ihn weiter aus. Er kann das, was Alice tut, nicht so richtig würdigen, schließlich führt es nur dazu, daß sie mit ihm hadert. Ginge es nach ihm, sollte sie weniger tun, aber mehr anerkennen, was er seinerseits leistet, um ihr das Leben zu erleichtern. Er möchte, daß sie glücklicher ist und ihm mehr Wärme entgegenbringt. Ihre Märtyrerhaltung innerhalb der Beziehung widerstrebt ihm.

Alice ist durcheinander, denn sie gibt die Zuwendung, die ihr gefallen würde. Sie verhält sich getreu dem Motto: »Was du willst, das man dir tu, das füge auch dem anderen zu.« Bedauerlicherweise bittet sie Richard nicht um mehr Unterstützung. Sie geht davon aus, daß er ihre regen Aktivitäten, die zu seinem Wohl stattfinden, vergelten müsse, ohne daß sie ihn darum bitten muß. Weiter nimmt sie an, daß Richard, wenn er sie liebte, ihre Bedürfnisse vorausahnen würde. Sie versteht nicht, daß sie, indem sie so viel in der Beziehung tut und ihm dann aber grollt, bei ihm bewirkt, daß er noch weniger etwas für die Beziehung tun möchte. Bittet sie doch einmal um Hilfe, dann meist in forderndem Ton, und Richard wird nur sauer und schmollt.

## Banalitäten töten das Gespräch

Oft beschränken sich ihre Gespräche auf praktische Themen. Jedesmal, wenn Richard von seinem Tag erzählt, versucht Alice, wieder um seine Zufriedenheit bemüht, allen Dingen etwas Positives abzugewinnen. Das schreckt Richard ab, er möchte sich Alice gegenüber nicht weiter über seinen Tag äußern.

Zum Beispiel sagt Richard: »Die Firma hat den neuen Auftrag nicht bekommen. Ich muß etwa die Hälfte meiner Mitarbeiter vorübergehend entlassen. Die Entscheidung fällt mir wirklich nicht leicht.«

Alice entgegnet in einem begeisterten Ton: »Jetzt mußt du also entscheiden, welche deine besten Mitarbeiter sind, und die anderen wegschicken.«

Richard verschlägt es die Sprache. Er hat die Lust an der Unterhaltung verloren, denkt: Warum ist sie von Entlassungen so begeistert? Ich habe sie nicht um Rat gebeten. Ich bin durchaus in der Lage, dieses Problem selbst zu lösen. Natürlich werde ich meine besten Mitarbeiter behalten. Kann sie nicht einfach zuhören und anerkennen, wie hart ich arbeite?

Alice ist perplex. Sie möchte helfen und begreift nicht, daß Richard sich verletzt fühlt, obwohl sie ihm einen so gutgemeinten Rat gab und ihn damit aufzubauen suchte. Gerne würde sie ihm bei jeder Gelegenheit einen Gefallen tun, in solchen Augenblicken hat sie jedoch nicht die leiseste Ahnung, was er wirklich braucht. Sie erkennt nicht, daß er von ihr lediglich möchte, daß sie zuhört und würdigt, wie hart er arbeitet. So wie sie sich als etwas Besonderes fühlen möchte, will er ihr Held sein – das müssen beide verstehen.

## Patrick bagatellisiert Jennifers Gefühle

Patrick ist frustriert, weil er manchmal Jennifers Verärgerung nicht versteht, wenn er sie zu unterstützen meint. Ein Beispiel:
Wenn Patrick nach Hause kommt, sieht er zuerst seine Post durch. Dann hört er den Anrufbeantworter ab und spielt mit dem Hund. Nachdem er dann noch eine Weile Zeitung gelesen hat, geht er in die Küche, wo Jennifer das Abendessen vorbereitet. Das erste, was Patrick zu Jennifer sagt, ist: »Warum mischst du diese Gewürze?«
Jennifer antwortet sauer: »Weil ich Lust dazu habe.« Im stillen murrt sie: Er hat noch nicht hallo gesagt, da kritisiert er mich schon. Er ignoriert mich. Seine Post, der Hund und die Zeitung sind ihm wichtiger, als mit mir zu reden. Er freut sich nicht einmal, mich zu sehen. Ich habe den ganzen Tag auf ihn gewartet. Ich komme mir so töricht vor. Er hat noch nicht einmal eine Umarmung oder einen Kuß für mich übrig. Ich bin ihm völlig gleichgültig. So ein mieser Typ! Und dann besitzt er die Frechheit, in meine Küche zu kommen und sich über meine Kochkünste zu beschweren.
Patrick bemerkt Jennifers Verärgerung und versucht, sie versöhnlich zu stimmen: »Ach, es ist ja nicht so wichtig, aber ich finde eben, daß diese Gewürze nicht gut zu Fisch passen. Ich meine, du solltest den Pfeffer weglassen.« Was er dabei denkt, ist: Warum fühlt sie sich durch einen belanglosen Vorschlag angegriffen? Was ist denn schon dabei? Sie ist so launisch. Kann sie nicht einmal die kleinste Anregung vertragen?
Jennifer sagt: »Wenn es nicht so wichtig ist, warum kritisierst du mich dann immer wieder, wo ich dich gebeten habe, es zu unterlassen? Du bist so fies. Meine Gefühle interessieren dich überhaupt nicht. Du liebst mich nicht mehr! Warum mache ich mir überhaupt noch diese Mühe? Du denkst nur an dich.«
Darauf Patrick: »Das ist lächerlich. Ich habe dich nicht kritisiert. Ich verstehe dich nicht. Warum machst du aus allem solch ein Drama? Natürlich liebe ich dich.« Im stillen fügt er

hinzu: Ich hasse es, immer deine irrationalen Ausbrüche ertragen zu müssen. Wann wirst du endlich erwachsen?
Patrick versteht nicht, daß Jennifer für ihre Gefühle berechtigte Gründe hat. Er erkennt nicht, daß er mit Bemerkungen wie »Ich verstehe dich nicht« oder »Es ist doch nicht so wichtig« ihre Gefühle herabwürdigt und sie sich dadurch nur noch schlechter fühlt. Selbst der Satz »Natürlich liebe ich dich« bewirkt nur, daß Jennifer seine Liebe anzweifelt.
Jennifer reagiert übertrieben auf seine Äußerungen, weil sie sich in der Beziehung vernachlässigt fühlt. Sie wird nicht mehr so behandelt wie am Anfang. Er nimmt ihre Anwesenheit als selbstverständlich hin und bewirkt damit, daß sie sich töricht fühlt, weil sie sich so aufgeregt hat. Die wirklichen Gründe für ihre Empfindlichkeit versucht er nicht zu verstehen. Seine mangelnde Achtung vor ihren Empfindungen hat zur Folge, daß sie sich nichtig fühlt und noch mehr in die Abwehrhaltung geht.

## Eigene Annahmen überdenken

Beziehungen sind so verwirrend, weil wir der Fehlannahme unterliegen, unsere Partner seien wie wir. In gewisser Weise trifft dies zu, doch in vielen wesentlichen Punkten sind sie eben anders. Wie dieser Trugschluß sich negativ in unseren Beziehungen niederschlägt, sei nachfolgend anhand der häufigsten Probleme erläutert.
Patrick ist kein liebloser Mann. Er ist bereit, auf Jennifers Bedürfnisse einzugehen. Das Problem ist, daß er ihre Bedürfnisse nicht kennt, da sie sich von den seinen unterscheiden. Auch geht er auf ihre Reaktionen nicht richtig ein, weil er sie nicht versteht. Da er sich an Jennifers Stelle nicht ärgern würde – so seine Denkweise –, sollte sie sich auch nicht ärgern. Er erkennt nicht, daß er auf sie herablassend wirkt und damit ihre Gefühle einfach abtut. In der Folge entbrennt ein Streit zwischen ihnen. Patrick nimmt fälschlicherweise an, daß Jennifer sich glücklicher fühlte, wenn sie wie er wäre. Folglich

versucht er, sie zu ändern, anstatt ihre Bedürfnisse zu ergründen und auf sie einzugehen. Wie die meisten Männer versteht Patrick nicht, daß Frauen anders sind und es auch sein sollen.

## Jeder reagiert anders

Erwarten wir, daß ein anderer genauso reagiert wie wir, sind wir zwangsläufig enttäuscht, wenn er oder sie sich anders verhält. Aus unserer Frustration heraus spielen wir möglicherweise die Gefühlsreaktionen unseres Partners unwillkürlich herunter, obwohl wir ihn oder sie ursprünglich aufbauen und unterstützen wollten.

Wenn Jennifer und Patrick in eine Krise geraten, kann Patrick kaum nachvollziehen, weshalb Jennifer so emotional wird. Während er seiner natürlichen Veranlagung gemäß unter Streß distanzierter wird, reagiert Jennifer gewöhnlich mit Gefühlsausbrüchen.

Dieser Unterschied ist auch bei anderen Männern und Frauen recht verbreitet. Da die beiden ihn nicht erkennen, ergeben sich neue Probleme. Patrick nimmt ihre emotionale Reaktion persönlich und glaubt, Jennifer traue ihm nicht zu, seine Angelegenheiten zu regeln. Er meint, ihr mit seiner Bemerkung »Reg dich doch nicht auf« zu helfen, da er selbst sich in Krisensituationen distanziert, anstatt sich aufzuregen. Jennifer aber entrüstet sich noch mehr, weil Patrick seine Gefühle nicht mitteilt oder ihre nicht gelten läßt. Da er so verhalten wirkt, kann sie nicht glauben, daß die Situation ihn wirklich berührt.

## Helfen ist gar nicht so einfach

Auch indem wir unseren Partner so behandeln, wie wir behandelt werden wollen, können wir ihn oder sie kränken. Wir nehmen irrtümlich an: »Was gut ist für mich, ist auch gut für dich.«

Zum Beispiel ärgert Alice ihren Ehemann Richard häufig durch ihre übertriebene Fürsorge. Dabei ist sie nicht darauf

aus, ihn zu ärgern, sondern versteht nur nicht, warum er gereizt ist. Sie ist durcheinander, denn am liebsten würde sie noch mehr für ihn tun.
Durch die Annahme, er begrüße ihre fürsorgliche Einflußnahme, kränkt Alice unwissentlich ihren Ehemann. Sie meint zu helfen, macht aber in Wahrheit die Dinge nur schlimmer. Es ist nicht persönlich gemeint, aber weil Richard ein Mann ist, fühlt er sich durch ihre Liebe erstickt. Recht häufig empfinden Männer ein Zuviel an Fürsorge als erdrückend. Sie kann ihm nur dann eine wirkliche Hilfe sein, wenn sie begreift, daß sich ihre Bedürfnisse unterscheiden.

## Was Frauen schwerfällt

Probleme entstehen immer dann, wenn wir von anderen die Denkart, Gefühle und Verhaltensweisen erwarten, die wir von uns selbst kennen. Häufig schätzen Frauen die Liebe eines Mannes falsch ein, indem sie sein Verhalten nach ihren weiblichen Normen werten. Beispielsweise gibt Patrick gewöhnlich seinen Problemen den Vorrang und sieht über andere Zielsetzungen (oder Verpflichtungen) hinweg, die er für weniger wichtig erachtet. Wenn Jennifers Bedürfnisse dabei zu kurz kommen, fällt es ihr schwer zu glauben, daß er sie liebt.
Wäre ihr Bedürfnis wichtig – so seine Sicht –, würde er ihm wesentlich mehr Beachtung zukommen lassen, eben weil sie ihm soviel bedeutet. Da Jennifer aber Patricks Denk- und Verhaltensweise nicht versteht, fällt es ihr schwer, seinen Beteuerungen, wie wichtig sie für ihn sei, Glauben zu schenken. Er begreift nicht, daß seine Art der Problembewältigung Jennifer frustriert und ihren Bedürfnissen nicht gerecht wird.
Das beiderseitige Mißverständnis resultiert aus einem grundlegenden Unterschied zwischen Männern und Frauen. In Streßsituationen neigen Männer dazu, Prioritäten zu setzen und sich auf das Dringendste zu konzentrieren. Das hat viele Vorteile – der Nachteil dieser Art von Streßbewältigung aber liegt darin, daß andere Verantwortlichkeiten vergessen wer-

den oder ihnen keine Bedeutung beigemessen wird. Werden Jennifers Bedürfnisse aber heruntergespielt, fühlt sie sich nicht gut. Sie kann seine Reaktion nicht verstehen, weil sie unter Streß völlig anders reagiert. Eine Frau neigt unter Streß dazu, sich die verschiedenen anstehenden Probleme und Anforderungen deutlicher vor Augen zu führen. Daß sie die Bedürfnisse eines geliebten Menschen vergäße, um sich voll auf ein Problem im Bereich ihrer Arbeit zu konzentrieren, ist eine ihr kaum vertraute Verhaltensweise. Daher ist es schwierig für sie zu glauben, daß sie ihm wirklich wichtig ist.

## Was Männern schwerfällt

Ein Mann wird seiner Partnerin nur wenig Fürsorge, Verständnis und Achtung entgegenbringen, wenn er davon ausgeht, daß sie genauso denken und fühlen müßte wie er.
Patrick fällt es nicht leicht, Jennifer zu respektieren, wenn sie sich ungeliebt oder nicht unterstützt fühlt. Er weiß, wie sehr er sie liebt, und verübelt es ihr daher, wenn sie seine Unterstützung nicht als solche empfindet. Er verliert die Achtung und hält sie für undankbar oder unvernünftig. Wenn sie nach einem langen Tag Mutlosigkeit und Resignation zum Ausdruck bringt, glaubt er, sie beklage sich über mangelnde Hilfe von seiner Seite. Jennifer selbst möchte nur, daß man ihr zuhört. Sie braucht Entspannung und will sich mitteilen. Er nimmt an, sie verlange von ihm die Lösung ihrer Probleme.
Da Patrick nicht das gleiche dringende Bedürfnis hat, seine Gefühle zu äußern, fällt es ihm schwer, ihren Mitteilungsdrang zu respektieren. Erst wenn er aufgebracht ist, geht er das betreffende Problem an. Ist sie in Rage, so denkt er, wird diese Strategie auch ihr helfen. Statt ihr zuzuhören, um ihr Bedürfnis zu erkennen, unterbricht er sie ständig mit »Lösungen« für ihre Probleme. Jennifer bekommt nicht, was sie braucht – nämlich, daß jemand ihr zuhört –, und Patrick erhält keine Anerkennung für seinen Versuch zu helfen. Aufgrund falscher Annahmen sind beide schließlich frustriert.
Ganz gleich, wie engagiert wir an unserer Beziehung arbeiten:

Wir kommen nicht entscheidend voran, ohne unsere insgeheim gehegten Auffassungen zu überdenken. Die weitaus meisten Konflikte zwischen Mann und Frau erwachsen aus einer grundlegenden Fehlannahme: Wir gehen davon aus, daß wir gleich sind, während Männer und Frauen tatsächlich in vielerlei Hinsicht so unterschiedlich sind wie Wesen von verschiedenen Sternen. Ohne ein Bewußtsein für diese Unterschiede sind all unsere Bemühungen vergeblich, dem Rätsel, wie man den Zauber der Liebe wachhält, auf die Spur zu kommen.

In der Kommunikation zwischen Männern und Frauen tut sich mitunter eine Kluft auf, die so tief ist, daß wir meinen könnten, unser Partner käme von einem fremden Stern. Nehmen wir einmal an, die Männer kämen vom Mars und die Frauen von der Venus.

Vor langer Zeit entdeckten die Marsianer durch ihre Teleskope den Planeten Venus. Ihr Leben auf dem Mars war ziemlich eintönig gewesen. Als sie dann aber die Venusianerinnen erblickten, spürten sie eine starke Anziehung. Schnell bauten sie Raumschiffe und flogen zur Venus. Dort angekommen, waren sie erstaunt über ihre Empfindungen angesichts dieser schönen Wesen. Die Marsianer fühlten sich plötzlich kraftvoller und lebendiger. Ein ungekanntes Gefühl von Verantwortung und Zielbewußtheit durchströmte sie. Die Venusfrauen reagierten nicht minder stark auf die Ankunft der Marsianer. Sie hatten intuitiv gewußt, daß dieser Tag einst kommen würde. Beim Anblick der Marsianer verspürten sie in ihrem Herzen eine vertrauensvolle Liebe, wie sie sie zuvor nie empfunden hatten. Einige sagten, sie fühlten sich wie Blüten, die sich im wärmenden Licht der Sonne öffnen, andere erlebten sich als in sich ruhend und klar im Bewußtsein ihrer inneren Weisheit.

Marsianer und Venusianerinnen beschlossen, zusammen wegzufliegen, um auf dem schönsten Planeten des Sonnensystems, der Erde, weiterhin gemeinsam zu leben. Eine Zeitlang herrschte zwischen ihnen eine konfliktfreie Harmonie.

Das Geheimnis ihres Erfolges war die hohe Wertschätzung und Achtung, die sie für die Andersartigkeit des anderen Geschlechts hegten. Weder die Marsianer noch die Venusfrauen versuchten, ihre Partner zu ändern. Sie werteten ihre Eigenheiten nicht als besser oder schlechter, sondern schätzten es ganz besonders, wie sie einander ergänzten.
Eines Morgens aber wachten alle mit einer seltsamen Art von Gedächtnisschwund auf. Sie hatten vergessen, daß sie von verschiedenen Planeten stammten. Damit war ihrem Gedächtnis auch entfallen, daß sie anders waren und sein mußten. Sie hatten vergessen, daß ihre Sprachen zwar ähnlich klangen, sich tatsächlich aber ziemlich unterschieden. Ihre Versuche der Verständigung führten immer mehr zu Mißverständnissen, ebenso wie sie sich nicht erinnerten, daß sie jeweils andere Bedürfnisse und Wünsche hatten. Sie hatten vergessen, daß ihr Verhalten von verschiedenen Motiven, Zielsetzungen, Werten, Impulsen, Zwängen und Reaktionen bestimmt war und daß ihre Art zu denken, zu handeln, zu fühlen, Dinge zu erkennen, zu planen, wahrzunehmen, zu verstehen, Beschlüsse zu fassen und Schlußfolgerungen zu ziehen voneinander abwich. Über Nacht hatten sie auch das Bewußtsein dafür verloren, daß es notwendig war, den anderen zu respektieren. Jetzt wurden die Unterschiede als Makel angesehen, als zeitweilige Manifestation von Dummheit, Krankheit, Verrücktheit, Boshaftigkeit, Unreife, Sturheit, Selbstsucht, Schwäche oder Schlechtigkeit. Probleme waren da. Anfangs eine Quelle der Freude, Wertschätzung und des Staunens, waren die Unterschiede zwischen Marsianern und Venusianerinnen zu einem Konfliktstoff geworden.

## Eine typische Konfliktspirale

Zu welchen Konflikten kann es kommen, wenn Männer und Frauen die geschlechtsspezifischen Unterschiede nicht sehen? Jennifer und Patrick beispielsweise erleben einen Konflikt, der sehr häufig zwischen Männern und Frauen auftritt.

Jennifer muß, wenn sie aufgebracht ist, ihre Gefühle aussprechen, ergründen und sie bestätigt wissen. Danach möchte sie von jemandem, dem sie vertraut und den sie liebt, gestreichelt, gehalten und getröstet werden.
Patrick hingegen geht mit Ärger ganz anders um. Er muß sich in einer solchen Situation distanzieren, um über das Geschehene nachzudenken. Er zieht sich in seine private Höhle zurück, wo er über das, was ihn belastet, nachgrübeln kann. In dieser Rückzugsphase möchte er nicht angefaßt werden.
Ganz leicht kann folgende Eskalation zustande kommen: Wenn Jennifer sehr aufgewühlt ist und über das, was sie belastet, reden will, verläßt Patrick, der ihren Ärger erkennt, das Zimmer, um ihr Raum zu geben. In seinen Augen ist dies eine liebevolle Reaktion.
Jennifer würde nicht im Traum daran denken wegzugehen, wenn eine geliebte Person durcheinander ist. Daher interpretiert sie sein Verhalten falsch: Sie meint, sie sei Patrick vielleicht egal. Damit er auf sie aufmerksam wird, bricht sie in Tränen aus und weint bewußt so laut, daß Patrick sie auch hört. Dieser verläßt, aus einer falsch verstandenen Achtung ihrer Intimsphäre, das Haus.
Jetzt ist Jennifer endgültig durcheinander. Sie fragt sich, wie dieser Mann, der sie doch anscheinend so sehr liebt, so lieblos und unaufmerksam handeln kann.
Sie gibt ihm eine neue Chance und will – immer noch aufgewühlt – mit ihm reden. Patrick hört einige Augenblicke aufmerksam zu und kommt zu dem Schluß, daß sie nach seinem Maßstab zu emotional mit dem Problem umgeht.
»Du regst dich über nichts und wieder nichts auf«, sagt er. »Wie kannst du nur meinen, ich liebe dich nicht mehr?« Mit einem Lachen fügt er hinzu: »Das ist lächerlich, du machst wohl Witze.« Patrick ist ehrlich überzeugt, ihr damit zu helfen. Natürlich findet Jennifer seine Haltung alles andere als liebevoll. Sie fühlt sich alleingelassen, beleidigt und verletzt. »Ich kann nicht glauben, daß du mich liebst«, erwidert sie. »Warum behandelst du mich so?«

Patrick, der helfen wollte, ist natürlich durcheinander und frustriert. Er fühlt sich nicht anerkannt, scheut jede weitere Auseinandersetzung und zieht sich zurück, um herauszufinden, was soeben geschehen ist. Jetzt sind beide verärgert, verwirrt und frustriert. Ihr Problem hat sich nicht aufgelöst, sondern verschlimmert. Keiner von ihnen begreift, was wirklich geschehen ist; beide meinen, der andere sei überspannt. Doch weder Patrick ist überspannt noch Jennifer. Sie sind nur verschieden.

## Wie Frauen ihr Selbstwertgefühl verlieren

Richard und Alice sind seit sechs Jahren verheiratet. Alices Selbstwertgefühl gerät in letzter Zeit ins Wanken; sie hadert mit ihrem Ehemann. Richard fehlt die Motivation, sich in die Beziehung einzubringen. Wenn er nach Hause kommt, setzt er sich meist zum Essen vor den Fernseher und geht dann schlafen. Gelegentlich gehen beide aus, doch reden sie nicht viel miteinander.

Wird Alice geliebt, umsorgt und geachtet, fühlt sie sich wirklich gut. Daraus erwächst Selbstbewußtsein. Beginnt aber ihr Partner, sie weniger respektvoll zu behandeln, und fühlt sie sich ungeliebt, ändert sich ihre Haltung: Sie meint, es nicht zu verdienen, überhaupt geliebt zu werden.

Hinter dieser Verletzlichkeit verbirgt sich folgende Logik: Wenn ich geliebt und geachtet werde, dann fühle ich mich der Liebe und Achtung würdig. Werde ich hingegen nicht geliebt und geachtet, dann habe ich etwas falsch gemacht und habe weder Liebe noch Achtung verdient. Bekomme ich nicht, was ich brauche, dann muß ich mehr geben, um mir das Recht auf die Erfüllung meiner Bedürfnisse zu verdienen.

Genau solche Gefühle entwickelte Alice in ihrer Beziehung mit Richard. Nachdem sie ein Jahr verheiratet waren, konzentrierte Richard sich verstärkt auf seine beruflichen Probleme und begann, sie zu ignorieren. Wenn er abends nach Hause kam, wollte er sich nur noch über Oberflächlichkeiten

unterhalten. Dies war seine männliche Art, ihr mitzuteilen, daß alles in Ordnung war. Von Tag zu Tag aber entfernte er sich mehr. Alice nahm an, daß sie ihn durch irgend etwas zutiefst gekränkt habe und er sich deshalb zurückziehe und ihr seine Liebe versage. Sie dachte, daß er insgeheim mit ihr hadere, denn für sie läßt sich ein Mißverständnis generell nur durch eine Aussprache klären. Wenn man über ein Problem nicht redet, kann man den Groll nicht loswerden.
Aus Furcht, alles noch zu verschlimmern, bemühte sich Alice, Richard gegenüber besonders liebevoll und aufmerksam zu sein. Je weniger er auf ihre Bedürfnisse einging, desto mehr fühlte sie sich paradoxerweise verpflichtet, ihn zufriedenzustellen und ihm etwas zu geben.
Da sie erkannte, daß ihre Gefühle und Forderungen Richard Unbehagen bereiteten, begann Alice, sie zu unterdrücken und sich distanziert, vernünftig und emotionslos zu verhalten. Gelegentlich aber verlor sie die Selbstbeherrschung und reagierte extrem emotional. Wenn Richard sich entzog, fühlte Alice sich ihrer emotionalen Reaktionen wegen schuldig und versuchte um so mehr, ihre weibliche Seite zu unterdrücken. Damit meinte sie, seinen Wünschen zu entsprechen. Je stärker ihre Schuld- und Schamgefühle wurden, desto übermächtiger wurde ihr Zwang, noch mehr zu geben.

## Wie Männer ihre Motivation verlieren

Diese Situation setzte sich Jahr um Jahr fort, wobei Alice allmählich ihr Selbstbewußtsein als Frau einbüßte. Die beiden Partner kamen miteinander aus, doch sie waren unglücklich. Gelegentlich fragte sich Richard, wo das Strahlen in ihrem Gesicht und das Funkeln in ihren Augen geblieben war.
Alice hatte ihr Selbstwertgefühl eingebüßt, während Richard seine liebevollen Gefühle aus den Augen verloren hatte. Er fühlte sich durch die Beziehung gelangweilt und nicht mehr motiviert, ohne zu erkennen, woran das lag.
Wie die meisten Männer kann Richard seine Aufmerksam-

keit so konzentrieren, daß man meinen könnte, er trage Scheuklappen. Hat er berufliche Probleme, neigt er dazu, Alices Bedürfnisse zu übersehen. Dann kann er nur noch durch überdeutliche private Probleme zum Handeln motiviert werden. Hinzu kommt, daß Richard wie andere Männer auch von der Annahme ausgeht, daß eine Frau, wenn sie einmal seine Sichtweise eingesehen hat, es auch weiterhin tut. Die gewonnene Zeit verwendet er auf seine beruflichen Probleme. So verliert er allmählich das Bewußtsein dafür, daß seine Partnerin auch weiterhin Bedürfnisse hat und die Beziehungsarbeit zum Erliegen kommt. Unglücklicherweise reicht das Problem noch weiter. Aus weiblicher Verletzlichkeit heraus gibt Alice mehr, je weniger sie bekommt. Richard aber gibt weniger, je mehr er bekommt. Hinter diesem Schwachpunkt, den viele Männer haben, steckt folgende Logik: Wenn sie für mich gewisse Opfer bringt, habe ich es mir wohl verdient. Also kann ich jetzt entspannen und eine Weile nur nehmen. Wenn ich mehr bekomme, dann muß ich nicht mehr, sondern kann weniger geben.

Richard wird nicht dazu motiviert, mehr zu geben, solange er um so mehr bekommt, je weniger er gibt. Der Preis, den Richard in diesem Kreislauf zahlt, besteht darin, daß er Alices echte Wertschätzung und Akzeptanz verliert. Alice bezahlt damit, daß sie weniger bekommt und mehr hadert. Jedesmal, wenn sie gibt, um Richards Liebe zu gewinnen, ist sie unweigerlich verärgert, da sie aus einer Leere und nicht aus der Fülle heraus gibt. Mit jedem Tag verringert sich ihre Fähigkeit, ihren Partner zu schätzen, zu akzeptieren und ihm zu vertrauen. Sie ist nicht imstande, ihm die Liebe zu geben, die er braucht. Alice selbst ist dieser Groll, den sie aufstaut, weitgehend unbewußt.

Ab und zu bricht er heraus, und zwar paradoxerweise dann, wenn man am wenigsten damit rechnen würde. Jedesmal, wenn Richard sich besonders bemüht, ihr eine Freude zu machen, verhindern ihre geballten Ressentiments, daß sie sich über seine liebevolle Geste einfach freuen kann. Auch wenn sie ihn um Hilfe bittet, kommt der Groll ins Spiel und bewirkt, daß aus ihrer Bitte eine Forderung wird.

## Defizite beim Geben ausgleichen

Richard weiß nicht, daß Frauen eine enorme Fähigkeit besitzen zu geben, ohne etwas dafür zu bekommen. Frauen können geben und geben und dabei glücklich scheinen. Insgeheim aber zählen sie mit. Sie meinen, irgendwann werde ihr Partner so dankbar sein, daß er sich für all ihre Unterstützung revanchiere. Dann können sie sich entspannen und sich eine Zeitlang umsorgen lassen.
Die Idee, daß der Punktestand in einer Beziehung unausgeglichen sein könnte, kommt Männern in der Regel nicht. Denn wenn ein Mann etwas für seine Partnerin tut, erwartet er eine Gegenleistung, bevor er mehr gibt. Daß dabei die Pluspunkte auf seiten der Partnerin enorm in die Höhe wachsen, bemerkt er nicht. Erst wenn ein gravierendes Mißverhältnis besteht – sagen wir 20:1 –, wird er wach, denn die Partnerin beginnt zu murren.
Aber selbst dann reagiert er verärgert – weil er meint, der Punktestand sei ausgeglichen. Er nimmt ihre Mißbilligung übel, weil er sich irrigerweise ihrer Anerkennung sicher glaubte. Warum hätte sie sonst weiterhin gegeben? Er fühlt sich durch ihre Vorwürfe gekränkt und erwartet von ihr eine Entschuldigung, obwohl er es war, der weniger gegeben hat.

### Wege aus dem Dilemma

Um dieses Dilemma zu lösen, müssen beide ihre Verantwortung erkennen. Der Mann muß die Bedürfnisse seiner Partnerin verstehen lernen und mehr geben. Auch muß er ihr verzeihen, wenn sie kein Verständnis für ihn hatte und ihren Verdruß aufgestaut hat. Sie muß die Verantwortung dafür übernehmen, daß sie sich wie eine Märtyrerin verhalten und zugelassen hat, daß das Verhältnis von Geben und Nehmen so ungleichgewichtig wurde.

Diese Beispiele machen deutlich, wie mangelndes Bewußtsein unserer Unterschiede Beziehungsprobleme erzeugt. Durch die Erkenntnis ihrer Unterschiedlichkeit können Männer und Frauen neue Wege zur Lösung uralter Konflikte beschreiten.

Patrick könnte lernen, Jennifer zu unterstützen, indem er ihr zuhört und auf ihre Gefühle eingeht, wenn sie aufgebracht ist. Er würde erkennen, daß er sie durch seine Art, sie wie einen Mann zu behandeln, geringachtet und sie nur noch mehr verdrießt. Würde Jennifer die Unterschiede zwischen ihr und Patrick begreifen, empfände sie seine männlichen Reaktionen als weniger bedrohlich. Denn sie wüßte, daß er nicht beabsichtigt, gemein zu sein oder ihr seine Liebe zu verweigern. Jennifer würde Patricks Bedürfnis, sich in Streßsituationen zurückzuziehen, verstehen und unterstützen, und Patrick könnte lernen, wie er Jennifer ein Gefühl der Sicherheit vermitteln kann, wenn er sich zurückzieht. Jennifer könnte Wege finden, Patrick ihren Ärger mitzuteilen, ohne daß es bei ihm als Schuldzuweisung ankommt. Auch Richard und Alice könnten neue Wege für den Umgang mit ihren Problemen entdecken. Verstünde Alice die Psyche der Männer, wüßte sie, daß sie sich wie Feuerwehrleute verhalten: Brennt es irgendwo, geben sie ihr Letztes, um das Feuer zu löschen; sonst ruhen sie sich aus, um sich auf den nächsten Einsatz vorzubereiten.

Damit wüßte sie, daß er annimmt, alles sei in Ordnung, und daß er weniger in die Beziehung investiert, sofern sie ihm nicht weiterhin ihre Bedürfnisse mitteilt. Sie könnte dies ohne Verdruß tun, so daß Richard sie auch verstehen kann.

Verstünde Richard die Unterschiede zwischen den Geschlechtern, wüßte er, daß Frauen, wenn sie verunsichert sind, sich manchmal bis zur Erschöpfung verausgaben. Wenn Alice das nächste Mal niedergeschlagen ist, würde er ihr nicht unwillkürlich vorwerfen, sich zu übernehmen. Statt dessen könnte er ihr mitfühlend zuhören und sie so darin unterstützen, wieder zu sich zu finden.

Alice könnte verstehen, daß Männer auf emotionale Ressentiments mit Passivität und Trägheit reagieren. Das nächste Mal, wenn Richard zu passiv ist, könnte sie den Versuch unterlassen, ihn zu einer Reaktion zu drängen und statt dessen die Verantwortung für ihren Ärger selbst übernehmen, eine liebevolle Haltung zurückgewinnen und ihre Anerkennung für das, was er für sie tut, zum Ausdruck bringen. Nachdem sie ihren Ärger losgelassen hat, könnte sie um Unterstützung bitten. Ein Mann reagiert viel eher auf einen Wunsch, wenn er ohne den Unterton eines Vorwurfs und ohne Opferhaltung und Leidensmiene vorgebracht wird.

Richard würde auch verstehen, daß Frauen dazu neigen, mehr zu geben, wenn sie sich ungeliebt fühlen. Das nächste Mal, wenn Alice sich besonders interessiert danach erkundigt, wie sein Tag war, könnte er dem entnehmen, daß Alice sich unbewußt mehr Interesse von seiner Seite wünscht. Er könnte darauf reagieren, indem er sein Interesse zeigt. Wenn Richard das nächste Mal verstimmt ist, weil er nicht genügend Anerkennung bekommt, könnte er sich daran erinnern, daß Alice ihm diese Anerkennung zollen würde, wenn sie nur keinen Ärger in sich aufgestaut hätte. Er verstünde, daß sie lediglich ihre Erregung mitteilen muß, um ihre Liebe und Wertschätzung wieder zu fühlen.

Das nächste Mal, wenn sie ihm grollt, könnte sie sich daran erinnern, daß Richard mehr geben würde, verstünde er nur ihre Bedürfnisse. Sie würde die Verantwortung dafür übernehmen, ihre Bedürfnisse so mitzuteilen, daß er sie wahrnehmen kann. Sie würde begreifen, daß Männer ihre Art zu handeln nicht so schnell ändern wie Frauen, daß die Veränderung jedoch, wenn sie erfolgt, von Dauer ist. Andererseits ändern Frauen ihre Gefühle nicht so schnell wie Männer. Richard muß lernen, Alice geduldig zuzuhören, wenn sie ihren Ärger mitteilt.

Eine ungewöhnliche, aber hilfreiche Methode, den Partner zu verstehen, besteht darin, sich vorzustellen, die geliebte Person sei ein Wesen von einem fremden Stern. Begegnete man einem oder einer bezaubernden Außerirdischen, würde man gewiß nicht versuchen, ihn oder sie zu ändern. Wahrscheinlich würde man den neugierigen Drang verspüren, sein oder ihr Anderssein zu verstehen. Dabei würde man Geduld und Toleranz üben. Dieser Wunsch zu Akzeptanz und Verständnis ist die Grundlage einer positiven und liebevollen Beziehung. Indem man dem geliebten Menschen sein Anderssein zugesteht, erschließt man eine neue Dimension, in der die Liebe gedeihen kann. Im folgenden Kapitel stelle ich Ihnen vier Schlüssel zu einer kooperativen und harmonischen Beziehung vor.

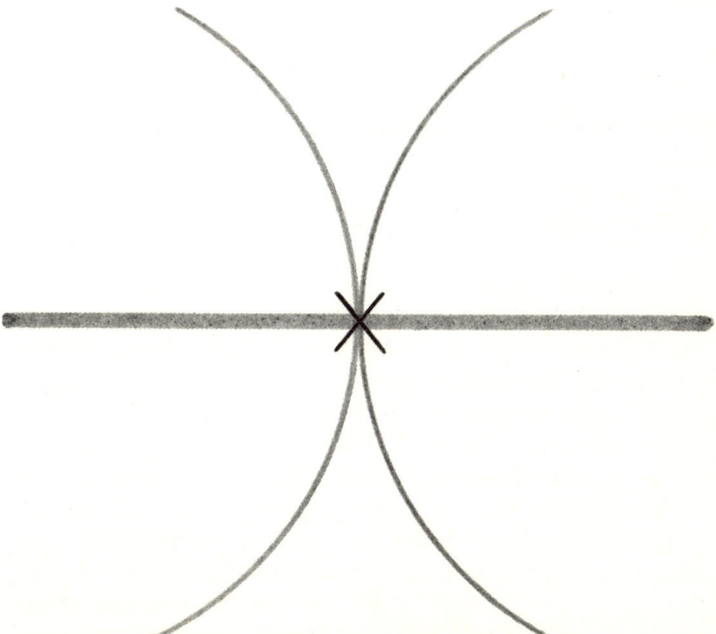

## Der Aufbau einer Beziehung

Vier Schlüssel öffnen den Weg zu einer Beziehung, aus der beide Partner Rückhalt und Gewinn ziehen. Vier grundlegende Verhaltensweisen, die Mißverständnisse vermeiden helfen und dem anderen das Gefühl geben, um seiner selbstwillen geliebt zu werden.

- Zielbewußte Kommunikation
  Darunter ist eine Kommunikation zu verstehen, die mit der Absicht geführt wird, zu verstehen und verstanden zu werden.

- Verständnis
  Damit meine ich das Verständnis, die Anerkennung und den Respekt für unsere Unterschiede.

- Aufgeben von Beurteilungen
  Eine Beziehung kann nur dann fruchtbar für beide sein, wenn wir negative Bewertungen unserer selbst und anderer aufgeben.

- Verantwortlichkeit
  Ohne Übernahme der Verantwortung durch beide Partner für das, was sie aus der Beziehung bekommen, und bei fehlender Bereitschaft zu verzeihen, versiegt eine Partnerschaft wie eine Quelle bei großer Dürre.

Diese vier Verhaltensweisen können das innere Potential zur Gestaltung liebevoller Beziehungen und zur Erfüllung unserer Hoffnungen und Träume erschließen. Sie helfen zu erkennen, wo die Probleme in vergangenen Beziehungen lagen, und bilden eine Grundlage für zukünftige stabile und bereichernde Beziehungen.

# Zielbewußte Kommunikation

Kommunikation ist unerläßlich, um etwas über unsere Unterschiede zu erfahren und sie respektieren zu lernen. Das bei weitem Wichtigste in einer Beziehung ist, die Wahrheit zu sagen und insbesondere ehrlich über seine Gefühle zu sprechen. Intimität erwächst aus Offenheit. Ohne ein Bewußtsein für den eigentlichen Sinn von Kommunikation aber muß selbst das größte Kommunikationstalent scheitern.
Worin besteht dieser Sinn, und wie kann das Bewußtsein dafür unsere Kommunikation beeinflussen? Dazu möchte ich von einem persönlichen Erlebnis erzählen. Meine Frau und ich gingen in der Mittagspause in ein Restaurant. Ich sagte dem Kellner, daß wir es eilig hätten. Er wies uns schnell einen Platz zu, brachte die Speisekarte und nahm die Bestellung entgegen – am Nachbartisch nahm unterdessen eine andere Gruppe Platz. Während meine Frau und ich auf unser Essen warteten, beobachteten wir, wie die neuen Gäste ohne Hast ihr Essen bestellten und es binnen zehn Minuten serviert bekamen. Obwohl wir zuerst bestellt hatten, war von unserem Essen weit und breit nichts zu sehen.
In mir gärte es. Als wir unser Essen nach fünf Minuten noch immer nicht hatten, war ich auf hundert. Ich ging zu unserem Kellner und sagte, bewußt beherrscht: »Ich möchte Sie daran erinnern, daß wir in Eile sind. Die Gäste am Nachbartisch haben nach uns bestellt und ihr Essen schon bekommen.« Dann platzte es aus mir heraus: »Wo ist unser Essen?« Der Kellner erwiderte: »Ihr Essen kommt gleich, mein Herr.« Seine Antwort stellte mich nicht zufrieden, eindringlich wiederholte ich: »Die Gäste neben uns haben ihr Essen schon bekommen. Wo bleibt unser Essen?« Wieder antwortete der Kellner: »Ihr Essen kommt gleich.« Natürlich war ich außer mir. Meine ganze Geduld und meine Gutmütigkeit waren wie weggeblasen, ebenso meine Kommunikationsfähigkeit. Ich ging zurück zu unserem Tisch und hätte am liebsten einen Riesenkrach angefangen. Während wir weiterhin auf

unser Essen warteten, beendeten unsere Nachbarn ihre Mahlzeit und bezahlten.

## Die Ursachen ansprechen

Jetzt platzte mir der Kragen. Auf der Suche nach dem Geschäftsführer lief mir unser Kellner über den Weg. Ich erinnerte ihn nochmals an meine knappe Zeit und klagte unser Essen ein. Ganz aufgelöst erwiderte er: »Ihr Essen kommt gleich, mein Herr.« Dann stellte ich glücklicherweise die Frage: »Warum dauert meine Bestellung so lange? Warum wurden diese Leute vor mir bedient?« Endlich hatte ich den eigentlichen Grund meiner Verärgerung angesprochen.

Diesmal erklärte der Kellner: »Mein Herr, diese Gäste haben von unserer Sandwich-Karte ausgewählt, und die Bestellungen gehen in eine andere Küche. Sie haben ein Hauptgericht bestellt, und das wird in der Hauptküche zubereitet. Sie können es von hier nicht sehen, aber wir haben mit einer Abschlußfeier im Nebenraum alle Hände voll zu tun. Der Koch hat mir versprochen, daß Ihr Essen jeden Augenblick kommt. Es tut mir wirklich leid, daß es so lange dauert.«

Im Nu waren meine Anspannung und mein Streß verflogen. Sie waren verflogen, weil ich die Situation und den Kellner verstand. Ich konnte entspannen und ohne Streß, Verdruß und unbehagliche Gefühle auf mein Essen warten. Plötzlich gefiel mir sogar der Blick, den wir von unserem Tisch aus hatten, und vor allem begann ich, die Zeit mit meiner Frau zu genießen.

Dieses Erlebnis zeigt deutlich, daß je verärgerter jemand ist, oder je bedrohter sich jemand fühlt, die Kommunikation desto schneller zum Erliegen kommt. Benutzen wir unsere Mitteilungen dazu, andere einzuschüchtern, zu bedrohen, zu verletzen, unsere Mißbilligung auszudrücken, ihnen Fehler anzulasten oder Schuldgefühle zu vermitteln, mißbrauchen wir die Kommunikation. Wir mögen in unserer Kontrollabsicht erfolgreich sein, doch erzeugen wir unweigerlich Verdruß.

Wirklicher und wirksamer Kommunikation liegt die Absicht zugrunde, unser Verständnis mitzuteilen und das Verständnis unseres Gegenübers für uns intensiver wahrzunehmen.

## Richtiges Verständnis

Letztendlich funktionieren Beziehungen nicht allein durch Kommunikation. Dies ist lediglich ein Vehikel, das uns gegenseitiges Verständnis ermöglicht. Richtiges Verständnis bereichert unsere Beziehungen, während Mißverständnisse sie ruinieren. Durch zielgerichtete Kommunikation können wir richtiges Verständnis fördern.
Wie oft haben wir mit einem geliebten Menschen gestritten und später herausgefunden, daß es sich nur um ein Mißverständnis handelte? Ein häufiges Problem in Beziehungen besteht darin, daß wir, wenn wir jemanden neu kennengelernt haben, zu der Überzeugung neigen, die Worte und Gesten der betreffenden Person richtig zu deuten. Wir glauben zu wissen, was sie meint, verstehen aber häufig nicht, was sie tatsächlich sagen will. Wir ziehen die falschen Schlüsse.
Oftmals muß ich bei Beratungsgesprächen für Paare die Rolle des Dolmetschers einnehmen. Er sagt etwas, und sie versteht etwas ganz anderes. Sie sagt etwas, woraufhin er meint, sie sei im Unrecht – und schon ist der Streit da. Es ist so, als sprächen sie verschiedene Sprachen. Indem beide das, was sie sagen wollen, mit Worten und Ausdrücken formulieren, die der andere jeweils kennt, läßt sich der Konflikt lösen.
Ich erinnere mich, daß ich einmal eine Patientin fragte, was sie sich von ihrem Ehemann wünschen würde. Sie holte tief Luft, brach in Tränen aus und schluchzte: »Ich möchte nur, daß er mir zuhört, daß er mich vernimmt. Ich habe das Gefühl, er liebt mich nicht.«
Als ihr Mann dies hörte, sah ich, wie er erstarrte. Dann zuckte er wortlos mit den Schultern. Ich beobachtete, wie ihre Frustration und Enttäuschung wuchsen, während er stumm die Luft ausstieß.
Als nächstes fragte ich sie, wie sie die Reaktion ihres Ehe-

manns verstanden hätte. Sie sagte: »Sie bedeutet, daß es ihm egal ist. Er sagt mir, daß ich mich irre, daß ich zuviel will, und daß er mir wohl zuhören würde, wenn ich etwas Interessantes zu sagen hätte.«
Nun verteidigte ihr Mann sich und sagte, sie habe seine Antwort falsch verstanden. Ich unterbrach ihn mit der Frage, was wirklich in ihm vorgegangen sei, als seine Frau ihre dringliche Bitte um Gehör vorgebracht habe.

## Wie Fehlinterpretationen wahr werden

Er sagte: »Ich war frustriert. Ich dachte daran, was ich diese Woche getan habe, um ihr zu zeigen, wie sehr ich sie liebe. In mir regte sich ein Gefühl der Unzulänglichkeit und Enttäuschung, denn ich weiß nicht, was ich tun soll. Als sie Ihnen dann erzählte, wie sie meine Reaktion aufgenommen hatte, wurde ich ärgerlich, denn ich konnte ihr nicht recht geben.«
Die Patientin hatte die distanzierte Reaktion ihres Mannes mißverstanden. Sie nahm an, es sei ihm gleichgültig und er verurteile sie. Paradoxerweise bewirkte ihre Fehlinterpretation seiner Reaktion, daß er sich tatsächlich lieblos und überkritisch vorkam – obwohl er noch einen Moment zuvor, als er ihre anfänglichen verletzten Gefühle vernommen hatte, sehr betroffen war. Ohne die Hilfe eines Therapeuten hätten sie weiter gestritten.
Die anfänglichen positiven und liebevollen Gefühle und die Verletzlichkeit, die wir alle empfinden, wenn wir uns verlieben, können durch einfache Mißverständnisse und falsche Annahmen schnell in Vergessenheit geraten. Letztere können sogar genau das Verhalten hervorrufen, das sie zum Inhalt haben. Emotionale Spannungen in Beziehungen resultieren zum Großteil aus Mißverständnissen.
Eine funktionierende Kommunikation innerhalb einer Beziehung setzt verschiedene Fähigkeiten voraus: Mehr Kenntnis unserer selbst und anderer. Ein Bewußtsein für die verschiedenen Reaktionsweisen von Männern und Frauen auf Streß. Ein größeres Verständnis für die wahren Gefühle, die unseren

eigenen Worten und Handlungen zugrunde liegen. Ein Bewußtsein für die wahren Gefühle hinter den Handlungen und Reaktionen anderer. Die Erkenntnis, daß der Anschein nicht immer die Realität widerspiegelt (Zuckt Ihr Partner beispielsweise mit den Schultern, bedeutet dies möglicherweise etwas anderes, als wenn Sie mit den Schultern zucken.). Die Einsicht, daß Fragen, die einem selbst leichtfallen, anderen vielleicht schwerfallen. Die Einsicht, daß etwas, was man sich selbst ohne weiteres sagen lassen kann, anderen Schmerzen bereitet. Die Einsicht, daß das, was für Sie selbst gut ist, anderen vielleicht nicht hilft. Ein Bewußtsein dafür, daß die Menschen unterschiedliche Sprachen sprechen, auch wenn sie wie die eigene klingen mögen.

»Richtiges« Verständnis beginnt mit der Erkenntnis, daß ein jeder von uns einzigartig ist und daß daraus sehr leicht Mißverständnisse entstehen können. Durch die Erkenntnis und Achtung unserer Unterschiede können wir Brücken bauen, die uns wirklich zusammenführen.

## Die Angst, anders zu sein

Einer der Gründe, weshalb wir uns unsere Unterschiedlichkeit nicht zugestehen können, liegt in unserer Kindheit. Anderssein ruft gerade bei Kindern und Jugendlichen Spott oder Ablehnung hervor. Jeder, der beliebt sein oder eine Machtposition erringen wollte, mußte wie diejenigen werden, die bereits beliebt oder einflußreich waren. Damals verwendeten wir viel Zeit darauf, andere Kinder nachzuahmen.

Obwohl wir jetzt erwachsen sind, neigen wir noch immer zu der Annahme, durch Anderssein riskiere man Ablehnung und Mißerfolg. So haben die meisten eine mehr oder weniger große Scheu davor, anders zu sein. Wir fürchten, daß jemand uns zurechtweisen, für schlecht oder unzulänglich halten oder uns gar ein Fehlverhalten vorwerfen könnte. Und oft wird diese Angst auf Menschen projiziert, die anders sind, aus der Reihe tanzen und eine eigenständige Persönlichkeit entwickelt haben. Werden diese dann mehr und mehr ausgegrenzt, bestätigt sich das Vorurteil – irgendwann werden sie abgelehnt und sind erfolglos.

## Die magische Kraft der Unterschiede

Unterschiede zwischen Menschen wirken wie Magnet und Eisen – sie ziehen sich an. So auch die Unterschiede zwischen Männern und Frauen. Sie sind zudem komplementär, das heißt, sie ergänzen einander, so daß jedes Paar Ausgewogenheit finden kann.

Erst die Magie der Unterschiede verleiht Liebesbeziehungen ihre eigene Dimension. Wenn wir die Unterschiede zwischen den Menschen akzeptieren und schätzen, erkennen wir auch die Ähnlichkeiten.

Obwohl ein jeder von uns einzigartig ist, sind wir doch in vielerlei Hinsicht gleich.

In diesem scheinbaren Widerspruch liegt eine wunderbare Wahrheit über Beziehungen: Der richtige Lebenspartner verkörpert in der Regel eine Mischung von Unterschieden und Ähnlichkeiten, die die unseren ergänzen.

Diese rätselhafte Mischung läßt sich auf viele Arten beschreiben, wie nachfolgende Äußerungen von Menschen, die durch eine liebevolle Beziehung miteinander verbunden sind, deutlich machen.

»Wir sind so unterschiedlich, aber was uns zusammenhält, ist, daß wir beide so empfindsam sind.«

»Wir sind in vielen Punkten unterschiedlich: Er ist ein Nachtmensch, ich bin ein Morgenmensch; er ist ein Träumer, ich denke praktisch; er macht sich keine Sorgen, ich mache mir über alles Gedanken. Trotzdem sind wir auf einer anderen Ebene eins. Es ist, als hätten wir dieselbe Wellenlänge.«

»Manchmal liebe ich sie, und manchmal hasse ich sie. Wenn ich sie nicht liebe, dann deshalb, weil ich in diesem Augenblick nicht zur Liebe fähig bin, weil ich mich selbst nicht mag. In meinem Herzen weiß ich, daß es richtig ist, daß wir zusammen sind.«

»Unsere Probleme sind oft ganz unterschiedlich, aber was wir gemeinsam haben, sind unsere vielen Probleme. Wir haben gelernt, uns gegenseitig bei der Bewältigung unserer Schwierigkeiten zu helfen, ohne daß der andere sich schlecht oder wertlos fühlt. Ich glaube, wenn er vollkommen wäre und keine Probleme hätte, hätte ich das Gefühl, ihn ständig herunterzuziehen.«

»Zwei Jahre lang führten wir die perfekte Ehe. Dann waren die Verliebtheit und die Romantik weg. Eines Morgens wachte ich mit der Erkenntnis auf, daß wir zwei ganz unterschiedliche Menschen mit wenigen Gemeinsamkeiten waren. Es war deprimierend und enttäuschend. Ab diesem Zeitpunkt begann ich zu lernen, was wahre Liebe ist. Wir teilten uns unsere Gefühle mit und gaben unsere geheimen Ressentiments auf. So lernten wir uns wirklich lieben. Ich begann, die wirkliche Person zu lieben, anstatt die Person, die ich vorher in ihm sehen wollte.«

## Beurteilungen aufgeben

Die Aufgabe negativer Beurteilungen, der dritte Schlüssel zu einer stützenden Beziehung, ergibt sich zwangsläufig aus dem richtigen Verständnis. Wenn wir lernen, unsere Unterschiede zu verstehen und unsere Gefühle, Gedanken und Wünsche erfolgreich mitzuteilen, können wir beginnen, von unseren negativen Bewertungen abzulassen.

Die negative Einschätzung unserer selbst und der Ergebnisse unserer Handlungen hält uns davon ab, unsere Begabungen voll zum Ausdruck zu bringen. Letztendlich hindert eine solche Ablehnung uns daran, das Leben zu genießen, weil wir nichts von dem, was wir tun, richtig schätzen können. Beurteilung und Kritik sind Symptome geringer Selbstachtung.

Wenn wir uns selbst unzulänglich vorkommen, entwickeln wir das Gefühl, was wir haben oder uns gehört sei ebenfalls nicht genug. Zum Beispiel haben wir nicht genügend Zeit, Geld, Liebe usw. Wir entwickeln das Gefühl, unsere Freunde oder Familie genügten nicht. Negative Beurteilungen ruinieren unsere Beziehungen und bestehen weiter, bis wir die Un-

terschiede zwischen den Menschen verstehen, anerkennen und respektieren.
Wenn wir fähig sind, andere zu lieben, zu akzeptieren, zu schätzen und zu respektieren, beginnen wir, uns selbst zu akzeptieren und zu schätzen. Dies ist das wahre Geheimnis des Loslassens von Beurteilungen.
Durch die Liebe zu anderen können wir auch uns selbst lieben. Unsere Selbstachtung und Selbstwertgefühle wachsen von Tag zu Tag, wenn wir unsere Beziehung liebevoll gestalten. Haben wir von anderen eine schlechte Meinung, steckt meist eine ganze Portion Selbsthaß dahinter. Die meisten negativen Urteile sind eine Projektion unserer geheimen Selbsteinschätzung auf andere.

### Zu Verbundenheit finden

Eine echte Beziehung erwächst aus dem Bewußtsein und dem Erkennen unserer Unterschiede. So können wir auch unsere Ähnlichkeiten klarer erkennen.
Aus dieser Erkenntnis resultieren positive Einstellungen wie Mitgefühl, Einfühlungsvermögen, Verständnis, Akzeptanz, Toleranz und Verbundenheit. Indem wir unsere Unterschiedlichkeit anerkennen, schaffen wir Anziehung, Wertschätzung, Interesse, Achtung, Zielbewußtheit und Reiz. Sobald wir uns durch aufrichtiges Mitteilen und einfühlsames Zuhören wirklich verstehen, beginnen wir, die negativen Beurteilungen, die uns voneinander trennen, zu erkennen und abzubauen. Nicht die Unterschiede sind es also, die zwischen uns stehen, sondern unsere aus Mißverständnissen erwachsenen negativen Beurteilungen dieser Unterschiede.

## Verantwortlichkeit entwickeln

Der vierte Schlüssel zu einer funktionierenden Beziehung besteht darin, daß beide Partner Verantwortung für das übernehmen, was in der Beziehung passiert. Verantwortlichkeit ist das Gegenteil einer Opferhaltung. Vergeben ist beinahe unmöglich, solange man nicht seinen Anteil an der Verantwortung erkennt.

Haben Sie jemals das Gefühl gehabt: »Ich habe gegeben und gegeben und nichts dafür bekommen« oder gedacht: »Mein Tag war wunderschön, bis du ihn ruiniert hast.« Dies ist die Opferseite in uns, ein Signal, daß wir unseren eigenen Teil Verantwortung nicht erkennen.

Opfer meinen, sie trügen keine Verantwortung für das, was ihnen widerfährt oder wie sie sich fühlen. Opfer sehen sich nicht imstande, eine Veränderung herbeizuführen. Sie erkennen nicht, daß sie für die Streitigkeiten in ihrer Beziehung mitverantwortlich sind. Diese Opferhaltung ruiniert nicht nur unsere Beziehungen, sondern auch unser Leben. Opfer geben nicht zu, daß etwas besser gelaufen wäre, wenn sie sich anders verhalten hätten. Sie sind nicht bereit einzugestehen, daß sie zu ihrem Problem selbst beigetragen haben. Sie wollen nicht sehen, inwiefern sie eine Situation falsch gedeutet und sie damit verschlimmert haben. Außerdem sträuben sie sich, aus einer negativen Erfahrung etwas Positives zu lernen. Sie nehmen ihre Vergangenheit als Entschuldigung dafür, daß sie sich selbst nicht treu sind.

Wenn wir uns über einen Menschen ärgern, sind wir in gewisser Weise nicht bereit, ihn zu akzeptieren und ihm zu vertrauen. Wir können nicht vertrauen, weil wir nicht erkennen, wie wir das Verhalten des anderen provoziert haben.

Wir akzeptieren ihn nicht, weil wir irrigerweise von ihm erwarten, daß er unsere Bedürfnisse kennt. Gedankenlesen scheint manchmal ohne weiteres von Frau zu Frau zu funktionieren, von Mann zu Frau oder umgekehrt ist es jedoch schier unmöglich. Verübeln wir jemandem sein Verhalten, bedenken wir dabei nicht, warum der andere sich so verhalten hat. Wir bemühen uns nicht zu verstehen, warum der andere so fühlt, wie er fühlt, sondern sehen uns als Opfer und den anderen als Bösewicht. Eine Opfermentalität ist an Ressentiments, Schuldzuweisungen und der Ablehnung der Eigenverantwortung zu erkennen.

## Wie wir unbewußt provozieren

Durch unsere offen geäußerten oder geheimen Urteile über andere Menschen bewirken wir, daß sie mehr und mehr so reagieren, wie es unserem Urteil entspricht.

Je wichtiger ein anderer Mensch uns ist, desto stärker werden wir durch seine Beurteilung beeinflußt und zu bestimmten Reaktionen veranlaßt.

Zählen wir auf einen anderen Menschen, nimmt unser Einfluß auf seine Gedanken und Gefühle zu. Auch der Austausch von Intimitäten mit einem anderen verstärkt seinen Einfluß auf unser Verhalten.

Hält eine Frau beispielsweise einen Mann für lieblos und gleichgültig, ist die Wahrscheinlichkeit groß, daß er sich vorübergehend auch so benimmt. Selbst wenn sie vorgibt, ihn für seine Fürsorge zu schätzen, ihn insgeheim aber für gleichgültig hält, wird der Mann sich ihr gegenüber gleichgültig zeigen. In diesem Moment wird seine liebevolle Resonanz von einer lieblosen Reaktion überschattet, die durch ihre negative Einschätzung hervorgerufen wird.

Je enger beide miteinander verbunden sind, desto stärker wird er durch ihre Beurteilungen beeinflußt und den Kontakt zu seinen innigen Gefühlen vorübergehend verlieren. Dasselbe gilt natürlich auch umgekehrt: Schätzt ein Mann eine Frau als irrational und überemotional ein, wird sie sich auch so verhalten.

Selbst wenn ein Mann vorgibt zu verstehen, was eine Frau ihm über ihre Gefühle mitteilt, aber insgeheim ihre Äußerungen für unsinnig hält, wird sie ihr Gleichgewicht verlieren, sich aus ihrer intuitiven Mitte lösen und durcheinander geraten. Theaterspiel wird schnell durchschaut – zumindest wird das Gegenüber spüren, daß hinter der schönen Fassade nichts steckt.

Doch auch wenn wir zu einem bestimmten Verhalten provoziert werden, ist der Verursacher nicht für unsere Reaktionen verantwortlich. Wir sind für unsere Handlungen und Reaktionen selbst zuständig.

Den Provokateur zu beschuldigen ist nur eine weitere Spielart der Opferrolle und insofern nicht zu rechtfertigen.
Haben wir einmal begriffen, wie unsere Gedanken und Gefühle eine Reaktion hervorrufen können, bedeutet das keineswegs, daß wir diese Reaktion stillschweigend dulden oder entschuldigen sollen. Wir können jedoch das Verhalten unseres Partners verstehen und dadurch auf seine Reaktion besser eingehen.

## Ressentiments sind besonders störend

Es gibt eine noch wirksamere Methode, Kränkungen zu provozieren: Während eine Verurteilung vorübergehende Störungen hervorruft, bewirken Ressentiments dauernde Störungen. Ein Mann, der sich über die Emotionen seiner Frau ärgert, kann damit bei ihr eine ständige Überempfindlichkeit bewirken. Eine Frau, die ihrem Ehemann Gleichgültigkeit vorwirft, kann ihn damit zu ständiger Teilnahmslosigkeit veranlassen.
Es ist keine Seltenheit, daß ein Mann abends auf der Heimfahrt eine starke Zuneigung zu seiner Frau verspürt, aber schlagartig lieblos wird, sobald er mit ihr aber zusammentrifft. Ihr Verhalten ihm gegenüber mag völlig korrekt sein, doch veranlaßt ihr verborgener und ungelöster Ärger ihn zu einer lieblosen Haltung.
Ebenso hegt eine Frau bei der Heimkehr nicht selten zärtliche Gefühle für ihren Mann und wird dann in seiner Gegenwart von negativen Gefühlen überwältigt. Auch in diesem Fall mag sein Verhalten absolut akzeptabel erscheinen, doch bewirken seine unbewußten Ressentiments bei ihr eine negative Gefühlsreaktion.
Wenn wir uns insgeheim ärgern, bleiben wir in unseren negativen Beurteilungen verhaftet. Sie sind fest in uns verwurzelt, bis wir eine gewisse Versöhnlichkeit verspüren. Solange wir von unseren Beurteilungen nicht ablassen können, nimmt ihre provokative Kraft immer weiter zu. Ganz gleich, wie gut wir unseren Groll zu verbergen glauben, kommt er in unse-

ren Handlungen, Reaktionen, unserer Wortwahl, der Körpersprache, unseren Augen und unserer Stimme doch zum Ausdruck, ob wir uns dessen bewußt sind oder nicht.

Ressentiments provozieren nicht nur negative Reaktionen, sondern stehen auch einer wirkungsvollen Kommunikation im Wege.

Wenn wir unsere Gefühle und Gedanken aus einer ärgerlichen Haltung heraus mitteilen, ist es der Person, gegen die sich der Ärger richtet, nahezu unmöglich, uns gegenüber offen zu bleiben. Einer der Gründe, warum die Kommunikation am Beginn einer Beziehung mitunter so einfach ist, ist darin zu suchen, daß noch keine Ressentiments vorhanden sind.

Aufgestauter Ärger in einer Beziehung untergräbt die Liebe. Der erste Schritt zur Aufgabe einer solchen negativen Haltung besteht darin, Verantwortung zu übernehmen und zu verstehen, wie man die Reaktionen, die man bekommt, selbst provoziert. Mit einem tieferen Verständnis für den Partner und mit besserer Kommunikation wird das Vergeben leichter. Wer frei von Ressentiments ist, kann momentan an einem anderen etwas aussetzen und schon Minuten später wieder eine positive Haltung ihm gegenüber haben. Hegen wir indes insgeheim einen Groll, bleiben wir, ob bewußt oder unbewußt, bei unserer Beurteilung.

## Verantwortung und unterdrückter Ärger

Es wird leichter, Verantwortung zu übernehmen, wenn wir erkennen, daß wir bei anderen eine Verhaltensstörung auslösen, wenn wir sie fälschlicherweise als im Unrecht, lieblos, nicht korrekt oder nicht gut genug ansehen.

Doch noch etwas hindert uns ernsthaft daran, die Verantwortung in unseren Beziehungen zu übernehmen, nämlich Unterdrückung von Ärger. Männer wie Frauen unterdrücken gerne ihren Ärger. Dadurch entschwindet das Gefühl unserem Bewußtsein, obwohl es noch immer vorhanden ist. Gerade so aber ist es sehr schwierig, die eigene Verantwortung

für die Störung und Kränkung zu übernehmen, die wir bei unserem Partner erzeugt haben. Die Unterdrückung solcher Gefühle kann in einer Beziehung große Verwirrung stiften.
Wer sich bemüht zu lieben, zu verstehen und zu akzeptieren, ohne dabei zugleich seine Kommunikationsfähigkeit zu üben, entwickelt auch große Fähigkeiten im Unterdrücken von Ärger. Je mehr er versucht, liebevoll zu sein, desto mehr unterdrückt er seine Ressentiments. Reagiert der Partner oder die Partnerin dann auf eine durch Beurteilungen und Ressentiments provozierte Art und Weise, ist es nicht leicht, die eigene Verantwortung dafür zu erkennen. Obendrein erscheint jede Reaktion auf eine unsichtbare, unbewußte Verletzung ungerechtfertigt und irrational.

## Guter Wille allein reicht nicht

Man mag sich wünschen, liebevoll zu sein, und es sogar mit aller Macht versuchen – doch wird die Liebe niemals natürlich sein, solange man noch Ressentiments in sich trägt. Ohne inneren Groll fällt Lieben dagegen leicht. Wenn wir uns wirklich bemühen müssen zu lieben, ist dies meist ein Zeichen dafür, daß wir unseren Ärger unterdrücken.
Denken Sie zurück an eine Zeit, in der Sie sehr verliebt waren. War es da schwierig zu lieben? Als Sie Ihren Partner kennenlernten, mußten Sie sich gewiß nicht bemühen, ihn zu lieben oder zu schätzen.
Denken Sie an Menschen, die Sie sehr verehren, die Großartiges geleistet haben. Müssen Sie sich bemühen, diese Verehrung aufzubringen?
Kommt eine positive Einstellung nicht von selbst und ohne Anstrengung zustande, dann ist sie auch nicht wirklich empfunden, sondern künstlich. Wenn wir im stillen hadern, können wir dies unmöglich vor dem Zuhörer verbergen. Er oder sie wird auf der Hut sein, um sich gegen unsere Schuldzuweisungen zu schützen.
Mit diesem Wissen über Ressentiments fällt es leichter, in ei-

ner Beziehung mehr Verantwortung zu übernehmen. Wir werden dazu fähig, wenn wir erkennen, wie unsere negativen Beurteilungen, ob unterschwellig vorhanden oder klar zum Ausdruck gebracht, in hohem Maße zu den Kränkungen und dem Defizit an Unterstützung in einer Beziehung beitragen. Es ist viel einfacher, von Ressentiments abzulassen, wenn wir wirklich verstehen, daß wir selbst verantwortlich sind für das, was wir in einer Beziehung bekommen. Solange wir meinen, alles richtig zu machen, unsere Bedürfnisse aber trotzdem unerfüllt bleiben, sind wir weiterhin Opfer. Im Bewußtsein unserer Unterschiede gewinnen wir die Fähigkeit, den anderen mehr zu akzeptieren, zu verstehen, zu achten und zu schätzen. Durch die Erkenntnis, wie unser innerer Groll andere provoziert, können wir mehr Verantwortung dafür übernehmen, was wir bekommen, und leichter vergeben. Mit mehr Verständnis für unsere Unterschiede können wir die Beurteilungen aufgeben, die uns veranlassen, unseren Partner verändern zu wollen, anstatt ihm Verständnis und Unterstützung zu geben.

# Die Hauptunterschiede zwischen Männern und Frauen

Jeder Mensch unterscheidet sich von anderen – sowohl körperlich als auch seelisch.
Am deutlichsten sind die Unterschiede zwischen Mann und Frau. Von dem offensichtlichen Unterschied im Körperbau und in der »Ausstattung« einmal abgesehen, gibt es weitere, nicht minder bedeutende körperliche Unterschiede, von denen nachfolgend nur einige genannt seien.
In der Regel haben Männer eine dickere Haut, Frauen neigen daher früher zur Faltenbildung. Frauen haben kürzere Stimmbänder, weshalb Männer normalerweise eine tiefere Stimme haben. Männer haben eine andere Blutkonstitution und etwa 20 Prozent mehr rote Blutkörperchen als Frauen. Folglich können sie mehr Sauerstoff aufnehmen und entwickeln mehr Energie. Männer atmen auch tiefer als Frauen, die dafür eine höhere Atemfrequenz haben.
Generell sind die Knochen des weiblichen Körpers nicht nur kleiner, sondern auch anders angeordnet. Der auf Männer so anziehend wirkende weibliche Gang ist anatomisch betrachtet ein Resultat der Knochenstruktur. Da das weibliche Becken naturgemäß anders angelegt ist, aktiviert das Gehen andere Muskelpartien und ruft den typischen Hüftschwung, das Wiegen in den Hüften hervor.
Beim männlichen Körperbau überwiegt der Muskelanteil, weshalb Männer leichter abnehmen als Frauen und dynamischer sein können. Der weibliche Körper dagegen weist eine zusätzliche Fettschicht gleich unter der Haut auf, die im Winter gegen Kälte und im Sommer gegen Hitze schützt. Dadurch besitzen Frauen größere Energiereserven und folglich mehr Ausdauer als Männer.
Männer und Frauen unterscheiden sich aber nicht nur in biologischer und anatomischer Hinsicht, sondern auch auf

der psychologischen Ebene. Zum Beispiel ist immer wieder festzustellen, daß Frauen mehr Intuition besitzen als Männer, daß sie Liebe und Beziehungen einen höheren Stellenwert einräumen und anders mit Streß umgehen. In Beziehungen haben sie anders gelagerte Probleme. Die häufig geäußerte These, diese Unterschiede seien allein kultureller Natur und anerzogen, ist zu einseitig.
Zweifellos prägt unsere kulturelle und familiäre Konditionierung die geschlechtsspezifischen Unterschiede mit, doch ist sie nicht die Ursache für die grundsätzliche Verschiedenheit. Diese ist vielmehr physisch bedingt, und zwar durch eine unterschiedliche DNS-Programmierung, und wird in der Kindheit und Jugend durch familiäre und kulturelle Faktoren weiter beeinflußt.
Beim Ergründen unserer Unterschiede müssen wir uns vor der Idee hüten, auf jeden Mann passe genau die Beschreibung des typisch Männlichen und jede Frau entspräche genau dem Bild des klassisch Weiblichen. Tatsächlich lassen sich nicht alle Männer über einen Kamm scheren, und ebensowenig sind alle Frauen gleich. Jede stereotype Vorstellung von einem Mann oder einer Frau wäre irreführend. Ein »wirklicher« Mann besitzt verschiedene, männliche wie auch weibliche Merkmale und Eigenschaften, und eine »wirkliche« Frau vereint in sich eine Vielzahl von Charakteristika und Attributen, die ebenfalls teils männlich und teils weiblich sind. Dennoch gibt es einige allgemeine Unterschiede, die auf die meisten Männer und Frauen zutreffen. Die maskulinen Qualitäten lassen sich mit der Mehrzahl der Männer in Verbindung bringen, die femininen Eigenschaften mit den meisten Frauen.

## Typisch Frau? Typisch Mann?

Verallgemeinerungen im Zusammenhang mit den Geschlechtern bergen die Gefahr, daß jemand meinen könnte, mit ihm stimme etwas nicht, weil er nicht der gängigen Beschreibung entspricht. Doch ist es zu mühsam, bei jeder verallgemeinernden Feststellung zu betonen, daß sie auch auf Angehörige des anderen Geschlechts zutreffen kann, bei denen dieser bestimmte Aspekt stärker ausgeprägt ist. Daher sollten die Leser die Verallgemeinerungen über Männer als Beschreibungen ihrer männlichen Seite und die über Frauen als Schilderungen ihrer weiblichen Anteile verstehen.

Zunächst mag diese Kategorisierung verwirrend sein. Überall in unserer Gesellschaft kann man beobachten, daß Männer und Frauen die Rollen tauschen und die Grenzen zwischen den Geschlechtern durchlässig werden. Frauen sind nicht länger auf typisch feminine Merkmale fixiert, sondern entwickeln solche, die bisher männerspezifisch waren. Umgekehrt haben Männer viele ihrer maskulinen Charakteristika abgelegt, um ihre weiblichen Anteile stärker zu entwickeln.

Zweifellos ist die Entwicklung unseres inneren Potentials ein Zeichen von Wachstum. Um aber neue Probleme zu vermeiden, müssen wir lernen, unser Potential zu entfalten, ohne daß die Männer ihre grundsätzlichen Wesenszüge und die Frauen ihre spezifischen Eigenheiten verraten.

## Die Grenzen verwischen

Heute fühlen sich viele Frauen zu männlichen Verhaltensweisen veranlaßt. Sie streben nach mehr Liebe, Freiheit und Respekt und geben dafür ihre weiblichen Werte und Qualitäten auf. Der Feminismus hat zwar viele Frauen ermutigt, ihr männliches Potential zu entdecken, aber auch zu der irrigen Annahme veranlaßt, daß Frauen wie Männer sein sollten. So haben etliche Frauen ihre weibliche Natur ausgesprochen stark verdrängt.

Als Reaktion auf diesen Trend haben sich viele Männer um ein zärtliches, sensibles Verhalten bemüht. Mit zweifelhaftem Erfolg: Der neue, empfindsame Männertyp wurde von Frauen oft als »weichlich« oder »nett, aber nicht begehrenswert« abgelehnt. Um femininer zu werden, haben sich diese Männer weitgehend von ihrer Männlichkeit distanziert. Sie sind frustriert, weil sie erkannt haben, daß die altmodischen Ideale der fünfziger Jahre nichts getaugt haben, sie aber noch keine tragfähigen Beispiele dafür gefunden haben, was wirklich funktioniert.

## Patentrezepte gibt es nicht

Wer meint, in diesem Buch Rezepte zu finden, der irrt sich. Es kann Sie aber auf der Suche nach Ihrem eigenen Selbst unterstützen und Ihnen helfen, dem Potential in Ihnen nachzuspüren. Die eigenen Wesenszüge und Merkmale zugunsten derer eines anderen aufzugeben, stellt in keinem Fall eine Lösung dar.

Die heutige Verwirrung ist auf die mangelnde Akzeptanz unserer Unterschiede zurückzuführen. Indem wir uns selbst und zugleich auch die Andersartigkeit der anderen annehmen, können wir diese komplementären Werte und Merkmale entwickeln, ohne unser eigenes Ich zu verraten.

Hat ein Mann beispielsweise ein rationales Weltbild, muß er zunächst seine Rationalität erkennen und akzeptieren. Da das Pendant zur Rationalität die Intuition ist, wird er sich zu einem eher intuitiven Menschen hingezogen fühlen.

Indem er die stärker feminin und intuitiv ausgerichtete Person lieben, verstehen und respektieren lernt, beginnt er automatisch, seine eigene intuitive Seite zu entwickeln, ohne seine rationalen Fähigkeiten aufzugeben.

Ein anderer Mann hingegen, der in erster Linie intuitiv reagiert, muß zuerst einmal einsehen und akzeptieren, daß er in dieser Hinsicht sein feminines Potential stärker entwickelt hat. Wahrscheinlich aber hat er, um dies zu erreichen, seine rationale, maskuline Seite verleugnet.

Um sein Gleichgewicht zurückzugewinnen und seine männlichen Anlagen zu stärken, wird er sich zu einer eher rational reagierenden Frau hingezogen fühlen. Indem er sie mit ihren rationalen Zügen lieben, akzeptieren und respektieren lernt, wird er von selbst rationaler werden, ohne seine hochentwickelte Intuition aufzugeben.

hingegen nahm irrigerweise an, der Kern ihrer Aussage habe in ihrer ersten Äußerung gelegen. Da er ihren aufgebrachten Ton mit ihrer Bemerkung über Susies verpaßtes Spiel verknüpfte, verstand er alle folgenden Äußerungen als weitere Ausführungen zu dieser ersten – vermeintlich zentralen – Feststellung. Robert hat Lauras weibliche Art der Kommunikation also völlig falsch interpretiert.

Nun zu Lauras Reaktionen auf Roberts männliche Art, gleich das Resümee seiner Gedanken mitzuteilen, also direkt zum Punkt zu kommen. Robert, dem eine zusätzliche Arbeit angeboten wurde, kommt nach Hause und sagt: »Ich überlege, ob ich im Juni einen Zusatzjob annehme. Wir sollten unseren Sommer planen.«

Vorausgegangen sind Gedanken, ob es sich lohnt, dafür die Sommerplanung umzustellen. Er überlegte, wieviel mehr er durch diese Arbeit verdienen würde und sinnierte über all die Extras, die er seiner Familie mit diesem Geld ermöglichen könnte. Dann stellte er sich vor, was er alles mit der Familie im Sommer unternehmen könnte, wenn er die Arbeit nicht annähme. Er zog in Erwägung, die Arbeit anzunehmen und nur den letzten Teil der Ferien mit seiner Familie zu verbringen, verwarf aber dann diese Idee. Er fragte sich, wann die Schulferien beginnen, und suchte nach einer Möglichkeit, diese zusätzliche Arbeit anzunehmen, ohne seine Familie zu vernachlässigen und zu enttäuschen. Er wünschte, er müßte nicht einen Teil seines Urlaubs für diese Arbeit opfern, kam aber zu dem Schluß, daß es sich für den Zusatzverdienst lohnt und daß er irgendwie versuchen werde, beides unter einen Hut zu bringen. Er dachte: Ich werde mit Laura darüber reden und sehen, was sie dazu meint.

Laura fühlt sich sogleich in ihren Gefühlen und ihrem Stolz verletzt und sagt in heftigem Ton: »Du bist so rücksichtslos. Wie kannst du solche Entscheidungen treffen, ohne zuerst mit mir darüber zu reden? Denkst du gar nicht an deine Familie? Du hast nur deine Arbeit im Kopf. Wahrscheinlich wärst du glücklicher, wenn du keine Familie hättest. Ist dir nicht klar, daß die Kinder ab Juni Ferien haben? Und selbst wenn du so fest entschlossen bist, könntest du mich zumindest fragen, wie ich das finde. Wenigstens könntest du Rücksicht auf mich nehmen.«

Eine erbitterte Auseinandersetzung ist unvermeidlich. Laura nimmt fälschlicherweise an, Robert habe bereits endgültig entschieden und sei für ihre Meinung und ihre Gefühle nicht mehr zugänglich. Sie fühlt sich ausgeschlossen, unwichtig und als Selbstverständlichkeit hingenommen.

Daß er intensiv über sie und seine Familie nachgedacht hat, erkennt sie nicht. Tatsächlich ist Robert bereit, über das Thema zu sprechen, geht aber leider davon aus, daß Laura dies wisse.

## Warum Männer ichbezogen wirken

Noch ein weiterer Aspekt des männlichen In-sich-Zurückziehens wirkt auf Frauen äußerst verwirrend. Eine Frau wird kaum nachvollziehen wollen, wie ein Mann ihr so aufmerksam seine Liebe schenken und dann völlig unvermittelt egozentrisch erscheinen kann. Da ihr ein derartig plötzlicher Wandel fremd ist, nimmt sie ihn persönlich.

Sie begreift nicht, daß es der Natur eines Mannes entspricht, alles und jeden außerhalb seines Blickfelds zu vergessen. Wenn er sich darauf konzentriert, sie zufriedenzustellen, ist er ihr gegenüber sehr aufmerksam. Meint er, sie sei zufrieden, rückt etwas anderes in seinen Blickpunkt, etwa ein berufliches Problem, auf das er dann seine ganze Aufmerksamkeit richtet.

Unter Streß wird das Blickfeld eines Mannes häufig noch enger, und andere werden noch weniger beachtet. So entsteht der Eindruck, der Mann sei nur mit sich selbst beschäftigt und lieblos.

Tatsächlich aber ist er keineswegs unbedingt narzißtisch oder selbstsüchtig. Er richtet lediglich seine ganze Konzentration auf das Erreichen seines Ziels und vergißt dabei alles andere. Daß es ihm keineswegs an Fürsorglichkeit mangelt, ist daran

zu erkennen, daß die angestrebten Ziele häufig sehr altruistisch sind.
Für eine Frau ist das schwer nachzuvollziehen. Denn Frauen neigen unter Streß dazu, ihr Bewußtsein zu erweitern und andere, besonders geliebte Menschen noch stärker in ihr Denken und Handeln einzubeziehen. Ist ein Mann mit einem beruflichen Problem beschäftigt, scheint er zu vergessen, daß er eine Familie hat, und konzentriert sich ganz auf die Lösung seines aktuellen Problems. Letztendlich aber geht es ihm darum, seine Familie zu unterstützen, und eben deshalb macht er sich so intensiv Gedanken zur Lösung seines beruflichen Problems.
Bei einer Frau, die sich über berufliche Probleme ärgert, verstärkt sich dieser Ärger noch durch die Einsicht, daß ihre Familie durch ihre Arbeit zu kurz kommt. Deren Bedürfnisse dringen ihr jetzt möglicherweise noch viel stärker ins Bewußtsein. Während ihr Partner in Streßsituationen sein Blickfeld einengt, dehnt sie das ihre aus.
Wie wir gesehen haben, ist das unwillkürliche Fokussieren ein Beispiel für die männliche zentripetale Kraft. Sie verengt die Wahrnehmung, um die Sicht zu schärfen. Eine Frau muß verstehen, daß die Reaktionsweise eines Mannes mit seiner inneren Balance männlicher und weiblicher Kräfte zusammenhängt und nicht als Maßstab für seine Liebe zu werten ist. Mit dieser Erkenntnis kann sie besser verstehen, ihren Partner und Wege finden, seine Aufmerksamkeit zu erlangen, wenn sie sie braucht.

## Das Streben nach Ausgeglichenheit

Jeder Mann und jede Frau trägt sowohl männliche als auch weibliche Energien in sich. Ohne die Kombination beider könnten wir nicht bestehen. Eine Unausgewogenheit dieser ergänzenden Kräfte ist für viele der Probleme verantwortlich, die in Beziehungen auftreten.
Hat ein Mann seine maskulinen (zusammenziehenden) Kräfte stärker entwickelt als seine femininen (ausdehnenden) Ten-

denzen, so wirkt er mitunter ichbezogen und selbstsüchtig, obwohl er tatsächlich nur nicht auf die Bedürfnisse anderer konzentriert ist. Er scheint gleichgültig, doch liegt sein eigentliches Problem in seiner Unfähigkeit, sein weibliches Potential zu nutzen, durch das er die Bedürfnisse anderer mit Leichtigkeit in sein Bewußtsein rücken könnte.

Umgekehrt ist eine Frau, bei der die weiblichen Energien überwiegen, übermäßig auf andere konzentriert und sich ihrer selbst kaum bewußt. Bekommt sie nicht, was sie braucht, expandiert sie noch mehr. Sie geht noch intensiver auf die Bedürfnisse anderer ein und vergißt dabei sich selbst. Sie opfert sich selbst auf, ohne dies jedoch zu erkennen.

Während ein Mann unter Streß nicht zum Geben bereit oder gleichgültig erscheint, weil er sich stark zurückzieht, wirkt eine Frau, weil sie zu sehr aus sich herausgeht, für nichts empfänglich und unerträglich.

Um diese Extremzustände zu vermeiden, müssen Männer ihre männlichen und weiblichen Anteile erkunden, entwickeln und in Einklang bringen, und die Frauen müssen das gleiche tun. Durch das Zusammenspiel dieser ergänzenden Energien verbessern wir nicht nur unsere Beziehungen, sondern werden auch kreativer.

Um mehr Harmonie in uns selbst zu erlangen, fühlen wir uns unweigerlich von Wesenszügen angezogen, die das, was wir bereits entwickelt haben, ergänzen oder ausgleichen. Männliche Attribute wirken von Natur aus auf Frauen attraktiv, und umgekehrt ist es genauso. Hierin liegt eines der Geheimnisse der »Chemie«, die die Anziehung zwischen Männern und Frauen bewirkt. Indem wir diese Unterschiede wirklich akzeptieren lernen, werden wir uns mehr eins mit uns selbst fühlen. Liebe und Respekt für unsere Unterschiede bewirken, daß wir mit uns selbst in Einklang kommen.

Durch die Liebe zum Weiblichen entwickelt ein Mann seine weiblichen Anteile, ohne seine Männlichkeit einzubüßen. In der Liebe zum Männlichen erschließt eine Frau sich ihre männlichen Energien, ohne ihre Weiblichkeit zu opfern.

# Das Geheimnis der Anziehungskraft

Schauen wir uns an, was bei der Empfängnis geschieht, so verstehen wir den Prozeß der Schöpfung. Das unbewegliche Ei zieht das bewegliche Spermium an. Aus der Verbindung beider entsteht neues Leben. Jede schöpferische Handlung ist das Ergebnis einander ergänzender Kräfte.

Da das Leben ein ständiger schöpferischer Vorgang ist, sind wir unablässig hingezogen zu den komplementären Kräften, die für diesen kreativen Prozeß nötig sind, oder aber wir ziehen diese Kräfte an. Zwischen zwei Menschen »funkt es«, wenn sie im anderen eine ergänzende Kraft oder Eigenschaft verspüren. Die beiden werden, den entgegengesetzten Polen zweier Magneten gleich, unwillkürlich zueinander hingezogen. In diesem Magnetfeld der Liebe bedarf es lediglich der Interaktion zwischen beiden, um elektrisierendes Begehren, Erregung und Anziehung zu erzeugen.

## Die Leidenschaft lebendig erhalten

Gelingt es zwei Partnern, ihre Unterschiede durch gegenseitige Liebe und Achtung zu bewahren, halten sie auch die Leidenschaft in ihrer Beziehung wach. Werden der Mann und die Frau dagegen einander zu ähnlich, geht die Anziehung verloren. Das Zusammensein mit jemandem, der genauso ist wie man selbst, bringt Langeweile. Um die Leidenschaft in einer Beziehung lebendig zu erhalten, müssen wir uns bemühen, unsere Unterschiede zu bewahren und zugleich allmählich die Eigenschaften unseres Partners zu integrieren.

Die am Anfang einer Beziehung vorhandene Leidenschaft ist in der Regel so zu deuten, daß wir das, was uns an unserem Partner fasziniert, auch in uns tragen. Fühlen wir uns von seiner oder ihrer Wärme angezogen, dann strebt eben diese Wärme in uns danach, aus unserem Unbewußten emporzusteigen und in unser Bewußtsein integriert zu werden.

Fred, der sehr kühl und reserviert ist, findet Janine attraktiv, die ein warmes und gefühlsbetontes Wesen hat. Er wird unbewußt von ihr angezogen, denn er erkennt in ihr Eigenschaften seiner unentwickelten weiblichen Seite. Im Zusammensein mit ihr erlebt er sich als Ganzheit und wird sogleich von einem Gefühl des Erfülltseins durchströmt. Durch die Liebe zu einer Partnerin, die anders ist, aber einen Teil seines sich regenden Selbst widerspiegelt, erlebt Fred das Glücksgefühl der Erfüllung, das nur eine leidenschaftliche Beziehung hervorrufen kann.

## Attraktive Gegensätze

So wird ein bestimmter Typ Mann von Frauen angezogen, die warm, empfänglich, verletzlich, gefühlsbetont, liebevoll und nachgiebig sind. Ein solcher Mann, der sich zu dieser stark femininen Frau hingezogen fühlt, zeigt häufig einen Hang zur Kühle, Aggressivität, Bestimmtheit, Vernunft, Erfolg und Entschlossenheit. Dies sind Aspekte seiner männlichen Seite, die durch die Vereinigung mit ihrer fraulichen Wärme, Empfänglichkeit und den anderen Eigenschaften einen Ausgleich suchen.

Durch die Liebe und Achtung der weiblichen Eigenschaften einer Frau wird ein Mann unwillkürlich liebevoller und lernt, seine eigene weibliche Seite zu lieben. Im Kontakt mit ihrer Weichheit wird er sich seiner eigenen Weichheit bewußt, ohne ein Weichling zu werden. Seine Kühle findet einen Ausgleich in ihrer Wärme, seine Aggression wird durch ihre Empfänglichkeit, seine Entschlossenheit durch ihre Verletzlichkeit, seine Kraft durch ihre Liebe ausgeglichen: Dadurch wird er ein Ganzes. Dasselbe gilt auch für die Frau: Durch ihre Liebe zu ihm machen sich ihre männlichen Anteile bemerkbar und lassen sie ein Ganzes werden.

Dieses scheinbare Paradox ist jeder liebevollen und leidenschaftlichen Beziehung zu eigen. Dadurch, daß wir anders sind als unsere Partner, fühlen wir uns zu ihnen hingezogen. Durch unser inneres Potential aber, wie sie zu sein, können wir mit ihnen in Beziehung treten und kommunizieren, können Intimität und Nähe erleben.

Ohne ein gewisses Maß an Verschiedenheit kann es keine Beziehung geben; ohne ein bestimmtes Maß an Übereinstimmung kann keine Verbindung zustande kommen.

## Wie die Anziehung verlorengeht

Bringen Partner ihren komplementären Unterschieden keine Achtung und Wertschätzung entgegen, verlieren diese ihre »Elektrizität«, das heißt, der gegenseitige Reiz geht verloren. Ohne die Polarität verlieren sie die Attraktivität. Der Verlust der Anziehung kann auf zwei Arten geschehen. Entweder unterdrücken wir unserem Partner zuliebe unser wahres inneres Selbst, oder wir versuchen, unseren Partner nach unserer eigenen Vorstellung zu formen. Beide Strategien – die Unterdrückung unserer selbst wie auch die Veränderung des Partners – sabotieren die Beziehung.

Gelingt es uns, unseren Partner zu ändern, können wir vielleicht ein Bedürfnis kurzfristig erfüllen, letztendlich aber wird die Leidenschaft daran zerbrechen. Beispielsweise sagt Fred zu Janine: »Sei doch nicht so emotional, du regst dich wegen nichts und wieder nichts auf.« Unterdrückt sie ihre Gefühlsseite, um Fred zufriedenzustellen, gibt es einen Reibungspunkt weniger zwischen ihnen, und sie gewinnt seine Liebe. Auf kurze Sicht mag dies der Harmonie in der Beziehung zugute kommen, doch werden Janine und Fred von nun an um einige Grad weniger aneinander interessiert, voneinander fasziniert und zueinander hingezogen sein.

Geht diese allmähliche Unterdrückung ihres eigenen Selbst weiter, werden ihre Leidenschaft und ihr Interesse weiter abnehmen, bis sie fast nichts mehr füreinander empfinden. Sie werden Freunde sein, aber keine Leidenschaft mehr erleben. Glücklicherweise läßt sich dieser Vorgang rückgängig machen. Wir können lernen, uns selbst wiederzufinden, ohne ständig den Partner zu wechseln.

In dem Maße, in dem ein Partner seine Art zu sein, zu fühlen, zu denken und zu handeln unterdrücken muß, um Liebe zu bekommen oder sich in einer Beziehung sicher zu

fühlen, wird auch die Leidenschaft schwinden. Indem wir uns anpassen oder den anderen verändern, vermindern wir nicht nur die Leidenschaft, sondern ebenso die Liebe.
Jede Unterdrückung, Verdrängung oder Leugnung unserer selbst um der Liebe des Partners willen ist ein Zeichen mangelnder Eigenliebe. Man gibt damit sich selbst zu verstehen, daß man so, wie man ist, nicht gut genug ist.
Mit jedem Versuch, den Partner zu verändern, zurechtzubiegen oder zu bessern, bedeutet man ihm, daß er es nicht verdient, um seiner selbstwillen geliebt zu werden. Wenn wir versuchen, den Zauber der Liebe durch Anpassung oder Ändern des anderen zu erhalten, machen wir die Situation nur schlimmer.
Die Unterdrückung des eigenen Ichs und die Veränderung des Partners im Namen der Liebe sind ein Zeichen für eine nicht funktionierende Liebe.

## Warum wir uns anpassen und andere ändern

Wenn ein Mann und eine Frau sich gegenseitig anziehen, entsteht eine Spannung. Aus ihrer Unabhängigkeit heraus streben die beiden nach Vereinigung. Indem sie sich durch gegenseitigen Austausch, ihr Zusammensein, gemeinsame Unternehmungen, Kommunikation, Sichmitteilen, Berührung und Sex einander annähern, wird die Spannung abgebaut und macht einem Gefühl der Wonne, des Glücks, des inneren Friedens, der Inspiration, der Freiheit, des Vertrauens und der Erfüllung Platz.
Diese wunderbaren Gefühle resultieren aus dem erwachenden Bewußtsein für unsere inneren Qualitäten, und das wiederum bewirkt, daß wir uns als Ganzheit empfinden. Leider aber ist dieses Glücksgefühl nicht von Dauer. Wir erhaschen einen Eindruck davon, wie wir uns fühlen werden, wenn wir wirklich mit uns eins und im Gleichgewicht sind. Um dies aber wirklich zu erreichen, müssen die potentiellen Eigenschaften in unser Bewußtsein emporsteigen. In dem Maße, in dem wir uns gegen diese aufkeimenden Eigenschaften sträu-

ben, gehen uns die Freuden verloren und schlagen sie vielleicht sogar ins Gegenteil um.

Fühlt ein Mann sich zu einer Frau hingezogen, erreicht er irgendwann einen Punkt, an dem er sich seiner Partnerin widersetzen und versuchen wird, sie zu verändern, oder aber sich selbst verleugnet, um sich innerlich zu befreien. Natürlich gibt es auch andere Möglichkeiten, sich Erleichterung zu verschaffen, zum Beispiel häufige Partnerwechsel, Seitensprünge oder auch eine Sucht, die die Geburtswehen des Widerstands zu betäuben vermag. Je mehr er sich der Entwicklung eben jener Züge, von denen er sich angezogen fühlte, widersetzt, desto stärker wird er eine wirkliche Beziehung vermeiden.

Das Reformieren, ein häufig beschrittener Weg, um der Qual des inneren Widerstands zu entkommen, bedeutet die immer massivere Forderung an sie, so wie er zu sein. Er erwartet von ihr, daß sie dasselbe will wie er, fühlt wie er und reagiert wie er. Mit seinem Bedürfnis, sie zu lenken oder zu verändern, tut er ihr, ohne es zu wissen, weh und vermindert darüber hinaus die einstige Polarität und Anziehung zwischen ihnen.

Andererseits trägt auch sie möglicherweise in gleichem Maße zu diesem Geschehen bei. Zum Tangotanzen gehören immer zwei, wie das alte Sprichwort so schön sagt. Wenn ihr eigener Widerstand gegen eine wirkliche Beziehung sich regt, versucht sie vielleicht, ihrerseits das Unbehagen durch Verleugnen ihres Selbst zu mildern.

Frauen, die sich zu Männern mit einem Hang zur Macht und zum Reformieren hingezogen fühlen, legen oft eine nicht minder starke Gabe an den Tag, sich anzupassen, zu fügen und zu verleugnen. Auf der Suche nach einer Identität entwickeln sie eine übermäßige Abhängigkeit. Sie opfern ihrem Partner aus freien Stücken ihr Ichgefühl, um seine Liebe zu gewinnen und Harmonie zu schaffen.

Auch das Gegenteil ist möglich. Ein Mann, dessen weibliche Seite stark entwickelt ist, kann den Wünschen seiner Partnerin zu stark nachgeben. Ein solcher Typ wird häufig als »sen-

sibel« charakterisiert. Oft klagen diese Männer darüber, daß die Frauen sie zwar mögen, aber nicht attraktiv finden; sie zwar als Freund, nicht aber als Partner möchten.
Eine Frau, die sich zunächst von einem solchen Mann angezogen fühlt, hat ihre männliche Seite stärker entwickelt. Sie ist vor allem unabhängig und durchsetzungsfähig. Unbewußt beginnt sie, ihn zu gängeln und zu beherrschen, und je mehr er nachgibt, desto mehr schwindet ihr Interesse.
Wenn eine unabhängige Frau eine Beziehung mit einem sensiblen Mann eingeht, regt sich nach einer gewissen Zeit zunehmend ihre unterdrückte weibliche Seite. In dem Maße, in dem sie ihre weibliche Seite abgelehnt hat, wird sie nun dazu neigen, ihren Partner abzulehnen. Vielleicht hat sie das Gefühl, sie brauche »einen richtigen Mann«, während sie tatsächlich die eigene weibliche Seite in ihr akzeptieren und entwickeln muß. Eigentlich lehnt sie nicht ihn ab, sondern ihre weibliche Seite, die sich Geltung verschaffen will.
Ganz ähnlich muß ein sensibler Mann, der eine aggressive Frau ablehnt, die männliche Seite in sich akzeptieren und entwickeln. Möglicherweise lehnt er sie mit der Begründung ab, er wünsche sich eine weiche, verletzliche Frau. Tatsächlich aber braucht er keine Frau, die bewirkt, daß er sich wie ein richtiger Mann fühlt, sondern er muß an der Entwicklung seiner Männlichkeit arbeiten, zu der ihm die männliche Frau bereits den Weg weist.

## Widerstand gegen unsere Unterschiede

Warum sträuben wir uns gegen unsere Unterschiede? Die Beantwortung dieser Frage hilft uns zu verstehen, warum Männer und Frauen am Beginn einer Beziehung häufig so engagiert, liebevoll und gebefreudig sind und später einen Rückzieher machen. Gewöhnlich zeigt man sich in der Anfangsphase einer Beziehung von seiner besten Seite. Setzt dann aber der Widerstand gegen den anderen ein, beginnt allzu leicht die Anpassung und Reformierung. Die Erkenntnis der diesem Widerstand zugrunde liegenden Ursachen entschleiert viele der Geheimnisse einer Beziehung.

Die vier Ursachen von Widerstand:

- Macho (Männlichkeit widersetzt sich Weiblichkeit)
- Märtyrerin (Weiblichkeit widersetzt sich Männlichkeit)
- Sensibler Mann (entwickelte Weiblichkeit, unterdrückte Männlichkeit)
- Unabhängige Frau (entwickelte Männlichkeit, unterdrückte Weiblichkeit)

In den folgenden Abschnitten geht es um die einzelnen Typen und möglichen Ursachen für ihr Verhalten. Manche Menschen passen nur in eine dieser Kategorien, während andere zwischen mehreren schwanken. Die meisten Männer pendeln zwischen Macho und sensiblem Typ, viele Frauen zwischen Märtyrertum und Unabhängigkeit.

## Der Macho

Meist wird ein Macho zu einer Frau hingezogen, weil sie Anteile seiner unentwickelten weiblichen Seite widerspiegelt. Im Zusammensein mit ihr empfindet er sich mehr als geschlossenes Ganzes und fühlt sich dadurch angesprochen, stimuliert und interessiert. Dies ist die positive Seite der Annäherung an einen anderen Menschen. Zugleich aber ergeben sich daraus auch Probleme.

Im Zusammensein mit ihr beginnt er zwangsläufig, sich gegen ihre Andersartigkeit zu sträuben. Seine Liebe zu ihr bewirkt, daß sich seine eigenen weiblichen Anteile bemerkbar machen. In dem Maße, in dem er durch seine Konditionierung in der Vergangenheit seine eigenen weiblichen Eigenschaften verdrängt und abgelehnt hat, beginnt er nun, da sie sich regen, seine Partnerin zurückzuweisen.

Durch die Liebe zu einer Frau wird ein Mann vielleicht verletzlicher und gefühlsbetonter, er braucht Liebe und Bestätigung. Dies sind Eigenheiten seiner weiblichen Seite. Wurde er dahingehend geprägt, daß Gefühle ein Zeichen von Schwäche sind, wird er sich gegen diesen natürlichen Entwicklungsprozeß sträuben.

Seine Konditionierung hat vielleicht begonnen, als er die Reaktionen seines Vaters auf die weiblichen Eigenschaften seiner Mutter beobachtet hat. Hat sein Vater ihre Gefühle und ihre Verletzlichkeit verurteilt oder mißachtet, hat der Junge vielleicht unbewußt für sich beschlossen, selbst in Zukunft nicht verletzlich zu sein oder seine Gefühle zu zeigen. Es wäre auch möglich, daß sein Vater seine Gefühle nicht gezeigt hat und der kleine Sohn so wieder und wieder die unmißverständliche Botschaft bekam, daß Männer nicht weinen oder ihre Gefühle zeigen.

Derartige Botschaften werden unbewußt Tausende von Malen empfangen. Verliebt sich der Junge später, behindert die frühkindliche Konditionierung das Zusammenspiel der Unterschiede. Er weiß nicht, was da geschieht. Der innere Widerstand gegen seine aufkeimenden weiblichen Anteile wirkt in seinem Unbewußten. Er merkt nur, daß er sich unbehaglich fühlt, eine übertriebene Abwehrhaltung einnimmt, zu werten beginnt, herrisch, frustriert, selbstgerecht, verächtlich, herablassend und ungeduldig wird, oder aber er verschließt sich einfach – ohne eine Ahnung, warum er das tut.

Aus Widerstand gegen seine aufkeimenden weiblichen Anteile lehnt er seine Partnerin ab und versucht, sie zu verändern, indem er sie »auf den rechten Weg bringt« oder ihren Gefühlen und Bedürfnissen die Berechtigung abspricht. Da er den wahren Grund für sein Unbehagen nicht kennt, hält er seine Partnerin für die Ursache. In dem Maße, in dem er seine eigene Weiblichkeit verurteilt, wird er diese Negativeinschätzung auf seine Partnerin übertragen.

Ohne Training ist es für einen Macho praktisch unmöglich, seine weibliche Seite zu verstehen. Um seinen inneren Widerstand zu überwinden, muß er üben, weibliche Eigenschaften, Werte und Bedürfnisse zu respektieren. Indem er lernt, einer

Frau mit Respekt, Teilnahme und Verständnis zuzuhören, und sich dann mit Geduld darin übt, seine eigenen Gefühle anzunehmen, kann er den gelegentlich aufflackernden, auf seine frühkindliche Konditionierung zurückgehenden Widerstand überwinden. Er wird Mitgefühl und Einfühlungsvermögen für Frauen und Kinder entwickeln, sobald er zu verstehen versucht, was Frauen wirklich fühlen. Vielleicht muß er auch sein Verhältnis zu seiner Mutter aufarbeiten, um sich mit ihr zu versöhnen.

## Die Märtyrerin

Ein ganz ähnlicher Widerstandsmechanismus ist bei Frauen zu beobachten. In der Liebe zu einem Partner wird eine Frau vom Typ Märtyrerin möglicherweise unwillkürlich bestimmter und stärker, distanziert und autonom. Dies sind Züge ihrer männlichen Seite. Indem sie seine Aggression und Bestimmtheit lieben und akzeptieren lernt, tritt sie automatisch in Verbindung mit diesen Eigenschaften in ihr selbst.

Wurde sie dahingehend konditioniert zu glauben, daß Frauen, die Stärke zeigen, abgelehnt werden, wird sie sich unbewußt gegen diesen Integrationsprozeß wehren. Vielleicht wurde ihr von frühester Kindheit an eingeimpft, daß Frauen nicht selbständig sein sollten, daß ihr Platz zu Hause ist, daß sie sich dem Mann unterzuordnen haben, einem Mann niemals zeigen sollen, daß sie intelligent sind usw.

Eine solche Konditionierung ist besonders stark, wenn ein kleines Mädchen mit ansieht, wie ihre Mutter ihre männlichen Eigenschaften unterdrückt. Verhält ihre Mutter sich wie eine Märtyrerin, übernimmt die Tochter von ihr diese Frauenrolle. Behandelt ihr Vater ihre Mutter und ihre Schwestern geringschätziger als ihre Brüder, lernt sie daraus, daß sie rangniedriger ist und ihrem Vater dienen soll, daß sie seinen Wünschen zu entsprechen hat, daß der Wille der Mutter sich dem des Vaters zu beugen hat.

Wenn sie erwachsen ist und sich in einen Mann verliebt, wird sich ihre männliche Seite regen. Aufgrund ihrer negati-

ven Konditionierung aber fühlt sie sich unsicher, wenn sie ihre männlichen Anteile zuläßt, und gibt sich daher dem Mann gegenüber, den sie am meisten liebt, zunehmend beschützend, kritisch, rechthaberisch, mißtrauisch, manipulativ oder vorwurfsvoll. Während sie sich unbewußt gegen sich selbst wehrt, beginnt sie auf der bewußten Ebene zwanghaft, gegen ihren Partner aufzubegehren, mit ihm zu hadern und ihn abzulehnen.
Um ihren inneren Widerstand zu überwinden, muß die Märtyrerin Autonomie und Bestimmtheit üben. Vor allem muß sie lernen, um Unterstützung zu bitten, und die Erwartungshaltung aufgeben, der Mann müsse ihre Bedürfnisse vorausahnen, so wie sie es bei ihm tut. Sie muß erkennen, daß auch sie dafür verantwortlich ist, wenn der Punktestand zu unausgeglichen gerät. In diesem Fall muß sie Vergeben üben, um ihre Ressentiments loslassen zu können.
Sie muß die in der Vergangenheit unterdrückten und aufgestauten Gefühle der Wut und des Ärgers annehmen und aufarbeiten, ebenso wie sie an der Beziehung zu ihrem Vater arbeiten muß, um sich mit ihm zu versöhnen.

## Der sensible Mann

Wenn ein Mann diesen Typs sich einer Frau annähert, dringen seine unterdrückten männlichen Eigenschaften langsam, aber sicher in sein Bewußtsein. Ist er dahingehend konditioniert, daß Aggression destruktiv und nicht kreativ ist oder daß Bestimmtheit egoistisch und keineswegs positiv ist oder daß Vernunft als Lieblosigkeit zu werten ist, wird er instinktiv versuchen, seine aufkeimenden männlichen Eigenschaften zu unterdrücken. Eine derartige negative Konditionierung kann in unserer Kindheit geschehen.
Erlebt beispielsweise ein kleiner Junge, wie sein Vater seine aggressive Energie in Beschimpfungen entlädt, anstatt kreativ oder produktiv mit ihr umzugehen, lehnt er Männlichkeit vielleicht als etwas Verletzendes ab und bindet sich stärker an seine Mutter.

Möglicherweise beobachtet er, wie sein Vater seine Bestimmtheit für egoistische Zwecke und zur Kontrolle einsetzt, und versucht daher, seine eigene Bestimmtheit zu unterdrücken. Oder er wird Zeuge, wie sein Vater Beschimpfungen und Erniedrigungen rechtfertigt, und erfährt so den Intellekt als etwas Negatives.

In seiner Kindheit wurde dieser sensible Mann vom Vorbild seiner Eltern nachhaltig geprägt. Er könnte auch seine Männlichkeit ablehnen, weil er erlebt hat, wie seine Mutter von einem Mann verletzt wurde. Er beginnt, das Mißtrauen, das seine Mutter gegenüber seinem Vater hegt, gegenüber seiner eigenen männlichen Seite zu empfinden.

Ein Mann, der seine Männlichkeit unterdrückt hat, fühlt sich meist zu solchen Frauen hingezogen, die diese Eigenschaften bereits entwickelt haben. Wieder einmal erzeugt die Verbindung von Gegensätzlichem Leidenschaft, doch tritt eine Veränderung ein, sobald seine männlichen Energien, durch diese Beziehung stimuliert, zutage treten. Aufgrund seiner negativen Konditionierung im Zusammenhang mit Männlichkeit, Aggression, Bestimmtheit und Macht regt sich in ihm Widerstand, den er dann auf seine Partnerin überträgt. Unbewußt nimmt er eine defensive, kritische, mißtrauische, manipulative, vorwurfsvolle und mißbilligende Haltung ein.

Um seinen inneren Widerstand zu überwinden, muß der sensible Mann üben, in seinen Beziehungen Schuldzuweisungen aufzugeben und sich für das, was ihm widerfährt, völlig selbst verantwortlich zu fühlen. Er muß sich in Entschlossenheit, Vernunft und Logik üben. Wenn Entscheidungen zu treffen sind, sollte er sich weniger auf seine Gefühle und mehr auf seinen Verstand verlassen. Er sollte üben, Kleinigkeiten zur Unterstützung seiner Partnerin zu tun, die etwas zusätzliche Mühe kosten. Vor allem aber muß er lernen, Dinge durchzuziehen und sein Wort zu halten.

Zur Stärkung seiner Männlichkeit kann ein sensibler Mann mehr mit Männern unternehmen, mit Männern ausgehen,

Männerfreundschaften pflegen oder Wettkampfsport treiben. Sehr wichtig ist auch die Aufarbeitung der Beziehung zu seinem Vater sowie der Kontakt zu männlichen Lehrern und Ratgebern.

## Die unabhängige Frau

Geht eine Frau, die ihre weiblichen Eigenschaften unterdrückt hat, eine Beziehung mit einem Mann ein, der seine weiblichen Anteile stärker entwickelt hat, werden ihre weiblichen Züge unweigerlich zutage treten. Ihre Konditionierung führt zu irreführenden Vorstellungen: Daß Weichheit und Verletzlichkeit Schwäche bedeuten, daß empfindsame Menschen verrückt werden, daß es gefährlich ist, andere zu brauchen, oder daß Menschen, die andere brauchen, Opfer sind. Sobald ihre weiblichen Gefühle und Bedürfnisse sich regen, gerät sie in Panik und beginnt, gegen ihren Partner aufzubegehren.

Die allzu unabhängige Frau sieht eine Gefahr darin, ihre weibliche Seite zu enthüllen. Sie fürchtet, auf die eine oder andere Weise verurteilt oder verletzt zu werden. Möglicherweise sehnt sie sich nach einem männlicheren Partner, bei dem sie sich »als Frau fühlt«, während sie tatsächlich der Frau, die in ihr zum Leben erwacht, zum Durchbruch verhelfen muß. Aus ihrem Widerstand heraus gibt sie sich ihrem Partner gegenüber womöglich verurteilend, kritisch, herrisch, fordernd und enttäuscht.

Ihre Konditionierung mag daher rühren, daß sie ihre Mutter in einer Opferrolle oder als unerfüllte Frau wahrgenommen hat. Eben jene weibliche Verletzlichkeit und Weichheit, die eine Frau so unbedrohlich, attraktiv und empfänglich machen können, mögen bei ihrer Mutter, die ihrer Rolle nicht gerecht werden konnte, als Kraftlosigkeit, Hilflosigkeit und Nichterfüllung zum Ausdruck gekommen sein. Um sich dagegen zu schützen, wie ihre Mutter zu werden, unterdrückt sie infolge dieser Konditionierung ihre weibliche Seite. Hat ihr Vater überdies die Gefühle ihrer Mutter abgelehnt, verhöhnt oder sie nicht gelten lassen, so hat sie vielleicht daraus geschlossen, daß Gefühle irrational sind und keinen Respekt verdienen.

Um ihren Widerstand zu überwinden, muß eine extrem unabhängige Frau daran arbeiten, ihre Verletzlichkeit zuzulassen und ihre Gefühle in Situationen, in denen sie sich von anderen unterstützt oder gar abhängig fühlt, zum Ausdruck zu bringen. Auch sollte sie ihre Beziehung zu ihrer Mutter aufarbeiten, um sich bewußt zu werden, daß sie den Teil von sich, der wie ihre Mutter ist, akzeptieren und als liebens- und unterstützenswert anerkennen muß.

Vertrauen ist für sie ein wichtiges Thema. Es bedeutet, verletzlich zu sein und damit zu riskieren, daß man von Zeit zu Zeit tatsächlich verletzt wird. Erst wenn die unabhängige Frau ihre negativen Gefühle wahrnehmen und verarbeiten kann, wird sie ihre Scham und Verlegenheit über ihre weiblichen Züge überwinden und lernen, ihre weiblichen Eigenschaften so zu respektieren und zu schätzen, wie sie es bereits mit ihrer männlichen Seite tut.

Sie muß erkennen, daß sie trotz ihres Gefühles der Unabhängigkeit und Stärke tief in ihrem Inneren fürchtet, von anderen nicht geliebt zu werden. Insgeheim fühlt sie sich vielleicht unwürdig oder nicht gut genug. Indem sie sich langsam öffnet, lernt sie, ihre entwickelte männliche Seite mit ihrer sich entwickelnden weiblichen Seite in Einklang zu bringen.

## Die Anziehungskraft bewahren

Als Kinder wurden wir auf verschiedenste Weise darauf programmiert, bestimmte Aspekte unserer männlichen und weiblichen Seiten zu mögen oder abzulehnen. Tieferes Verständnis dieser Seiten befreit uns von den Fesseln der negativen Konditionierung unserer Kindheit. Indem wir lernen, unsere geschlechtsspezifischen Unterschiede zu verstehen, anzunehmen, zu respektieren und zu schätzen, können wir unsere andersgeschlechtlichen Partner nicht nur mehr lieben und besser unterstützen, sondern lernen darüber hinaus, uns

selbst zu lieben. Diese Eigenliebe macht uns frei, uns wirklich selbst zu entfalten.
Der Zauber der Liebe bleibt in einer Beziehung nur dann erhalten, wenn wir weder versuchen, den Partner zu ändern, noch uns selbst zu verleugnen.
Indem wir unsere komplementären Unterschiede erkennen und verstehen, lösen wir uns von der Neigung, unseren Partner nach unserem eigenen Bild formen zu wollen, und lernen zugleich, unsere Einzigartigkeit frei von Urteilen, Scham oder Schuld zu akzeptieren und zu schätzen.
Eine Beziehung gedeiht, wenn wir einerseits unsere Partner als das, was sie sind, unterstützen und andererseits für das, was wir sind, Unterstützung entgegennehmen können. So wie wir lernen müssen, unseren Partnern ihren einzigartigen Bedürfnissen entsprechend Unterstützung zu geben, müssen wir auch lernen, Unterstützung anzunehmen, ohne unser Selbst dabei aufzugeben. Um eine Beziehung zu realisieren, aus der beide Partner Rückhalt und Unterstützung gewinnen, müssen wir lernen, unsere Unterschiede zu schätzen und zu respektieren. Die wachsende Liebe und die Achtung unserer Unterschiede geben uns Halt in den unvermeidlichen Zeiten des Aufbegehrens, des Haderns und der Ablehnung.

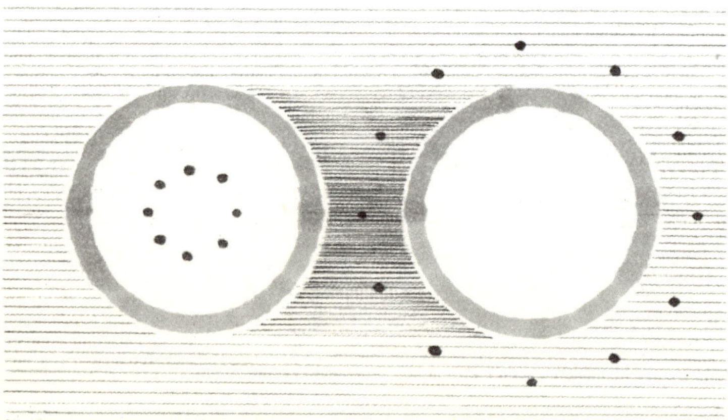

## Die unterschiedliche Wahrnehmung von Männern und Frauen

Männer und Frauen nehmen die Welt so unterschiedlich wahr, als trügen beide verschiedene Brillen. Das männliche Bewußtsein neigt dazu, die Dinge eines nach dem anderen miteinander in Beziehung zu setzen, wobei langsam ein komplettes Bild entsteht. Durch Verknüpfen eines Teiles mit einem anderen entsteht ein Ganzes. Die Art und Weise, wie die männliche Sicht die Dinge sieht, ist vergleichbar mit dem Legen eines Puzzles. Die verschiedenen Bildausschnitte werden aneinandergereiht, bis das ganze Bild erscheint.

Demgegenüber ist die weibliche Wahrnehmung weiter gesteckt. Sie erfaßt intuitiv das gesamte Bild, entdeckt nach und nach die darin enthaltenen Bestandteile und ergründet, wie sie mit dem Ganzen in Beziehung stehen. Diese Sichtweise ist vergleichbar mit der eines Menschen, der einen stockfinsteren Raum betritt und zunächst das Licht anschaltet, um zu erkennen, wo er eigentlich ist. Nachdem der Ort schlagartig erhellt ist, wird er seine Aufmerksamkeit den Dingen in dem Raum schenken, um sich einen Überblick über die Situation zu verschaffen. Für eine Frau steht also nicht der Inhalt, sondern der Zusammenhang im Vordergrund.

Diese unterschiedliche Orientierung prägt nachhaltig die Werte, Prioritäten, Instinkte und Interessen. Da das »weiblich-offene Bewußtsein« die Zusammenhänge zwischen uns wahrnimmt, räumen Frauen Werten wie Liebe, Beziehungen, Kommunikation, Sich-Mitteilen, Kooperation, Intuition und Harmonie von Natur aus einen höheren Stellenwert ein als Männer. Für diese wiederum spielen, da das »männlich-konzentrierte Bewußtsein« das einzelne als Bestandteil eines Ganzen wahrnimmt, Ergebnisse, das Erreichen von Zielen, Macht, Wettbewerb, Arbeit, Logik und Effizienz eine wichtigere Rolle.

# Konzentriertes und offenes Bewußtsein

Man kann sich das konzentrierte Bewußtsein als spiralförmige Bewegung auf einen Mittelpunkt hin vorstellen. Ein treffendes Bild liefert der Bogenschütze, der seinen Pfeil auf das Zentrum einer Zielscheibe richtet. Dagegen ist das offene Bewußtsein als spiralförmige Bewegung von einem Punkt weg zu beschreiben. Um sich dies zu vergegenwärtigen, kann man sich eine Satellitenschüssel vorstellen, die Signale aus allen Richtungen empfängt und auch in alle Richtungen sendet.
Das offene Bewußtsein ist einem Flutlicht vergleichbar, das konzentrierte einem Laserstrahl. Beide sind auf ihre Weise sehr nützlich. Schauen wir uns einige alltägliche Beispiele für das konzentrierte männliche und das offene weibliche Bewußtsein an.

## Pfadfinder und Pfadfinderinnen

Da ihr Bewußtsein die Zukunft mit einbezieht, beschäftigt sich eine Frau auch damit, was möglicherweise geschehen könnte. Sie verspürt den Drang, sich auf die Zukunft vorzubereiten. Das konzentrierte Bewußtsein führt hingegen dazu, daß Männer eher mit dem effizienten Erreichen ihrer Ziele befaßt sind. Während Männer sich Gedanken machen, wie sie zu ihrem Ziel gelangen, fragen sich Frauen, was geschehen wird, wenn sie angekommen sind.
Dies wird ganz deutlich, wenn man Pfadfinder und Pfadfinderinnen beobachtet. Während die Pfadfinder damit beschäftigt sind herauszufinden, wie sie von Punkt A zu Punkt B kommen, überlegen die Pfadfinderinnen bereits, was sie essen werden, wenn sie Punkt B erreicht haben.
An Punkt B angekommen, fragt einer der Pfadfinder: »Wer hat den Proviant?« und bekommt von den anderen zur Antwort: »Ich weiß nicht.« »Ich hab's vergessen.« »Ich dachte, du würdest dich darum kümmern.«
Das ist typisch für Jungs, die in den seltensten Fällen bereits ein offenes Bewußtsein entwickelt haben. Das Training bei

den Pfadfindern hilft ihnen dabei, dieses Bewußtsein zu entwickeln.
Mädchen dagegen brauchen ein solches Training nicht oder nur in Maßen, denn ihr offenes Bewußtsein sorgt dafür, daß sie sich von sich aus mit der Vorbereitung befassen. Wie ein Radarsystem macht ihr offenes Bewußtsein sie auf alles, was eventuell schiefgehen könnte, aufmerksam.
Aufgrund einer solch umfassenden Vorbereitung aber kommen Pfadfinderinnen leicht einmal zu spät oder bekommen vielleicht das Gefühl, das Unternehmen sei zu riskant, und lassen sich durch ihre Befürchtungen davon abhalten. Es ist ebenso viel leichter, mutig zu sein, wenn man sich der möglichen Konsequenzen einer Handlung nicht bewußt ist.

## Die Art, einen Raum zu betreten

Männer und Frauen verhalten sich beim Betreten eines Raumes unterschiedlich. Ein Mann kommt herein, wählt einen Platz, begibt sich zu ihm hin und schaut von dort erst hierhin, dann dorthin, bis er sich schließlich ein Bild von seiner Umgebung gemacht hat (dies vollzieht sich in nur wenigen Augenblicken). Seinem Naturell entsprechend konzentriert er sich zunächst, um sich dann erst zu öffnen und zu expandieren.
Ein Frau hingegen, die den gleichen Raum betritt, nimmt mit einem schnellen Blick fast gleichzeitig verschiedenste Dinge wahr. In gewisser Weise erfaßt sie den gesamten Raum, bevor sie überlegt, wo sie sich niederläßt. Sie bemerkt die Farbe der Wände, interessante Möbel oder Bilder, Freunde oder Verwandte und anderes mehr. Erst wenn sie sich von der gesamten Umgebung ein Bild gemacht hat, sucht sie sich einen Platz.
Noch deutlicher wird das unterschiedliche Verhalten von Männern und Frauen bei einer Ausstellung. Man kann beobachten, wie der Mann seine Aufmerksamkeit bündelt, während er planmäßig und zielstrebig von einer Vitrine zur nächsten geht. Demgegenüber scheint sich die Frau spontan

durch die Ausstellung treiben zu lassen, als nähme sie alles in sich auf. Für sie handelt es sich um einen Prozeß des Erforschens und Entdeckens, für den Mann hingegen um einen Prozeß des Erreichens und der Bewältigung.

## Mit unterschiedlicher Wahrnehmung umgehen

Hat eine Frau erkannt, daß ein Mann sich besser fühlt, wenn er sich jeweils auf nur eine Sache konzentrieren muß, kann sie Konflikte vermeiden, indem sie ihn nicht ablenkt. Braucht sie dennoch seine Aufmerksamkeit, sollte sie ihn so ansprechen, daß er auch darauf eingehen kann.

Anstatt gleich mit der Tür ins Haus zu fallen, könnte sie sich eine Minute Zeit erbeten und ihm so die Möglichkeit geben, sich zu entscheiden und ihr seine Aufmerksamkeit zuzuwenden.

Versteht sie diesen Mechanismus, so weiß sie, daß ein Mann nicht desinteressiert ist, sondern seine Aufmerksamkeit gerade auf etwas anderes gerichtet hat. Ist ein Mann beispielsweise konzentriert mit einer Sache beschäftigt, ist es unrealistisch, seine volle Aufmerksamkeit erlangen zu wollen. Wenn er vorgibt, für ein Gespräch Zeit zu haben, ohne jedoch dabei seine Tätigkeit zu unterbrechen, ist er sich seiner beschränkten Möglichkeiten nicht bewußt. Möglicherweise ist er ehrlich überzeugt, gleichzeitig einer Tätigkeit und Ihnen volle Aufmerksamkeit schenken zu können. Lassen Sie sich davon nicht täuschen, Sie würden ihm später nur vorwerfen, er höre nicht richtig zu.

## Warum gestreßte Männer oft abwesend wirken

Unter Streß bündelt sich das konzentrierte Bewußtsein noch mehr, während das offene Bewußtsein sich stärker ausweitet. Dieser grundlegende Unterschied kann ein ganze Reihe von Mißverständnissen auslösen. Steht ein Mann zum Beispiel beruflich unter Streß, ist es schwierig für ihn, seinen Blick von diesen Problemen abzuwenden. Er ist gedanklich darauf fixiert und kann sich nur schwer auf etwas anderes einlassen.

Wenn er nach Hause kommt, ist er mit seinen Gedanken noch immer bei der Arbeit.
Geht seine Partnerin auf ihn zu, wirkt er zerstreut, unaufmerksam und emotional abwesend. Je stärker der berufliche Streß, desto distanzierter mag ein Mann zu Hause auftreten. Wird er angesprochen, greift er möglicherweise nach der Zeitung oder schaltet den Fernsehapparat ein. Er möchte seine Partnerin nicht bewußt kränken oder ihr bedeuten, er interessiere sich nicht für sie. Vielmehr tut er etwas anderes, um sich abzulenken und ihr nicht mehr zuhören zu müssen, da seine Gedanken noch immer von seinen beruflichen Problemen beherrscht werden.
Es kann hilfreich sein, freundlich um seine volle Aufmerksamkeit zu bitten. Schweift er wieder ab, machen Sie eine Pause, bis er erkennt, daß Sie darauf warten, wieder seine ungeteilte Aufmerksamkeit zu bekommen. Ohne eine bewußte Entscheidung, sich auf Sie zu konzentrieren und Ihnen seine Aufmerksamkeit zu widmen, wird er immer wieder abschweifen.
Viele Männer müssen erst lernen, den Blick bewußt von der Arbeit weg und statt dessen auf die Familie oder Beziehung zu lenken.

## Warum gestreßte Frauen leicht überreizt sind

Aufgrund ihres offenen Bewußtseins werden Frauen von den Bedürfnissen anderer leichter überwältigt. So wie ein Mann von einem einzigen Problem völlig in Anspruch genommen werden kann, erschöpft sich eine Frau leicht, indem sie sich mit einer Vielzahl von Problemem gleichzeitig befaßt. Ist sie überreizt, verliert sie vorübergehend die Fähigkeit, Prioritäten zu setzen, was selbstverständlich die Überreiztheit noch steigert. Sie fühlt sich übermäßig verantwortlich, ja geradezu gezwungen, sich um »alles« zu kümmern, doch fehlt ihr dann die Kraft, es auch zu tun.
Versteht ein Mann diese weibliche Schwäche nicht, reagiert er mit Frustration. Er hat das Gefühl, ihm werde die Schuld

für ihr Unglück zugeschoben oder er sei für ihre aufgebrachten Gefühle irgendwie verantwortlich. Oft verteidigt er sich, indem er sie wegen ihrer Überreiztheit kritisiert und ihr vorwirft, sie mache »aus einer Mücke einen Elefanten«.
Männer müssen verstehen, daß eine überreizte Frau nicht unbedingt darauf aus ist, dem Partner aggressiv zu begegnen, sondern nur versucht, über ihre Probleme zu reden, um sich Erleichterung zu verschaffen.
In solchen Augenblicken braucht sie sein Zuhören unbedingt. Leider kennen die meisten Männer dieses Geheimnis nicht. Statt dessen versuchen sie, ihre Partnerin aufzumuntern, indem sie ihr sagen, sie solle sich nicht so ärgern, oder sie machen Vorschläge zur Lösung ihres Problems. Ein solcher Versuch macht die Situation nur schlimmer.
Frauen wollen angehört werden, sie wollen über ihre Gefühle sprechen und diese anerkannt wissen. Männer dagegen fühlen sich besser, wenn sie bei ihren Problemen Prioritäten setzen, sich auf eines konzentrieren und planen, wie sie ihm begegnen oder es lösen.

## Gespräche führen mit Männern

So wie Männer voll guter Absicht versuchen, Frauen »auf den rechten Weg zu bringen«, neigen Frauen zu der irrigen Annahme, einen Mann »verbessern« zu müssen, wenn er lediglich darüber sprechen will, was ihn belastet. Ein, zwei störende Bemerkungen genügen, um ihn verstummen zu lassen.
In solchen Augenblicken hat eine Frau in der Regel keine Vorstellung davon, wie sie ihn verstimmt hat. Sie erkennt nicht, daß jeder Versuch, ihm zu »helfen« oder ihn zu »verbessern«, ihn kränkt.
Sucht ein Mann emotionale Unterstützung bei seiner Partnerin, sind alle Bemühungen, zu helfen, guten Rat zu erteilen oder ihn zu bessern, fehl am Platz. Es ist wichtig zu erkennen, ob ein Mann um Rat oder Hilfe bittet oder ob er nur reden und von seiner Partnerin passive Unterstützung bekommen will. Versucht sie in jedem Fall, ihm aktiv zu helfen, auf die

eine oder andere Weise ein besserer Mensch zu werden, sind viele Gespräche von vornherein zum Scheitern verurteilt. Häufig begehen Frauen diesen Fehler und haben keine Ahnung, wie sie ihre Männer kränken – wo doch ihre Absicht nur die beste war.

Männer haben auch eine weibliche Seite und müssen von Zeit zu Zeit ihre Gedanken und Gefühle mitteilen, um sich zu erleichtern. Stoßen sie auf Unverständnis, verschließen sich Männer. Dies muß nur ein paarmal geschehen, und schon wird ein Mann aufhören mitzuteilen, was er eigentlich mitteilen möchte.

Aber auch wenn ein Mann wirklich Rat sucht, kann die Frau ihn in dem Bemühen zu helfen dennoch unwissentlich vergrämen. Wenn er ein Problem überdacht hat, ohne zu einer Lösung zu gelangen, möchte er vielleicht darüber reden. Nachdem er es dargelegt hat, sagt er: »Was meinst du dazu?« oder etwas Sinngemäßes. Damit gibt er zu verstehen, daß er um einen Lösungsvorschlag bittet. Ein männlicher Zuhörer würde ihm daraufhin zu etwas raten, mit dem der Mann sein Problem vielleicht lösen könnte. Genau das möchte er, und so fühlt er sich unterstützt.

Versucht eine Frau hingegen, statt eine Lösung für sein Problem anzubieten, ihn aufzubauen oder aber ihm das Problem in einem größeren Zusammenhang darzustellen, erreicht sie nur, daß er sich abwendet oder verärgert ist.

Eine Frau kränkt einen Mann oft unwissentlich, weil sie ihre Probleme in der Regel anders, etwa auf weibliche Art angeht. Möglicherweise spricht sie darüber, wie das Problem entstand oder wie es zu vermeiden ist, oder dramatisiert es gar noch, indem sie schildert, inwieweit es sie beide betrifft. Mit jeder dieser Varianten schreckt sie einen Mann ab, so daß er seine Probleme nicht mehr mit ihr diskutieren möchte. Zusätzlich kann eine Frau einen Mann frustrieren, indem sie ergründen möchte, wie das Problem seine Gefühlslage beeinträchtigt, und indem sie beim Zuhören ein Übermaß an Betroffenheit und Mitgefühl zeigt.

## Gespräche führen mit Frauen

Wenn eine Frau aufgebracht ist, braucht sie zunächst einmal das Gefühl, es sei in Ordnung, daß sie vorübergehend aufgebracht ist. Sie möchte, daß er ihr zuhört, ohne sie mundtot machen zu wollen. Indem sie ihre Probleme einfach heraussprudeln läßt, kann sie sich Erleichterung verschaffen. Ihre Überreiztheit läßt nach, selbst wenn keines ihrer Probleme gelöst wird.

Ein Mann geht von der falschen Annahme aus, alle Probleme einer Frau müßten erst gelöst sein, bevor sie sich besser fühlt. Daher empfindet er es als so frustrierend und ermüdend, all das anzuhören, was ihr Sorgen macht. Er meint, sie verlange von ihm die Lösung all dieser Probleme, fühlt sich aber nicht imstande, ihr zu helfen.

Besonders frustriert ist er, wenn sie mit Problemen beschäftigt ist, an denen sich nichts ändern läßt, oder mit Dingen, die nicht wirklich geschehen sind. Hier einige der häufigsten männlichen Reaktionen, wenn eine Frau aufgebracht ist:

So reagieren die meisten Männer, wenn sich ihre Frau aufregt:

- »Warum ereiferst du dich, wenn du doch nichts ändern kannst, was nützt es, wenn du dich aufregst?«
- «Reg' dich nicht auf, solange du nicht sicher weißt, daß es auch wirklich passiert ist.«
- »Da es nun schon geschehen ist, regst du dich umsonst auf, jetzt kannst du ohnehin nichts mehr daran ändern.«

Diese drei Grundhaltungen bewirken, daß Männer vor allem ihren Verstand walten und ihre Gefühle außer acht lassen. Auf den Verstand zu hören ist gut, um Probleme zu lösen, aber nicht immer der Gesundheit und dem seelischen Wohlbefinden förderlich. Frauen wissen instinktiv, daß man seine Gefühle ausdrücken muß, um die Spannung abzubauen, die entsteht, wenn unsere Wünsche und Erwartungen nicht erfüllt werden. Selbst wenn man an einer Situation nichts ändern kann, ist es wichtig, über die damit verbundenen Gefühle zu sprechen. Das Mitteilen von Gefühlen ist unerläßlich, um Vertrautheit zu schaffen und Erregung abzubauen. Sobald ein Mann diesen Unterschied begriffen hat, kann er einer Frau, die sich mitteilt, entspannt zuhören. Anstatt sich für die Lösung all ihrer Probleme verantwortlich zu fühlen, kann er sich einfach auf eines konzentrieren: Er kann ihr Bedürfnis erfüllen, für sie als Zuhörer voll und ganz da zu sein, und so dazu beitragen, daß es ihr hinterher besser geht, auch wenn keines ihrer Probleme gelöst wurde.

## Männliche Vergeßlichkeit

Konzentration ist notwendig, um etwas zu erledigen, doch kann man sie auch übertreiben. Ist die männliche mit der weiblichen Energie individuell im Ungleichgewicht, neigt sie dazu, sich auf eines zu konzentrieren und alles andere zu vergessen. Bei der Verfolgung eines Zieles wird nichts anderes mehr erledigt. Dieses Verhaltensmuster verursacht in Beziehungen erhebliche Probleme.

Ein Mann mag seine Ehefrau noch so sehr lieben und dennoch, wenn sein männliches und weibliches Bewußtsein nicht im Gleichgewicht sind, wichtige Daten vergessen, wie etwa den Hochzeitstag, ihren Geburtstag oder auch alltägliche Dinge, zum Beispiel, etwas in einem Geschäft abzuholen oder telefonische Mitteilungen auszurichten. Dies liegt nicht daran, daß er gedankenlos ist. Vielmehr ist sein Bewußtsein auf etwas anderes konzentriert.

Verständlicherweise fällt es Frauen schwer, diese Art von Vergeßlichkeit zu akzeptieren. Nach dem Verständnis einer Frau ist Vergeßlichkeit ein Zeichen für einen Mangel an Fürsorge oder Interesse. Sie kann kaum glauben, daß ein Mann, der Geburtstage und Jahrestage vergißt, sie wirklich liebt. Schließlich ist ihr ein solches Verhalten einem geliebten Menschen gegenüber völlig fremd. Für einen Mann ist es in erster Linie wichtig, seine Ziele zu erreichen, und entsprechend setzt auch er seine Prioriäten, während für eine Frau die Beziehung Priorität hat. So kann man sich leicht vorstellen, wie ein Mann die Gefühle einer Frau unbeabsichtigt verletzt.

## Kommunikationsstörungen begegnen

Die meisten Konflikte und Reibungspunkte zwischen Mann und Frau ergeben sich im Bereich der Kommunikation. Dies liegt daran, daß Männer aus anderen Gründen zuhören und reden als Frauen. Männer hören zu, um Informationen zu bekommen, die zur Lösung von Problemen dienen, während Frauen zuhören, um zu jemandem in Beziehung zu treten. Männer reden, wenn sie etwas Bestimmtes zu sagen haben oder jemand anderem helfen, ein Problem zu lösen. Dagegen reden Frauen, um ein Thema zu ergründen und um sich selbst zu entdecken.

Aus diesem Unterschied wird deutlich, warum Männer frustriert werden, wenn sie einer Frau zuhören. Eine Frau holt weit aus, um dem Kernpunkt, um den es ihr geht, auf die Spur zu kommen. Ein Mann hingegen erwartet von ihr, daß sie gleich zur Sache kommt, so wie er es tun würde. Er nimmt an, mit ihr stimme etwas nicht, weil sie vom Hundertsten ins Tausendste kommt, oder sie verschwende seine Zeit. Weder das eine noch das andere ist zutreffend.

Frauen ergründen ihre Gedanken und Gefühle, während sie sie mitteilen, und finden dabei allmählich heraus, worum es ihnen wirklich geht. Männer haben häufig kein Verständnis dafür, weil sie in der Regel nicht reden, solange sie nichts Bestimmtes zu sagen haben. Wenn sie sich äußern, kommen sie möglichst schnell zum Thema.

Verstummt ein Mann während einer Unterhaltung, nimmt die Frau oft irrtümlicherweise an, er sei schwer von Begriff, dumm, enthalte ihr etwas vor oder sei schlichtweg unbeteiligt. Nichts von dem ist richtig. Er tut nur, was seinem männlichen Naturell entspricht, nämlich zu überlegen und zu formulieren, was er dazu zu sagen hat. Dies ist schwierig für sie zu erkennen, weil sie ihre Gedanken und Gefühle verarbeitet, indem sie sie zum Ausdruck bringt.

Wenn ein Mann sich solcherart ausklinkt, kann er Dinge, die ihm eigentlich wichtig sind, leicht vergessen, zum Beispiel

Geburtstage, Verabredungen, Versprechen, seinen Terminplan oder anderes. Alles wird unwichtig, wenn er einem bestimmten Problem auf der Spur ist, wenn er einen bestimmten Sachverhalt nachzuvollziehen versucht.
Wenn eine Frau abschweift, verliert sie die Fähigkeit zu unterscheiden, was wirklich wichtig für sie ist. Sie neigt dann dazu, allem den gleichen Stellenwert einzuräumen. Mitunter führt dies zu Überreiztheit und Überreaktionen. Sie hat das Gefühl, die Bedürfnisse anderer seien ebenso wichtig oder noch wichtiger als ihre eigenen. Möglicherweise nimmt sie noch das kleinste Bedürfnis ihrer Kinder wichtiger als die romantischen Sehnsüchte ihres Partners. Auf seine Fehler reagiert sie womöglich übermäßig stark, indem sie ihre gesamte tagsüber aufgestaute Frustration auf ihn projiziert. Während sie ihre Gedanken und Gefühle mitteilt, springt sie vielleicht von einem Thema zum nächsten, ohne jemals auf einen konkreten Punkt zu sprechen zu kommen.
Da wir nicht immer völlig ausgeglichen sind, ist es nur natürlich, daß Männer sich gelegentlich ausklinken, wenn sie über etwas grübeln, und Frauen hin und wieder abschweifen, wenn sie ihre Gefühle mitteilen. Diese Erkenntnis ist wichtig, weil sie Frauen hilft, Männer besser zu verstehen, die manches vergessen, wenn sie über anderes nachdenken. Umgekehrt hilft sie Männern zu erkennen, daß Frauen nicht verrückt sind, nur weil sie abschweifen und überreizt reagieren.

## Was tun, wenn der andere unverständlich reagiert?

Wenn ein Mann sich ausklinkt und vielleicht vergißt, was seine Partnerin von ihm will oder worüber sie spricht, muß sie versuchen, ihr Vertrauen in seine fürsorglichen Absichten aufrechtzuerhalten. Ist sie frustriert, sollte sie sich bewußt sagen: »Ich kann darauf vertrauen, daß ich ihm nicht gleichgültig bin. Seine Vergeßlichkeit bedeutet nicht, daß ich ihm egal bin. Ich kann darauf vertrauen, daß er sich mehr und mehr erinnert, je mehr er fühlt, daß ich ihn liebe, akzeptiere, ihm vertraue und ihn schätze.«

Ebenso muß ein Mann sich bewußt darum bemühen, eine Frau nicht zu verurteilen, wenn sie abschweift. Er muß ihr mit Geduld zuhören und immer daran denken, daß sie in solchen Augenblicken besonders viel Fürsorge, Verständnis und Achtung braucht.

Wird seine Frustration zu stark, kann er zu seiner Partnerin sagen: »Könntest du bitte eine kurze Pause machen. Ich brauche etwas Zeit, um über das, was du sagst, nachzudenken.« Oder er könnte sagen: »Ich möchte anhören, was du mir sagst, aber ich brauche etwas Zeit, um über das nachzudenken, was du bis jetzt gesagt hast.« In den meisten Fällen muß er sie nicht einmal um eine Pause bitten, denn während sie sich ihm mitteilt, wird sie von sich aus immer wieder innehalten.

In diesen Augenblicken sollte er nichts sagen, sondern sich weiter um Verständnis für ihren Standpunkt bemühen. Er kann zu sich selbst sagen: »Sie hat ein Recht auf ihre Emotionen. Wenn ich ihre Gefühle verstehe, wird ihr wohler sein und ihre Gefühle werden positiver. Ich kann die berechtigten Gründe für ihre Gefühle erkennen. Ich kann zuhören, ohne sie zu verurteilen. Sie braucht meine stillschweigende Unterstützung.« Je mehr er ihre Gefühle versteht, desto besser kann er sich auf sie einlassen. Seine Aufmerksamkeit und Konzentration helfen ihr, zu ihrer Mitte zu finden.

## Gedankenlesen hilft nicht weiter

Immer wieder wird deutlich, daß eine gestörte Kommunikation zwischen den Geschlechtern in erster Linie auf falsche Annahmen zurückzuführen ist. Am häufigsten entstehen solche Annahmen durch das Gedankenlesen. Nicht die telepathischen, magnetischen oder sonstigen esoterischen Vorgänge sind hier gemeint, von deren Existenz so viele überzeugt sind, obwohl es keinerlei nachprüfbare Beweise gibt, sondern der Glaube, dem anderen an den Augen, der Mimik oder der Nasenspitze ablesen zu können, was in ihm vorgeht und was er als nächstes sagen wird.

Da Männer und Frauen oft nicht wahrhaben wollen, wie unterschiedlich sie sind, glauben sie die Gedanken oder Gefühle ihres Gegenübers zu kennen, noch bevor sie klar zum Ausdruck gebracht wurden.

Gewiß, Frauen können die Gedanken anderer Frauen ziemlich genau lesen, weil beide so ähnlich sind. Genauso können Männer sich recht gut in andere Männer hineinversetzen. Schicken aber Männer oder Frauen sich an, die Gedanken des anderen Geschlechts lesen zu wollen, sind die Schwierigkeiten schon vorprogrammiert.

Ein Mann kommt schnell zu dem Schluß, er wisse bereits, was die Frau sagen wolle. Dabei geht er von der falschen Annahme aus, die Frau ziele von vornherein auf ihren Kernpunkt ab, so wie er es als Mann tun würde. Vielleicht hört er zu und sagt dann, bevor sie ausgeredet hat: »Okay, ich habe verstanden.« Dies funktioniert gut zwischen Männern, einer Frau gegenüber aber ist eine solche Behauptung absurd. Sie weiß, daß er nicht wissen kann, was sie sagen möchte, weil sie es so häufig selbst nicht weiß. Während sie sich mitteilt, ist sie erst dabei herauszufinden, was sie fühlt, denkt oder will.

Wenn eine Frau sich aussprechen muß und ihr Partner den Wunsch hat, sie zu unterstützen, muß es ihm beim Zuhören nicht nur darum gehen, ihre Kernaussage zu verstehen, sondern ihr dabei zu helfen, sie zu äußern. Während sie sich mitteilt, ohne dabei unterbrochen zu werden, kann es geschehen, daß sie auf halber Strecke ihre Ansicht ändert oder vielleicht sogar das Thema wechselt. Womöglich stellt sie Fragen, die sie dann selbst beantwortet.

Hat der Mann einmal diese weibliche Eigenheit erkannt, ist er vorbereitet und kann so Gefühle der Frustration vermeiden. So wie er über seine Probleme grübelt, bevor er darüber spricht, muß eine Frau über ihre Probleme reden, um zu einer klaren Meinung zu kommen. Dies sollte er niemals vergessen. Fühlt sie sich erdrückt von Problemen, erfährt sie womöglich Erleichterung, indem sie nur darüber spricht. Manchmal stellt sie dabei fest, daß es gar kein Problem gibt.

## Abwiegeln ist fehl am Platz

Das letzte aber, was sie im Zustand der Überreiztheit braucht, ist ein Mann, der ihr sagt, es gebe gar kein Problem. Fast genauso schlimm ist für sie ein Mann, der ihr zu allem, was sie sagt, haufenweise Lösungen präsentiert. Oder auf ihre Äußerungen entgegnet: »Ja, ja, ich habe verstanden.« Diese Antwort wird in den meisten Fällen als »Ist ja gut, halt jetzt den Mund, ich kann es nicht mehr hören« verstanden.

Auch Frauen lesen Gedanken, allerdings auf andere Weise. Sie neigen dazu, die Verhaltensmuster eines Mannes negativ zu deuten. Ist er schweigsam, meint sie, er interessiere sich nicht für sie. Ist er zerstreut, denkt sie, er liebe sie nicht. Kommt er zu spät, nimmt sie an, sie sei nicht mehr wichtig für ihn. Vergißt er, Dinge zu erledigen, unterstellt sie ihm eine Bestrafung. Verschließt er sich, nimmt sie an, er wolle sie verlassen.

Weil sie kein Mann ist, fehlt ihr jeder Anhaltspunkt, um die Gründe für sein Verhalten und Handeln zu verstehen. Es ist schwierig für sie, auf seine Liebe zu vertrauen. Doch könnte sie nach den tatsächlichen und positiven Gründen für sein Verhalten suchen, indem sie ihre Ängste auf eine Weise mitteilt, die frei von Anklagen ist, aber um Bestätigung bittet. Wie sie erfolgreich diese Art von Unterstützung erbitten kann, wird in den nachfolgenden Kapiteln noch näher beschrieben.

Es ist wichtig, an neuen Kommunikationsweisen zu arbeiten, die diesen Unterschieden Rechnung tragen. Während eine Frau besonders empfindlich auf eine Unterbrechung reagiert, kann ein Mann es nicht vertragen, wenn seine Partnerin ihn anzweifelt oder ihm nicht vertraut. Wird eine Frau wiederholt unterbrochen oder zeigt ihr Zuhörer Ungeduld, verschließt sie sich und ist nicht weiter bereit, ihre Gefühle mitzuteilen. An die Stelle ihrer Liebe treten Zweifel und Mißtrauen.

Spürt ein Mann, daß seine Partnerin ihm mißtraut, reagiert er darauf häufig auf äußerst verwirrende Art. Wird er für ein

Verbrechen beschuldigt und bestraft, das er gar nicht begangen hat, begeht er als Reaktion tatsächlich das Verbrechen, um sich an seinem »Richter« zu rächen. Unterstellt sie ihm Gleichgültigkeit, während er sich, zumindest auf seine männliche Art, um Interesse bemüht, wird er irgendwann wirklich kalt, ungeduldig und teilnahmslos.

Eines ergibt also das andere. Je gleichgültiger er wird, desto weniger traut sie ihm. Je mißtrauischer sie wird, desto größer wird seine Gleichgültigkeit. Es ist ein Teufelskreis, der sich jedoch durchbrechen läßt, wenn wir durch Respekt, Vertrauen und Verständnis das gegenseitige Verständnis vertiefen.

Um eine weitere Form des Gedankenlesens handelt es sich bei der Annahme einer Frau, die anderen würden ihre Bedürfnisse kennen und von sich aus darauf eingehen.

Diese Erwartung muß bei ihr zwangsläufig zu Enttäuschung führen, denn es ist sehr unrealistisch, von einem Mann zu erwarten, er könne die Bedürfnisse einer Frau vorausahnen. Umgekehrt erwartet ein Mann, daß eine Frau seine liebevollen Gefühle aus seinen Handlungen erkennen muß.

Frauen brauchen wieder und wieder die Bestätigung, daß sie geliebt werden und etwas Besonderes sind. Ganz ähnlich müssen Männer wieder und wieder an die Bedürfnisse und Wünsche einer Frau erinnert werden.

## Wenn ein Mann sich und andere aus den Augen verliert

Aufgrund ihres konzentrierten Bewußtseins können Männer eine unglaubliche Entschlossenheit und Effizienz an den Tag legen. Die Kehrseite der Medaille ist, daß sie dabei leicht die Bedürfnisse, die nicht direkt mit ihrem Hauptziel in Zusammenhang stehen, aus den Augen verlieren.

Ist ein Mann also auf eine bestimmte Aufgabe oder ein Problem konzentriert, nimmt er möglicherweise die zunehmenden Alarmzeichen in seiner Umgebung, Familie, Beziehung oder auch in seinem Körper nicht wahr. Er spürt keine Schmerzen oder Verletzungen und erkennt sie auch nicht bei anderen.

Unbewußt negiert er die Wichtigkeit der Bedürfnisse, die nicht unmittelbar mit seinem Ziel zu tun haben. Werden seine Frau und Kinder deswegen verletzend und aufgebracht, sieht er keinen Anlaß dafür. Diese Art der Herabsetzung und Verleugnung wirkt auf andere sehr verletzend und auf Beziehungen äußerst schädlich.

Nicht selten wird ein Mann am ersten Ferientag oder nach Abschluß einer größeren Arbeit krank. Möglicherweise hat er die Bedürfnisse seines Körpers während einer intensiven Arbeitsperiode ignoriert, und jetzt schreit dieser um Hilfe. Vielleicht stellt sich auch eine Depression ein, weil der Mann nicht für die emotionale Unterstützung gesorgt hat, die er braucht.

Es kann auch geschehen, daß ein Mann sich seiner Gefühlsarmut bewußt wird, wenn er bei einer Aufgabe versagt hat oder zur Ruhe kommt. Statistiken zufolge sterben die meisten Männer drei Jahre nach ihrer Pensionierung. Sie haben nicht nachgetankt und sind auf Reserve gefahren, ohne es zu bemerken.

Wenn die Arbeit getan ist, verlangen Körper und Lebensweise ihren Tribut. Die Lösung kann weder darin bestehen, sich in eine neue Arbeit zu stürzen, noch darin, das Problem durch Alkohol oder Drogen zu verdrängen. Vielmehr muß ein Mann seine körperlichen und seelischen Schmerzen heilen, indem er sich die emotionale Unterstützung verschafft, die er braucht, und seine Prioritäten und Werte überdenkt. Er braucht etwas, für das es sich zu existieren lohnt, ein neues Ziel, einen neuen Lebensinhalt. Er muß die Lust auf Arbeit mit seinen emotionalen und gesundheitlichen Bedürfnissen vereinbaren.

Eine weitere Folge der männlichen »Scheuklappen« ist die Neigung des Mannes, die Bedürfnisse anderer zu vernachlässigen. Er tut dies nicht, weil er gleichgültig wäre, sondern vielmehr, weil er sich des Teils in ihm, der fürsorglich orientiert ist, nicht bewußt ist. Alle – er, seine Frau und ihre gemeinsamen Kinder – leiden unter dieser Vernachlässigung.

So mancher Mann sagt, wenn seine Kinder erwachsen sind: »Mir war nicht klar, wie schnell die Zeit vergeht. Ich habe das Gefühl, etwas verpaßt zu haben.« Häufig ist diese Erkenntnis von Schuldgefühlen, Trauer und Scham begleitet.

## Wie Frauen damit umgehen können

Frauen besitzen von Natur aus ein intuitives Bewußtsein für die Bedürfnisse anderer. Ein solches offenes Bewußtsein ist allerdings ein zweischneidiges Schwert, wenn der Partner Scheuklappen trägt. Während er meint, in der Beziehung stünde alles zum besten, leidet sie unter all den Problemen.

Wenn er diese Last nicht mit ihr teilt, nimmt sie irrigerweise an, er sei glücklich mit der Beziehung. Verhält er sich so, als sei alles in Ordnung, während sie einen Berg von Problemen sieht, leitet sie daraus ab, daß sie zu hohe Anforderungen stellt oder daß er gleichgültig ist und sich daher niemals bemühen wird, etwas zu ändern.

Ihr weibliches Bewußtsein für die Probleme einer Beziehung wird für sie zu einer Last, wenn er nicht bereit ist, ihre Wahrnehmungen anzuhören und als berechtigt anzuerkennen.

Leugnet er die Berechtigung ihrer Bedürfnisse und Empfindungen, hat sie das Gefühl, die ganze Bürde der Beziehung und der Familie auf ihren Schultern zu tragen. Sie fühlt sich allein und nicht unterstützt. So verwundert es nicht, daß Frauen oft frustriert sind, während Männer so tun, als sei alles bestens.

Damit eine Beziehung funktioniert, muß die Frau sich seiner männlichen Verwundbarkeit bewußt sein, die Bedeutung der Kommunikationsfähigkeit erkennen und ihre Bedürfnisse und Wünsche beharrlich äußern. Sie muß bereit sein, um Unterstützung zu bitten – und darf nicht aufgeben, dies zu tun.

Wahrscheinlich ist dies eine der wichtigsten Aufgaben für eine Frau, denn Frauen fragen nicht gern. Viele Frauen glauben an das Ammenmärchen »Wenn er mich liebt, dann weiß er, was ich brauche«. Eine derartige Erwartungshaltung schadet einer Beziehung.

Ein gutes Mittel ist, ihn immer wieder daran zu erinnern, wieviel es ihr bedeutet, Zeit mit ihm zu verbringen. Dies ist zwar nicht leicht, denn, wie schon erwähnt, glaubt sie, wenn er sie wirklich so sehr liebte, wie sie ihn, dann müßte sie es nicht ausdrücklich sagen. Tatsächlich wäre es nicht nötig, ihn, wenn er eine Frau wäre, um mehr Engagement in der Beziehung zu bitten. Je mehr sie lernt, ihn zu mehr Anteilnahme an der Beziehung zu bewegen, ohne insgeheim mit ihm zu hadern, desto leichter entsinnt er sich seiner und ihrer Bedürfnisse nach einer guten Beziehung. Er kann sich in Erinnerung rufen, wieviel besser es ihm geht, wenn er von ihr Liebe bekommt und ihr seine gibt.

Der größte Fehler, den eine Frau in einer Beziehung begehen kann, ist der, ihre Bedürfnisse nicht mehr zu artikulieren und zu beginnen, alles selbst zu tun. Kurzfristig gesehen, ist dies der leichtere Weg, auf lange Sicht aber fördert sie damit nicht die Entwicklung der notwendigen Kommunikation und des Verständnisses in ihrer Beziehung. Schließlich wird sie den aufreibenden Drang verspüren, alles selbst zu tun, und fälschlicherweise annehmen, ihr Partner habe kein Interesse zu helfen oder teilzuhaben.

Setzt sie hingegen ihre Mitteilungen unbeirrt fort, kann sie ihrem Partner helfen, die Beziehungsprobleme wahrzunehmen, die er aufgrund seiner Scheuklappen allein nicht erkennt. Scheuklappen wirken wie ein Bann. Der Mann wird von diesem Bann befreit, wenn er imstande ist, auf die Bedürfnisse anderer zu hören. Bekommt er wegen seiner Scheuklappen nicht Mißtrauen und Ablehnung zu spüren, sondern Liebe, Vertrauen und positive Ansprache, kann er zu seinem zugewandten Selbst zurückfinden. Durch liebevolle Kommunikation wird er von seinem Bann erlöst.

Wandlung ist möglich. Durch Akzeptanz und liebevolles Verständnis für unsere jeweiligen Unterschiede können wir unsere Beziehungen verändern. Wir finden mehr Zugang zu unserem wahren Selbst, zu unserem liebevollen und fürsorglichen Wesen.

### Die Verantwortung des Mannes

Ein Mann, der eine gute, beglückende Beziehung mit einer Frau erleben möchte, muß seine Haltung ändern. Anstatt zu meinen, er habe seine Arbeit getan, wenn er nach Hause kommt, muß er erkennen, daß die Beziehung auch einen Teil seiner Aufgaben ausmacht. Um eine liebevolle Beziehung aufrechtzuerhalten und zu pflegen, müssen immer wieder Probleme bewältigt werden. Viele Männer unterliegen dem Trugschluß, nach der Heirat wäre die Beziehungsarbeit erledigt. Tatsächlich aber beginnt sie dann erst richtig.

Die wichtigste Aufgabe eines Mannes besteht darin, seine Neigung, sich übermäßig auf etwas zu konzentrieren, zu überwinden und sich zu bemühen, den Bedürfnissen seiner Partnerin Aufmerksamkeit, Respekt und Verständnisbereitschaft entgegenzubringen, ohne aber sein männliches Selbstverständnis aufzugeben. Indem er allmählich lernt, sich ihre Bedürfnisse anzuhören, wird er stärker motiviert, sie zu unterstützen, und sich auch seiner eigenen Bedürfnisse innerhalb der Beziehung immer deutlicher bewußt.

## Auf die Entscheidung kommt es an

Männer sind oft zu einseitig konzentriert, Frauen hingegen zu offen. Diese Eigenheiten wirken sich nachhaltig auf die Entscheidungsfindung aus. Extrem offene Frauen sehen häufig so viele Möglichkeiten, daß sie sich nicht auf eine konzentrieren und für sie entscheiden können. Dies kann zum Beispiel dazu führen, daß die Suche nach einem passenden Geburtstagsgeschenk für ihren Partner ganze Tage in Anspruch nimmt. Ein Mann konzentriert sich darauf, das Geschenk möglichst schnell zu finden, auch wenn ihm dabei vielleicht eine bessere Alternative entgeht, weil er sich nicht die Zeit nimmt, sich wenigstens etwas umzusehen.

Da Frauen stärker beziehungsorientiert sind, neigen sie dazu, andere in den Entscheidungsprozeß einzubeziehen. Sie sprechen darüber mit anderen, natürlich auch mit jedem, der von der Entscheidung betroffen ist, und schließlich kommen alle zu einer gemeinsamen Entscheidung. Männer hingegen fassen zunächst allein einen Beschluß, den sie jedoch aufgrund der Meinung anderer durchaus zu ändern bereit sind.

Ohne wirkliches Verständnis für diese unterschiedlichen Arten der Entscheidungsfindung muß es zwangsläufig zu Konflikten, Verwirrung und Ärger kommen. Wenn er eine Entscheidung trifft, ohne zuvor ihre Gefühle auszuloten, fühlt sie sich ausgeschlossen, nicht respektiert und unwichtig.

In Wahrheit ist er sich nur nicht bewußt, daß sie erwartet, einbezogen zu werden. Er nimmt irrigerweise an, daß sie sich schon äußern wird, wenn sie etwas dazu zu sagen hat. Dabei übersieht er ihr Bedürfnis, einbezogen und nach ihrer Meinung gefragt zu werden.

Einige Frauen verstehen, daß ein Mann andere Meinungen zu seiner Entscheidung hören möchte und bereit ist, sie zu ändern. Die meisten aber wissen es nicht und hadern daher mit dem Mann oder fühlen sich eingeschüchtert.

Verspürt er Groll oder Mißtrauen, so wird er stur und rigide. Bekommt er dagegen Anerkennung für seine Entscheidung, ist er bereit, sie zu ändern. Frauen haben nicht oft Gelegenheit, diese flexible Seite des Mannes kennenzulernen, denn sobald er im Alleingang eine Entscheidung trifft, meinen sie, sich gewaltsam Gehör verschaffen zu müssen. Sobald sie den Kampf aufnehmen, verliert der Mann seine Offenheit und beharrt statt dessen unumstößlich auf seiner Entscheidung.

Umgekehrt empfinden Männer den demokratischeren Prozeß der Entscheidungsfindung bei Frauen als frustrierend, zeitraubend und mühselig. Eine Frau möchte in der Regel viele Fragen beantwortet haben, bevor sie zu einer Entscheidung kommt. Oft nimmt der Mann an, sie tue nur so, als wisse sie nicht, was sie wolle, während sie tatsächlich Zeit braucht, um alle Möglichkeiten und Perspektiven auszuloten, bevor sie ihren Entschluß faßt. Mitunter wird er wütend, weil er sich durch ihre vermeintliche Entscheidungsschwäche eingeschränkt fühlt.

## Unterschiedliche Meinungsbildung

Ähnlich wie bei der Entscheidungsfindung reagieren Männer und Frauen auch bei der Meinungsbildung ganz unterschiedlich. Durch die Erkenntnis dieser Unterschiede lassen sich viele Konflikte vermeiden.

Frauen brauchen länger, um sich eine Meinung zu bilden. Sie investieren mehr Zeit und Sorgfalt, um verschiedene Standpunkte abzuwägen und alle verfügbaren Informationen einzuholen. Selbst wenn sie dann ihre Meinung kundtun, sind sie noch immer empfänglich für andere Ansichten und versäumen es nicht, dem anderen zu verstehen zu geben, daß sie nicht behaupten, hundertprozentig recht zu haben.

Wenn eine Frau in ihrer Mitte ruht, besitzt sie die Flexibilität und Fähigkeit, für abweichende Meinungen anderer stets geschickt eine Tür offen zu lassen. Dies drückt sie mit Sätzen aus wie: »Für mich hört sich das an, als ob«, »Ich habe das Gefühl als«, »Es könnte sein, daß«, »Ich habe den Eindruck, daß«, »Was ich sehe, ist«, »Mir scheint, daß«. Mit dieser Ausdrucksweise gibt sie zu erkennen, daß sie durchaus offen dafür ist, den Wert anderer Standpunkte zu ergründen.

Bei Männern vollzieht sich der Prozeß der Meinungsbildung genau andersherum. Ein Mann bildet sich schnell eine Meinung oder zieht eine Schlußfolgerung anhand seines bereits vorhandenen Wissens. Dann erprobt er sie, indem er sie kundtut, als wäre er sich absolut sicher. Durch die verschiedenen Reaktionen anderer überprüft er, wieweit sie vertretbar und akzeptabel ist. Stimmen andere mit seiner Ansicht überein, vertritt er sie mit mehr Bestimmtheit. Hört er von anderen abweichende Meinungen, wägt er deren Gültigkeit gegen die seiner eigenen Meinung ab und ändert daraufhin vielleicht seinen Standpunkt.

Wird eine Frau mit seiner scheinbaren Bestimmtheit konfrontiert, reagiert sie eventuell negativ, weil sie nicht erkennt, daß er offen für die Ansicht anderer ist. Denn seine Aussage klingt so absolut, als sei jede andere Sichtweise töricht, unlogisch oder ein Zeichen mangelnder Intelligenz. Da ihre

Schlußfolgerungen das Ergebnis gründlicher Überlegungen sind, reagiert sie auf die schnellen Schlußfolgerungen und rasch gebildeten Meinungen eines Mannes leicht eingeschüchtert oder pikiert. In ihren Augen ist er engstirnig, arrogant und nicht gewillt, andere anzuhören.

Wenn wir unsere unterschiedlichen Handlungsmuster bei der Meinungsbildung und Entscheidungsfindung erkennen und verstehen, können wir beide respektieren und integrieren.

Wirklich in sich ruhende, ausgeglichene Männer und Frauen sehen das kreative Moment im offenen Mitteilen von Gedanken und Gefühlen und erkennen zugleich die eigene Qualität, die dem stillen Überdenken eines Problems und erst dann folgenden Austausch mit anderen innewohnt. Das Bestreben, die Denkweise des Partners zu respektieren, ist sehr hilfreich, um Konflikte zu vermeiden.

Diese Unterschiede zwischen Mann und Frau prägen nicht nur unsere Denkprozesse, sondern beeinflussen auch unser sexuelles Erleben.

## Gemeinsamer Sex

Sex ist ein Bereich der Beziehung, in dem Entscheidungen zu treffen besonders wichtig ist. In der Regel weiß ein Mann, wann er offen für Sex ist. Eine Frau dagegen mag zwar offen sein, braucht aber mehr Zeit, um herauszufinden, ob sie wirklich Sex haben will. Männer haben Schwierigkeiten, dies nachzuvollziehen, weil sie, wenn sie offen für Sex sind, auch Sex haben wollen.

Wenn ein Mann seine Frau fragt, ob sie am Abend mit ihm schlafen möchte, und ein »Ich weiß nicht« zur Antwort erhält, kann er dies sehr leicht als ein Nein mißverstehen. Er fühlt sich abgelehnt, während sie sich nur erst mit der Idee vertraut machen muß. Sie mag sexuell aufgeschlossen sein, aber einfach eine Weile auf ihre Gefühle hören müssen, bevor sie eine Entscheidung treffen kann.

Zum Beispiel sagt Michael zu Sarah: »Ich habe Lust, heute abend mit dir zu schlafen. Hättest du auch Lust?«

Da er in ihr damit die unterschiedlichsten Gefühle auslöst, sagt Sarah: »Ich weiß nicht.« Sie muß zunächst mehrere Gefühlsebenen in sich ausloten: Wie schön, mit dir schlafen klingt gut, aber ich bin heute abend müde, ich muß noch ein paar Anrufe machen, ich weiß nicht, ob ich heute abend Sex will, ich weiß nicht, ob ich die Energie dafür habe, vielleicht möchte ich nur schmusen, ein anderer Teil von mir hätte gern Sex, du bist ein so wundervoller Liebhaber, ich hätte Lust, heute abend mit dir zu schlafen.

Michael aber hört aus ihrem »Ich weiß nicht« Ablehnung heraus. Verletzt und aus der Defensive heraus sagt er: »Ach, vergiß es. Wahrscheinlich ist heute nicht der richtige Abend dafür.« Dabei denkt er: Ich hasse es, wenn sie mich abweist. Wenn sie keinen Sex will, warum sagt sie es nicht einfach? Wenn sie nicht mit mir Liebe machen möchte, dann hole ich sie mir eben woanders.

Mit dem richtigen Verständnis für diesen Unterschied zwischen Männern und Frauen könnte er die Situation retten. Auf ihre Antwort »Ich weiß nicht« könnte er sich erkundigen: »Na, wie sieht's denn in dir aus?«

Daraufhin könnte sie sagen: »Ein Teil von mir hätte große Lust dazu. Ich muß nur für mich herausfühlen, ob es der richtige Zeitpunkt dafür ist.«

Verstünde Sarah, wie ein »Ich weiß nicht« bei Männern ankommt, könnte sie folgendermaßen auf seinen Vorschlag reagieren: »Ich liebe es, mit dir Liebe zu machen. Ich brauche etwas Zeit, um herauszufinden, ob heute abend der richtige Abend für mich ist.«

Eine ebenfalls gute Antwort ist diese: »Miteinander schlafen, das klingt wundervoll. Ich weiß nicht, ob heute abend der richtige Zeitpunkt für mich ist. Gib mir ein wenig Zeit, um das herauszufinden.«

Nachdem sie eine der oben vorgeschlagenen liebevollen, aber noch unentschiedenen Antworten gegeben hat, wird sie sich wünschen, daß er sie in ihrer Haltung bestätigt, Geduld zeigt und weiter behutsam sein Interesse bekundet.

Seine Antwort könnte zum Beispiel lauten: »In Ordnung, wir sehen einfach, was passiert.«
Aus meiner Praxis kenne ich noch weitere Antworten, die von ganz unterschiedlichen Männern gegeben wurden, aber alle zum gleichen Ziel führten.
Dazu zählen: »Nimm dir soviel Zeit, wie du brauchst, Liebling.« oder »Ich verstehe. Wir könnten einfach eine Weile schmusen und sehen, ob sich etwas ergibt.« oder auch »Gibt es etwas, über das du reden möchtest?«
Nicht nur beim Sex, sondern auch in vielen anderen Lebensbereichen muß der Mann unbedingt verstehen, daß das »Ich weiß nicht« einer Frau kein kategorisches Nein bedeutet. Sie weiß es tatsächlich noch nicht, ob sie dies oder jenes will oder nicht. Männer müssen ihr etwas Zeit geben.

## Das sexuelle Erleben von Mann und Frau

Männer neigen beim Sex dazu, das Vorspiel zu überspringen, um gleich den Höhepunkt zu erreichen, während Frauen besonderen Gefallen am Vorspiel finden. Dieser Unterschied manifestiert sich schon in ihren physiologischen Voraussetzungen. Während Männer bereits nach zwei- bis dreiminütiger genitaler Stimulation zum Orgasmus kommen können, brauchen Frauen, wie Statistiken belegen, dafür meist länger – durchschnittlich 18 Minuten.
Ein Mann, der diesen Unterschied nicht kennt, kann leicht dem Trugschluß unterliegen, seine Partnerin genieße Sex nicht so sehr wie er. Vor allem ist er ohne dieses Wissen nicht motiviert, das Vorspiel ihrem Bedürfnis gemäß entsprechend lang zu gestalten. Ohne ausgiebige Zärtlichkeiten zu Beginn aber macht Sex ihr weniger Spaß. Wenn sie keine Erfüllung findet, bedeutet Sex nicht mehr Genuß und Stimulus, sondern wird für beide schwierig und ermüdend.
Aufgrund ihres offenen Bewußtseins braucht die Frau mehr Zeit, um sich zu entspannen und für den sexuellen Genuß empfänglich zu werden. Erkennt und akzeptiert eine Frau

diesen Unterschied nicht, nimmt sie vielleicht an, etwas sei bei ihr nicht in Ordnung. Möglicherweise stellt sie sich sogar vor, sie sei frigide oder sexuell nicht erregbar, während ihr tatsächlich nur das entspannte Vorspiel fehlt, das sie braucht, um sich freizumachen.

Da sie eine langsamere Erregungskurve haben, fingieren manche Frauen den Orgasmus, um ihrem Partner zu einem Erfolgserlebnis zu verhelfen oder um selbst nicht unzulänglich zu erscheinen.

Dies setzt einen Teufelskreis in Gang. Wenn eine Frau anscheinend auch ohne ein ausreichendes Vorspiel Befriedigung findet, bekommt ihr Partner die falsche Botschaft. Er meint, seine Aktivitäten genügten vollauf, und macht genauso weiter. Vielleicht verkürzt er das Vorspiel noch mehr, anstatt es auszudehnen. Zweifellos ist dies ein heikles Thema, doch wenn eine Frau ihr Vergnügen am Sex vorgaukelt oder übertreibt, sorgt sie selbst dafür, daß sie nicht bekommt, was sie braucht.

## Schnell ans Ziel kommen oder den Weg genießen?

Nach einem hektischen Tag ist es für eine Frau schwieriger, sich genügend zu entspannen, um einen Orgasmus zu haben. In solchen Momenten steht ihr der Sinn eher nach Schmusen. Sie braucht viel Zärtlichkeit und innige Umarmungen. Während sie ohne sexuelle Hintergedanken liebevoll gehalten wird, kann sie einfach relaxen, ohne irgendwelchen Forderungen ausgesetzt zu sein. Dies ist für sie eine himmlische Erfahrung, vergleichbar den Empfindungen eines Mannes nach dem Orgasmus.

Es ist wichtig, daß der Mann dieses Bedürfnis der Frau erkennt, denn nur so nimmt er sich die Zeit, seiner Partnerin diese Art liebevoller Unterstützung zu geben.

Nicht sexuell ausgerichtete Berührungen werden von einer Frau auf eine Weise als wohltuend empfunden, die dem Mann fremd ist. Berührungen sind für eine Frau so wichtig wie der vaginale Sex für den Mann.

Natürlich genießen Frauen Sex ebenso wie Männer. Der Unterschied liegt darin, daß eine angespannte Frau sich durch nicht zielorientierte Umarmungen und Zärtlichkeiten entspannt, während Männer, die angespannt sind, den Drang verspüren, diese Anspannung durch zielorientierten Sex zu lösen.
Ein offenes Bewußtsein strebt danach, den Prozeß des gegenseitigen Zufriedenstellens auszudehnen, während das konzentrierte Bewußtsein möglichst schnell das Ziel erreichen will. Die Wünsche stehen daher oft im Gegensatz: Das Erreichen des Ziels (Orgasmus) ist nicht entscheidend für ihre Befriedigung, so wie der Prozeß, dorthin zu gelangen (Vorspiel), für einen Mann nicht entscheidend ist.

## Unverzichtbares Vorspiel

Im allgemeinen können Frauen den Höhepunkt nicht voll genießen, wenn sie zuvor nicht in den Genuß des Vorspiels gekommen sind. Manchmal ist eine Frau aber auch an einem Orgasmus nicht interessiert, sondern möchte lieber die Sinnlichkeit des gegenseitigen Beglückens auskosten. So kann sie einmal sehr zielorientiert sein, dann wieder vielleicht nur den Prozeß der Annäherung genießen wollen.
Auch beim Mann sind die sexuellen Wünsche verschieden gelagert. Möchte er sich immer wieder Zeit lassen und es genießen, seine Partnerin nach allen Regeln der Kunst zu verführen, um Lustgefühle im Höchstmaß erleben zu können, bemüht er sich um ein volles und reifes sexuelles Erleben. Läßt er jedoch lieber das Vorspiel weg oder reduziert es auf das unbedingt notwendige, lenkt der Mann seine gesamte Energie darauf, möglichst schnell zum Orgasmus zu gelangen. Zwar erlangt er durch beides Befriedigung, doch enthält er mit einem Quickie sich und seiner Partnerin die tiefe Erfüllung vor, die der sinnliche Genuß eines Vorspiels bietet. Man könnte die beiden Varianten mit Feinkost und Fast Food vergleichen. Sicher, manchmal möchten wir schnell unseren Hunger stillen, dann wieder ein köstliches Essen ge-

nießen, aber den höchsten Genuß erreichen wir nur, wenn wir verschiedene Interessen aufeinander abstimmen.
Mitunter möchte eine Frau nur kuscheln. Sie will umarmt und gestreichelt werden und ist an einem Orgasmus überhaupt nicht interessiert. Wenn ein Mann dies versteht, fällt es ihm leichter, sich als guter Liebhaber zu fühlen, auch wenn seine Partnerin keinen Höhepunkt hat. Auch ist er so stärker motiviert, Situationen zu schaffen, in denen beide nur kuscheln, ohne daß es überhaupt um Sex ginge. Darauf legen Frauen großen Wert: Entspannung.
Umgekehrt möchte sich ein Mann gelegentlich tatsächlich nur abreagieren. Dann ist es wichtig, daß er das ganze Vorspiel auslassen und in einem Quickie bekommen kann, was er braucht.
Gegenseitiges Verständnis befreit eine Frau von dem Druck, sich jedesmal, wenn sie sich lieben, als Sexgöttin beweisen zu müssen, und ihn von der Erwartung, sie müsse bei jedem Liebesakt eine Klimax erleben. Sie verlangt von ihm nicht jedesmal ein ausgiebiges, hingebungsvolles Liebesspiel. Bei einem Quickie muß eine Frau ihm nicht verübeln, daß er das Vorspiel ausgelassen hat, wenn sie weiß, daß sie bei anderen Gelegenheiten nur schön kuscheln oder auch, wenn sie beide ausgeglichener sind, gemeinsam den schönsten Sex genießen.
Unsere sexuellen Bedürfnisse verändern sich zyklisch, so wie das Wetter oder der Mond. Diese Zyklen werden durch vielfältige Streßfaktoren unseres Alltags unterbrochen.
Eine gesunde sexuelle Beziehung verlangt von beiden Partnern Flexibilität und die Bereitschaft, unsere Unterschiede zu verstehen.

## Im Vorfeld des Vorspiels

Aufgrund ihres weiten, offenen Bewußtseins werden Frauen durch ihre Umgebung oft abgelenkt und beeinflußt. Dies gilt um so mehr, wenn es um ihre eigenen Bedürfnisse geht.
Hat sie endlich Zeit zum Entspannen und Genießen, kommen ihr möglicherweise die Rechnungen in den Sinn, die

dringend bezahlt werden müssen, oder sie fragt sich, ob das Haus auch verschlossen ist und das Bügeleisen ausgeschaltet.
Ein Mann muß wissen, daß die Umgebung beim Liebesspiel für die Frau eine wichtige Rolle spielt. Welche Umgebung der Frau besonders zusagt, hängt natürlich von dem jeweiligen Charakter und von der momentanen Stimmung ab.
Die Geschmäcker sind hier sehr verschieden, was jedoch eine jede Frau schätzt, ist eine schöne Atmosphäre: Kerzenlicht, liebliche Düfte, gedämpftes Licht, sanfte Musik.
Damit eine extrem offene Frau – die meisten Frauen haben nach einem anstrengenden Tag ein besonders offenes Bewußtsein – entspannen kann, braucht sie Liebkosungen am ganzen Körper, bevor sie wieder so bei sich ist, daß sie die direkte Stimulierung ihrer erogenen Zonen genießen kann.
Wenn ein Mann müde ist, will er vielleicht nur noch durch einen Quickie sexuelle Befriedigung erlangen. Eine Frau dagegen erreicht die gleiche Befriedigung mitunter nur nach einer liebevollen Massage ihres gesamten Körpers.
Sind die Bedürfnisse so gelagert, müssen beide Partner entweder abwechselnd zurückstecken oder aber einen für beide versöhnlichen Weg begehen. Dies sollte auch für alle anderen Fälle Gültigkeit haben: Im Gespräch mit dem Partner können beide ihre Bedürfnisse herausfinden und ihre Unterschiede besser wahrnehmen und akzeptieren.

## Es wird schon werden?

Ein offenes Bewußtsein vermag in vielen Fällen fast alle Möglichkeiten eines Menschen oder einer Situation klar zu erkennen. Die Fähigkeit zu sehen, was in einem Menschen steckt, ist sehr von Vorteil. Doch kann sie auch zu verschiedenen Problemen führen, wenn sich die Wahrnehmung dabei verzerrt. Wenn eine Frau zu offen ist, kann sie sich in die Möglichkeiten eines Mannes verlieben, die Realitäten jedoch zu schwach bewerten. Dabei bildet sie sich ein, sie sei heute glücklich, weil sie damit rechnet, daß ihre Bedürfnisse in der Zukunft erfüllt werden.

Zweifellos ist es normal, daß die Aussicht auf etwas Positives einen glücklich stimmt. Problematisch aber wird es, wenn auf die Zukunft gerichtete Glücksgefühle die aktuelle Unzufriedenheit überdecken. Einer übermäßig offenen Frau fällt es schwer, den Blick auf ihre gegenwärtigen Gefühle zu richten, wenn sie ihre Glücksgefühle aus einer Zeit bezieht, die noch gar nicht da ist. Es kann vorkommen, daß sie eine Beziehung mit einem Mann eingeht und sich dabei vorstellt, ihre Liebe werde ihren Partner eines Tages schon ändern. In ihrer Phantasie ist er der ideale Mann für sie. Indem sie sein Potential, liebevoll, unterstützend, verständnisvoll usw. zu sein, wahrnimmt, bekommt sie das Gefühl, er habe sich bereits geändert. Sie lebt und liebt den Mann nur in einer Traumwelt. Anstatt zu erkennen, was ist, sieht sie, was sie sehen möchte.

Es ist so, als bekäme man einen Scheck über eine Million Dollar – man muß nur einen Monat warten, bis das Geld auch tatsächlich auf dem Konto ist. Trotzdem ist man wahrscheinlich glücklich und aufgeregt. Ganz ähnlich kann eine Beziehung mit jemandem, der sehr vielversprechende Ansätze zeigt, aufregend sein und sehr glücklich stimmen – ungeachtet dessen, was die Beziehung einem in der Gegenwart bringt. Wenn eine Frau in Zukunftsphantasien lebt, mag sie glücklich und liebevoll gegenüber ihrem Mann wirken, doch liebt sie nur sein mögliches Selbst und nicht den Mann, den sie wirklich vor sich hat.

Sie erkennt nicht, daß er sich nicht ändert, solange er von ihr die Botschaft erhält, sie sei mit seinem Verhalten glücklich. Und er muß es auch nicht, wenn er sich als der, der er ist, geliebt und akzeptiert fühlt. Zweifellos brauchen Männer Anerkennung und Akzeptanz. Andererseits aber sind sie auf Rückmeldungen angewiesen, um herauszufinden, ob sie die jeweiligen Bedürfnisse ihrer Partnerin auch gut genug unterstützen. Dies läßt sich durch liebevolle, aber aufrichtige Kommunikation erreichen. Ist dies gegeben, dann ist auch die Liebe, Akzeptanz und Anerkennung in der Partnerschaft aufrichtig und echt.

## Den anderen sehen, wie er ist

Liebe bedeutet nicht, daß man über alles, was der oder die andere sagt und tut, glücklich sein muß. Eine Frau kann ihren Partner lieben und akzeptieren und zugleich ihre Frustration, Enttäuschung, Sorgen, Wut, Verletzung, Traurigkeit und Ängste zum Ausdruck bringen. Sie kann an manchen Tagen sehr und an anderen weniger glücklich sein. Ein Teil von ihr kann verärgert sein und ein anderer glücklich über das Zusammensein mit dem Partner. Wenn sie mit ihren wahren Empfindungen und Bedürfnissen in Fühlung ist, dann werden auch ihr Glück und ihre Anerkennung echt sein und ihn positiv beeinflussen. Nur dann ist er auch in der Lage, auf ihre Bedürfnisse wirklich einzugehen.

Kein Mann kann wachsen und seine Möglichkeiten im Zusammensein mit einer Frau erkennen, solange sie nicht authentisch ist. Wenn eine Frau in Zukunftsphantasien lebt, lebt sie von der Substanz ihres Kapitals. Sie gibt sich als Millionärin, doch jeden Tag schrumpft ihr Konto. Im Inneren wird sie immer unzufriedener, frustrierter und enttäuschter. Nach außen wirkt sie liebevoll und glücklich, doch ihre Liebe scheint nicht aufrichtig zu sein.

Er erhält zwiespältige Botschaften. Auf der einen Seite scheint sie so glücklich mit ihm zu sein, und auf der anderen Seite spürt er, daß nichts, was er tut, sie wirklich zufriedenstellt. Immer wieder versucht sie, ihn zu bessern und nach ihrem Idealbild zu formen. Damit vergrämt sie ihn immer mehr. Er kann nicht wirklich auf sie eingehen, weil sie ihm nicht die Wahrheit vermittelt. Sie teilt ihm weder ihre Bedürfnisse mit noch gibt sie ihm zu verstehen, wie es sich für sie anfühlt, wenn diese nicht erfüllt werden. Irgendwann wacht sie auf und wird sich der Leere in ihrem Leben bewußt. Der Schmerz wird so stark, daß sie ihn nicht mehr leugnen kann. Sie stürzt vom Hochgefühl in die Depression.

Es ist nicht ungewöhnlich, daß eine Frau meint, glücklich verheiratet zu sein, um dann nach Jahren eines Morgens aufzuwachen und zu erkennen, wie unglücklich sie tatsächlich die ganze Zeit war. Unwillkürlich stößt sie ihren Partner zurück, weil er ihr keine Erfüllung gibt. Dies entspricht zweifellos ihrem Empfinden, doch ist es ungerecht, ihm dafür die Schuld zu geben. Wenn er feststellt, wie unglücklich sie ist, ist er schockiert. Er bekundet vielleicht seine Bereitschaft, sich zu ändern, doch erwidert sie, sie sei es müde, sich immer darum zu bemühen, daß die Beziehung funktioniert.

Ihre Erschöpfung rührt daher, daß sie sich jahrelang um das Funktionieren der Beziehung bemüht hat, indem sie vorgab, die Beziehung funktioniere. Sie hat versucht, liebevoll und nett zu sein, während sie innerlich Wut und Ärger hegte.

Manche Frauen leben jahrelang in Zukunftsphantasien, ohne sich ihren gegenwärtigen Schmerz einzugestehen, während andere wieder viel kürzere Zyklen durchmachen. Der Wechsel von der Hochstimmung zur Depression kann sich wöchentlich oder zweimal pro Monat vollziehen, aber auch nur einmal in zehn oder zwanzig Jahren. Je länger der Schmerz geleugnet wird, desto tiefer die Depression, wenn er schließlich hervorbricht und zur Konfrontation zwingt.

Um mehr Stabilität zu gewinnen, braucht die Frau in dieser Situation die Gelegenheit, ihre Gefühle der Unsicherheit mitzuteilen, und muß von ihrem Ehemann oder guten Freunden Bestätigung bekommen. Ist ein extrem offener Mensch glücklich, meint er, dieses Gefühl würde für immer anhalten. Fühlt er sich miserabel, scheint es ihm, als sei alles miserabel und werde fortan auch so bleiben.

Will sie dann ihre Stabilität wiedergewinnen, muß die Frau sich immer wieder vor Augen führen, wie wechselhaft ihre eigene Realität sein kann. Sehr hilfreich können ein Tagebuch sein, in dem sie ihre Gefühle, Erlebnisse und Eindrücke festhält, sowie Gespräche in Selbsthilfegruppen oder eine Therapie.

## Auch Männer können sich etwas vormachen

In den meisten Fällen fühlt sich eine Frau nach der plötzlichen Erkenntnis, daß sie nicht bekommt, was sie braucht, wie ein Opfer. Sie beschuldigt ihren Ehemann, anstatt selbst die Verantwortung für die zwiespältigen Botschaften zu übernehmen, die sie ihm die ganze Zeit hat zukommen lassen. Es darf jedoch nicht übersehen werden, daß sie, wenn sie eines Tages aufwacht, ein berechtigtes Bedürfnis hat, sich eine Weile wie ein Opfer zu fühlen. Danach kann sie daran arbeiten, Verantwortung zu übernehmen und ihr inneres Gleichgewicht wiederzufinden.

Damit soll nicht gesagt sein, daß sie die alleinige Verantwortung für ihr Leben in Zukunftsphantasien trägt. Frauen können in der Zukunft leben, Männer in der Vergangenheit. Es kommt vor, daß ein Mann seine Partnerin einmal glücklich macht und dann erwartet, daß sie es ein für allemal bleibt. Männer tun etwas Nettes und stellen sich vor, es würde ihre Partnerin für immer glücklich stimmen. Sie fühlen und sagen: »Ich liebe dich« und meinen, damit sei der liebevolle Teil der Beziehung erledigt. In ihren Augen muß die Frau von nun an wissen, daß diese liebevollen Gefühle da sind.

Männer sind im Verleugnen genausogut wie Frauen. Aufgrund ihrer Scheuklappen verleugnen sie sich oft selbst. Möglicherweise sind sie in ihrer Beziehung nicht glücklich, wissen es aber nicht einmal. Sie spielen die Bedeutung von Beziehungsproblemen herunter.

Wie der berühmte Vogel Strauß, der seinen Kopf in den Sand zu stecken scheint, vergraben Männer sich in ihrer Arbeit und sehen nicht, daß es in ihrem Liebesleben Probleme gibt. Manche Männer sind völlig von ihrer Arbeit eingenommen und erkennen daher nicht, daß sie Liebe brauchen und sie nicht bekommen. Ihnen wird nicht bewußt, daß ihr Bankkonto zwar wachsen mag, sie innerlich aber leer sind.

Auch Männer können Zukunftsphantasien hegen. Wenn sie wohlhabender und erfolgreicher sind, so malen sie sich aus, werden sie und ihre Partnerin ein glückliches und erfülltes Leben führen. Die Wahrheit ist, daß eine Beziehung durch solchen Erfolg oft stärker belastet wird als ohne ihn. Nachdem sie »es geschafft haben«, sehen sich diese Paare mit den

Problemen konfrontiert, die sie zuvor in ihrem Kampf um Erfolg ignoriert haben.
Genauso wie die Frau, die eines Tages aufwacht und ihr Unglück erkennt, kann ein Mann eine Veränderung durchmachen, wenn der innere Schmerz übermächtig wird. Er wacht auf und stellt fest, daß er mehr von der Beziehung möchte. Bedauerlicherweise meinen viele Männer, sie müßten es woanders suchen. Sie erkennen nicht, daß sie durch eine Verbesserung der Kommunikation ihren Schmerz heilen und ihre Bedürfnisse auch in ihrer bisherigen Beziehung befriedigen können.
Sehr häufig ist der Wunsch nach Scheidung eine typische Vogel-Strauß-Reaktion. Die Partner wollen nicht wahrhaben, daß die Probleme bei ihnen liegen, und wälzen sie auf die Beziehung ab. Ich habc das Hunderte Male erlebt, wie ein Paar kurz vor der Scheidung stand, dann aber seine Kommunikation verbesserte und so zu einer liebevollen Beziehung finden konnte. Wenn ein Paar den Wunsch nach Scheidung äußert, empfehle ich, statt dessen Hilfe zu suchen. Daß sie es, wie häufig geäußert wird, müde sind, es noch weiter miteinander zu versuchen, liegt möglicherweise einfach daran, daß sie Wege ausprobiert haben, die nicht funktionieren.

## Schuldzuweisungen

Ein weiterer, häufig zu beobachtender Unterschied zwischen Männern und Frauen ist der, daß Frauen dazu neigen, zunächst sich selbst zu bezichtigen, während Männer zuerst einmal andere beschuldigen.
Bei jedem Problem, Konflikt oder negativen Erlebnis übernehmen Frauen häufig zu bereitwillig die Verantwortung, um erst später zu erkennen, wie auch andere daran beteiligt waren. Zunächst einmal gehen sie mit sich selbst besonders schonungslos ins Gericht. Diese Selbstbezichtigung ist ein Symptom für ein offenes Bewußtsein.
Männer hingegen haben eher den Hang, andere anzuklagen, bevor sie sich damit befassen, inwieweit sie selbst mitverant-

wortlich sind. Sie sehen sogleich die Fehler anderer, und erst dann werden sie sich ihrer eigenen bewußt. Diese Beschuldigung anderer ist typisch für ein konzentriertes Bewußtsein.

Das konzentrierte Bewußtsein sieht Probleme als Hindernisse auf dem Weg zu einem bestimmten Ziel oder Ergebnis. Aus dieser engen Perspektive gibt jedes Hemmnis gleich Anlaß zu Beschuldigungen.

Dagegen nimmt das offene Bewußtsein Probleme in einem größeren Zusammenhang wahr – als Ergebnis, das der Korrektur bedarf. Aus dieser Perspektive sieht eine Frau alle möglichen anderen Wege, die sie hätte beschreiten können, um so ein anderes Ergebnis herbeizuführen. Daher fühlt sie sich schnell verantwortlich und übernimmt die Schuld. Diese Grundunterschiede stiften in Beziehungen viel Verwirrung.

Wenn ein Mann eine Frau wegen eines Problems beschuldigt, nimmt sie an, er habe zunächst seine Verantwortlichkeit dafür überprüft, so wie sie es als Frau tun würde, und sei dabei zu dem endgültigen Schluß gekommen, daß sie die Schuld trage. Dies verleiht seiner Anschuldigung weit mehr Gewicht, als ihr im Grunde zukommt. Wenn sie lernen kann, auf seine Anschuldigung nicht defensiv zu reagieren, hat er Gelegenheit, sich abzukühlen und über seine eigene Verantwortung nachzudenken.

Ein Mann mit geringer Selbstachtung kann aufgrund seiner Unsicherheit seine eigene Verantwortung nicht sehen. Selbstgerecht bleibt er bei seiner Schuldzuweisung. Frauen erkennen nicht, daß sich hinter der scheinheiligen Haltung eines Mannes mitunter lediglich ein Verteidigungsmechanismus verbirgt, mit dem er seine Unsicherheit versteckt.

Je unsicherer ein Mann ist, desto selbstbewußter gibt er sich unter Umständen. Frauen ohne Selbstsicherheit durchschauen dies nicht, denn wenn sie unsicher sind, sind sie sich selbst gegenüber noch kritischer und geben sich selbst anstatt anderen die Schuld für Fehler.

Wenn eine Frau ihren Partner beschuldigt, ignoriert er dies vielleicht in der Annahme, sie werde ihren Anteil an dem

Problem später schon erkennen, so wie ein Mann es tun würde. Oftmals nimmt ein Mann die Klage einer Frau nicht ernst, auch wenn sie berechtigt ist, weil er meint, sie schiebe ihm pauschal die Schuld zu, ohne zu ihrer eigenen Verantwortung zu stehen. Er realisiert nicht, daß sie das Problem bereits aus ihrer Sicht durchleuchtet und ihr Bestes getan hat, um etwas daran zu ändern.

Kein Mensch ist ausschließlich männlich oder ausschließlich weiblich. Alle Kombinationen des offenen und konzentrierten Bewußtseins sind möglich. Ein Mann oder eine Frau kann in einem Lebensbereich extrem fokussiert sein, in einem anderen hingegen übermäßig offen und in wieder einem anderen eine ausgewogene Wahrnehmung besitzen. Die Erkenntnis dieser Unterschiede hilft uns zu verstehen, warum eine zwischengeschlechtliche Beziehung so schwierig sein kann. Warum der Partner wunde Punkte hat und wo sie liegen und letztlich auch, wie neu entstehende Probleme angegangen und gelöst werden können. Das folgende Kapitel befaßt sich mit den geschlechtsspezifischen Unterschieden und neuralgischen Zonen im Zusammenhang mit der Streßbewältigung bei Männern und Frauen.

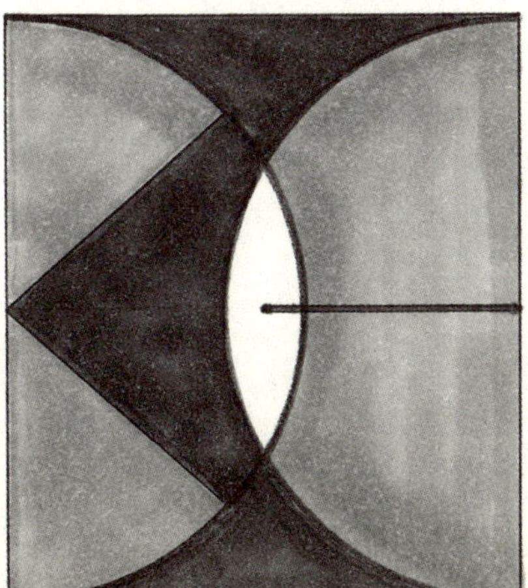

# Die Streßreaktionen von Männern und Frauen

Die verschiedenen Streßreaktionen von Männern und Frauen bilden eine weitere Kategorie sich ergänzender Unterschiede zwischen den Geschlechtern.
Kurz gesagt, reagiert das männliche Bewußtsein eher objektiv oder analytisch auf Streß, während die Reaktionen der Frau subjektiver oder stärker vom Gefühl bestimmt sind.
Das männliche Bewußtsein ist vor allem damit befaßt, was in der Außenwelt vor sich geht: Ein Mann versucht, Streß durch Veränderung der äußeren, objektiven Welt zu reduzieren.
Er reagiert auf Streß, indem er sich in sich zurückzieht und darüber nachdenkt, was getan werden muß, um den Streß abzubauen. Ist er zu einem Entschluß gekommen, wird er alles Mögliche versuchen, die Streßfaktoren zu entschärfen oder ihnen aus dem Weg zu gehen.

## Grundsätzliche Unterschiede im Umgang mit Streß

Dagegen ist die weibliche Psyche mehr auf die Innenwelt ausgerichtet. Eine Frau versucht, Streß durch Veränderung ihrer inneren, subjektiven Welt zu vermindern. Sie reagiert auf Streß zunächst einmal mit aufwallenden Gefühlen. Durch diese Gefühle kann sie ihre Mitte finden, ihre Einstellungen ergründen und in sich selbst Veränderungen vornehmen, um so ihren Streß zu reduzieren.
Regt sie zum Beispiel etwas auf, kann sie ihren Streß vermindern, indem sie flexibler, toleranter, versöhnlicher, geduldiger, verständnisvoller wird. Indem sie ihre Haltung ändert, baut sie Streß ab und fühlt sich dadurch besser. Ihre Reaktion ist meist kreativer, denn sie verarbeitet Streß in dem Sinn, daß sie auf die Streßfaktoren eingeht und erkennt, um welche Reibungsflächen es sich handelt. Jede Streßbekämpfung bereichert ihr Verhaltensrepertoire.

Unter Streß zielt ein Mann darauf ab, seine Umgebung in seinem Sinne zu beeinflussen oder zu beherrschen. Wenn ihm etwas Unerfreuliches widerfährt, muß er, um die Kontrolle zu behalten, objektiv analysieren, inwieweit sein Handeln für das Geschehen verantwortlich ist, und herausfinden, was er tun kann, um die Situation zu verändern.

Um seine Verantwortung zu erkennen, muß er zunächst die Situation Revue passieren lassen. Sein Augenmerk richtet sich besonders darauf, was in seiner Umgebung geschah. Danach kann er herausfinden, inwieweit er zu dem Problem beigetragen hat.

Anhand dieser objektiven Analyse kann er entscheiden, was er tun kann, um das Problem zu lösen. Auf diese Weise kann er allmählich verstehen, was geschehen ist, und die Verantwortung für seinen Anteil daran übernehmen.

Anders als Männer müssen Frauen unter Streß ihre Gefühle ergründen, um zu sich zu kommen. Danach können sie herausfinden, was geschehen ist, warum es geschehen ist und was daran zu ändern ist. Erst wenn eine Frau ihre Emotionen spürt und versteht, kann sie frei, flexibel und klar denken.

## Destruktive Gefühle

Ein Mann, der sich in einer Streßsituation seinen Emotionen überläßt, bevor er eine objektive Sicht gewonnen hat, entwickelt leicht lieblose oder destruktive Gefühle. Neben bösartig, kalt, grausam und gewalttätig wird er möglicherweise launisch, bedürftig, lasch, unentschlossen, teilnahmslos und zaudernd. Das Hauptsymptom ist der Verlust der Selbstbeherrschung. Dazu kommt es, weil er, indem er sich seinen Gefühlen überlassen hat, den Kontakt zu seiner wichtigsten Kraftquelle verloren hat – seiner Fähigkeit zur Objektivität. Dies ist seine dunkle Seite. Eine Frau dagegen kann sich ärgern und dennoch den Standpunkt eines anderen ziemlich gut vernehmen und verstehen.

Während Ärger bei einem Mann schnell Selbstgerechtigkeit und Trotz hervorruft, kann er einer Frau helfen herauszufin-

den, was ihr zusteht. Wenn eine Frau unter Streß steht, muß sie vor allem in sich gehen und ihre Gefühle ergründen.
Da sie eher subjektiv orientiert sind, müssen Frauen zunächst emotional reagieren und können danach die Situation objektiver betrachten. Im Idealfall verarbeitet eine Frau ihre subjektiven Gefühle, bevor sie das Geschehen objektiv analysiert. Bei der Verarbeitung ihrer Gefühle erforscht und erkennt sie ihre Reaktionen, hinterfragt ihre Rechtfertigung und korrigiert Gefühle, die eventuell nicht im Einklang mit ihrem wahren Selbst stehen. Geht sie zu analytisch oder objektiv vor, ohne dabei ihre subjektiven Empfindungen zu berücksichtigen, verfällt sie möglicherweise in starre Denkschemata und wird beherrschend, rechthaberisch, konfus, anstrengend, kleinlich, negativ und frustriert. Dies ist die dunkle Seite einer Frau.
Ein Mann, der seine objektiven Reaktionen nicht respektiert und unterstützt, bekommt automatisch negative und destruktive Gefühle. Eine Frau, die ihre subjektiven Reaktionen nicht respektiert und unterstützt, verfällt in unflexible und rechthaberische Denkmuster.
Solange eine Frau mit ihren positiven Empfindungen und Haltungen in Fühlung ist, kann sie klar und flexibel denken; solange die Gedanken und Haltungen eines Mannes positiv sind, wird er liebevolle und unterstützende Gefühle hegen.

## Warum beide leicht streiten

Ist eine Frau aufgewühlt, unterdrückt jedoch ihre Gefühle in dem Bemühen, logisch und rational zu sein, muß sie zwangsläufig immer wieder mit Männern in Streit geraten. Bei solchen Gelegenheiten wird sie unflexibel und rechthaberisch. Dies stößt einen Mann nicht nur vor den Kopf, sondern wirkt auch bedrohlich. Er entnimmt einem solchen Verhalten, daß sie seinen Ideen keinen Raum läßt und daß seine abweichenden Standpunkte keine Anerkennung finden. Während sie meint, sich ihm verständlich zu machen, wird er verärgert und läßt seine negativen Gefühle heraus.

Läßt ein Mann aber seinen negativen Gefühlen freien Lauf, ohne den Standpunkt seiner Partnerin objektiv zu überdenken, kann er in ihr eine stark abwehrende Haltung erzeugen. Wieder reagiert sie rechthaberisch und unflexibel. Solche Auseinandersetzungen führen zu keinem Ziel und es wäre gut, wenn sie vermieden werden könnten.

Ein Mann läßt mitunter in einem Streit all seine negativen Gefühle heraus und verschafft sich so Erleichterung. Doch überfährt er damit die Frau völlig. Anschließend kann er sich einfach für all die schlimmen Dinge, die er gesagt hat, entschuldigen und von ihr erwarten, daß sie sie vergißt, so wie er es getan hat. Dies aber ist leichter gesagt als getan. Wahrscheinlich wird sie seine Äußerungen und den Schmerz, den er ihr damit zugefügt hat, lange im Gedächtnis behalten.

Auf gleiche Weise kann eine Frau mit einem sehr rechthaberischen, kritischen und herrischen Verhalten bewirken, daß der Mann sich tagelang in sein Schneckenhaus zurückzieht. Meist ist ihm nicht klar, was passiert ist, doch weiß er, daß er sich ihr gegenüber nicht mehr öffnen will. Er beschließt, fortan seine Gedanken für sich zu behalten.

So verfallen Männer wie Frauen leicht in Streitereien, ohne sich der Verletzungen bewußt zu sein, die sie einander in Auseinandersetzungen zufügen. Damit sind nun nicht körperliche Verletzungen gemeint – auch wenn es bei extremen Partnern dazu kommen kann –, sondern seelische. Und seelische Wunden heilen nicht so schnell. Je näher wir jemandem stehen, desto leichter können wir ihn verletzen oder von ihm verletzt werden.

Da Männer ihre Stärke aus der objektiven Analyse einer Situation beziehen, messen sie den Gefühlen einer Frau keine Bedeutung bei und konzentrieren sich auf das, was für sie wichtig ist, nämlich ihre Ideen und Vorstellungen. Ein emotional aufgebrachter Mann ist in der Regel nicht zu einer Auseinandersetzung fähig, ohne dabei die Gefühle der Frau zu verletzen. Er verhält sich wie der sprichwörtliche Elefant im Porzellanladen.

Aber auch eine Frau kann mit sturem Beharren auf ihrer Meinung einen Mann nicht minder verletzen. Eine mißbilligende Äußerung wie »Du hättest tun sollen« aus dem Munde einer aufgebrachten oder abwehrenden Frau genügt, um einen Mann innerlich erstarren zu lassen. Männer verschließen sich instinktiv. In einem Moment sind sie offen und fürsorglich und im nächsten schon kalt und ausfallend. Der große Unterschied zwischen verletzten Männern und Frauen liegt darin, daß Männer sich ihrer Verletzung viel weniger bewußt sind. Viele Frauen müssen erst eine Vorstellung davon entwickeln, wie sie einen Mann verletzen können. Von ihm werden sie es gewiß nicht erfahren, denn er weiß es selbst nicht. Halten wir also fest: Wenn Männer ihre Objektivität verlieren, bricht ihre dunkle Seite hervor; bei Frauen passiert dies, wenn ihre Subjektivität verlorengeht.

## Streßbewältigung bei Männern und Frauen

Diese komplementären Standpunkte – Objektivität und Subjektivität – sind zwei verschiedene Arten der Streßbewältigung. Die männliche Art, Streß abzubauen, besteht darin, die Streßursache auszuschalten oder zu verändern. Die weibliche Art besteht darin, das eigene Selbst oder die Einstellung, durch die der Streß ausgelöst wird, so anzupassen, daß der Streß nicht mehr wirken kann.
Die Veränderung des Verhaltens ist die männliche Variante des Streßabbaues: Die Situation wird verbessert, indem man etwas anders macht. Eine Frau dagegen reduziert Streß durch Veränderung der Einstellung: Die Situation wird durch Versöhnlichkeit, Liebe, Dankbarkeit oder Toleranz verbessert.

### Wie eine Frau aus dem Gleichgewicht gerät

Es ist ein häufiger Vorgang in Beziehungen, daß die Frau immer wieder Kompromisse eingeht und sich anpaßt, um die Harmonie zu wahren und Auseinandersetzungen zu vermeiden. Sie versucht bewußt, sich zu ändern.

Wenn sie ihre Position wiederholt aufgegeben hat, regt sich in ihr Verärgerung darüber, daß er nicht dasselbe tut. In der Folge beginnt sie auf einer weniger bewußten Ebene damit, ihren Partner ändern zu wollen. Ist dieser Punkt erreicht, wird jede Kommunikation in gewissem Maße manipulativ und von ihm als sehr unangenehm empfunden. Zwangsläufig wird er ihr gegenüber abweisend oder begehrt gegen sie auf.

Eine Frau geht dazu über zu manipulieren, wenn sie mit ihrer ursprünglichen Art nicht bekommt, was sie braucht. Ihr Problem ist, daß keiner ihr jemals gesagt hat, was sie an sich selbst verändern soll, um zu bekommen, was sie braucht. Sich zu verändern bedeutet nicht, sich aufzugeben oder auf eine bestimmte Weise zu handeln. Nicht ihr Verhalten und ihre Ausdrucksweise soll sie ändern, sondern ihre negativen Einstellungen wie Verdruß und Mißtrauen.

Sie muß ihre negativen Gefühle korrigieren oder ablegen, um so mehr zu ihrem wahren Selbst zu finden. Diese Selbstfindung kann sehr schwierig sein, wenn sie nicht gelernt hat, wie man negative Gefühle umwandelt.

In der Kindheit haben die meisten Mädchen bisher nur gelernt, ihre Gefühle zu unterdrücken, zu verleugnen und zu verdrängen. Sie sollen allzeit gut, nett und glücklich sein, selbst wenn dies nicht ihren wahren Gefühlen entspricht. Durch das Unterdrücken von Gefühlen mag eine Frau liebevoller und positiver erscheinen, in Wirklichkeit aber entfernt sie sich dadurch von ihrem wahren Wesen, ihrer Mitte.

Um wirksam mit Streß umgehen zu können, muß sie ihre Mitte finden. Ist sie über einen längeren Zeitraum verärgert und »außer sich«, wird sie zwangsläufig mehr dazu übergehen, ihren Partner manipulieren oder beherrschen zu wollen.

## So kann sich eine Frau ändern

Eine Frau kann sich auf sehr natürliche Weise ändern, um mit Streß besser umgehen zu können. Man könnte sagen, daß sie sich nicht eigentlich verändert, sondern sich ihrem wahren Selbst stärker annähert. Da sie von Natur aus subjektiv ist, ändert sie sich, indem sie ihre Gefühle, Gedanken und Wünsche mitteilt und ausdrückt, ohne dabei herabgewürdigt zu werden. Dafür muß sie mit Teilnahme, Verständnis und Respekt angehört werden. Diese wichtigen Aspekte der Liebe unterstützen sie und helfen ihr, ihre Mitte zu finden.

Behält sie aber ihre Gefühle für sich, verliert sie allmählich den Kontakt zu sich selbst und entwickelt eine oberflächliche und unnachgiebige Denkweise.

So ist sie nicht imstande, sich in Liebe und Anmut auf den Streß des Lebens, der Arbeit und ihrer Beziehungen einzustellen.

Sie wird von den Bemühungen aufgezehrt, ihr Verhalten und ihre Sprache so anzupassen, daß sie damit die Liebe anderer gewinnt. Aus diesem Ringen um Liebe heraus wird sie versuchen, andere zu ändern, um die Liebe zu bekommen, die sie braucht. Damit verliert sie ihre Fähigkeit, sich bei Streß entsprechend anzupassen und zu ändern. Sie ist unfähig, eine wirklich liebevolle und positive Haltung beizubehalten.

In Streßmomenten zeigt eine Frau mit geringer Selbstachtung die Neigung, ihr Verhalten und ihre Sprache anderen, mit denen sie zu tun hat, anzupassen. Ihre Gefühle zu verändern, fällt ihr weitaus schwerer.

Sie mag weiterhin als liebevolle und gebefreudige Person erscheinen, doch tief in ihrem Inneren birgt sie aufgestaute Ressentiments, Mißtrauen und Unzufriedenheit. Diese negativen Gefühle schwächen ihre Identität und ihre Beziehungen.

## Wie ein Mann aus dem Gleichgewicht gerät

Männer sind in einer Beziehung zunächst objektiv und werden dann subjektiv. Folglich bemüht sich ein Mann zu Beginn einer Beziehung um Verbesserungen, indem er seine Partnerin glücklich macht, wenn sie unglücklich wirkt. Instinktiv verfolgt er die Strategie, die Situation zu verändern:

Wenn sie unglücklich ist, versucht er, sie glücklich zu machen, indem er ihre Bedürfnisse befriedigt. Bekommt er je-

doch den Eindruck, keine Änderung herbeiführen zu können, gerät er aus dem Gleichgewicht.
Er wird subjektiver, und seine Haltung ändert sich. Möglicherweise gibt er sich nun selbstgerecht, herablassend, verdrossen, boshaft und unversöhnlich und nimmt eine strafende und verurteilende Haltung ein. In der Folge wird er schwach, launisch, unsicher und passiv. Er verliert seine Zuversicht und ist nicht länger zu Risiken bereit. Vielleicht entwickelt er gar negative Mechanismen – Gefühlsausbrüche und Wutanfälle, um seinen Kopf durchzusetzen. Es ist schwer für ihn, seine negative Einstellung abzuschütteln, wenn er seine Objektivität verloren hat.

## So kann sich ein Mann ändern

Da er von Natur aus objektiv ist, kann ein Mann sich am besten ändern, indem er Probleme mit seinen Außenbeziehungen erkennt und löst. Zum Beispiel wird ein Mann liebevoller und sensibler, wenn er einsieht, wie andere dadurch verletzt oder betroffen werden, daß er bestimmte Dinge tut oder unterläßt. Durch seine Bereitschaft, sein Verhalten zu ändern, wird er ein besserer Mensch. Indem er das Problem löst, ändert er sich ganz automatisch.
Wenn er dagegen nicht sein Verhalten, sondern sich selbst als Ursache des Problems erkennt, ist es für ihn sehr schwierig, etwas zu ändern.
Eine Frau, die ja von Natur aus subjektiv ist, kann dies schwer verstehen. Wenn sie an sich etwas erkennt, das der Veränderung bedarf, kann sie mit der Veränderung beginnen, indem sie einfach beschließt, anders zu sein. Ein Mann ändert sich durch den Entschluß, sich anders zu verhalten. Während für eine Frau das Bewußtsein für das eigene Selbst die Grundvoraussetzung für eine Änderung ist, ist es für den Mann das objektive Bewußtsein. Er muß das Problem in seiner Außenwelt verstehen.
Ein Mann sieht sich zu einer Änderung veranlaßt, wenn er sich anerkannt und akzeptiert fühlt, zugleich aber erkennt,

daß er nicht das gewünschte Ergebnis erzielt und dafür die Verantwortung trägt.
Eine Frau kann ihre Gefühle ändern, wenn sie sich geliebt, verstanden und sicher fühlt, aber einsehen muß, daß ihre emotionalen Reaktionen kein authentischer Ausdruck ihres wahren Selbst sind, also nicht ihr liebevolles und verantwortungsvolles Wesen widerspiegeln.
Wenn ein Mann nach den verschiedensten Versuchen, die seiner Meinung nach funktionieren müßten, seine Partnerin zufriedenzustellen, scheitert, gibt er zwangsläufig auf und fügt sich passiv in die Situation. Anstatt sein Verhalten zu ändern, verteidigt er seine Handlungsweise und beschuldigt sie. Dies schwächt einen Mann. Er muß verstehen, wie er etwas ändern kann. So ist er zu weiteren Schritten inspiriert und motiviert.

## Wie sie ihn unwissentlich abschreckt

Wenn ein Mann immer wieder daran gescheitert ist, seiner Partnerin Zufriedenheit und Erfüllung zu geben, ändert er allmählich seine Haltung. Er beginnt, seine natürlichen männlichen Impulse zu verleugnen. Da er das Gefühl hat, jede seiner Entscheidungen sei unzulänglich, hört er auf, Verantwortung zu empfinden und Entscheidungen zu fällen. Er schaltet diesen Teil von sich ab, weil es zu schmerzlich ist, Fehler zu machen und dann dafür kritisiert zu werden. Er nimmt keine Risiken mehr in Kauf, weil das Gefühl, von den Menschen, die er liebt und die ihn am besten kennen, weder Anerkennung noch Akzeptanz und Vertrauen zu bekommen, für einen Mann äußerst unerfreulich ist.
Schlagen seine Vorhaben fehl und kritisiert eine Frau ihn ungefragt dafür, verletzt sie ihn unwissentlich und bewirkt damit, daß seine Motivation und Fürsorge schwinden. Er ist nicht weiter bereit, etwas von sich zu geben, weil ihre Zurechtweisungen für ihn zu schmerzhaft sind. Wenn sie ihn kritisiert oder sich von ihm enttäuscht zeigt, fühlt er sich tief in seinem Inneren unzulänglich und schwach.

Frauen tadeln Männer, weil sie meinen, sie damit zu motivieren oder ihnen helfen zu können, sich zu ändern. Tatsächlich aber werden Männer dadurch nur sturer und unnachgiebiger. Frauen haben keine Vorstellung davon, wie sie einen Mann treffen, wenn sie versuchen, an ihm herumzubessern.
Bei einem Mißerfolg braucht ein Mann Zeit, um nachzudenken und die Verantwortung für seinen Fehler zu erkennen. Unglücklicherweise fühlen sich Frauen in solchen Situationen entweder zu einem kränkenden Kommentar veranlaßt, wie etwa »Ich habe es dir ja gesagt!«. Auch Maßregelungen (»Du hättest tun sollen«), Rechthaberei (»Du weißt doch, daß«), rhetorische Fragen (»Warum hast du auch nicht?«), Plattheiten (»Man sollte niemals«) oder mitfühlende Äußerungen (»Ich kann nachfühlen, wie schlecht es dir geht«, was soviel heißt wie: »Du tust mir so leid!«) sind beliebte Reaktionen.

## Was ein Mann braucht

Frauen unterliegen dem Irrtum, diese Art von Bemerkungen könnten einem Mann helfen, seinen Fehler zu erkennen. Tatsächlich aber fördern sie damit nur seine Selbstgerechtigkeit und Vergeßlichkeit. Selbst wenn er seinen Fehler eingesteht, vergißt er, was er daraus hätte lernen können. Ein Mann lernt nur aus seinen Fehlern, wenn er dafür nicht getadelt und zurückgewiesen wird. Er braucht Unterstützung, um eine Selbstkorrektur vornehmen zu können.
Daß die obigen Bemerkungen nichts Positives bewirken, liegt daran, daß sie ausnahmslos darauf abzielen, seine Befindlichkeit oder seine Leistung zu verbessern, wenn er überhaupt nicht um Hilfe gebeten hat.
Sehr nützlich wäre hingegen die Frage »Was ist geschehen?«. Sie hilft einem Mann in einer Streßsituation, Objektivität zu gewinnen und dadurch wieder seine Mitte zu finden. Als nächstes kann sie ihn, wenn er zu reden bereit ist, fragen, warum es seines Erachtens geschehen ist.
In Streßmomenten braucht ein Mann Zeit, über seine Ge-

danken und Gefühle nachzugrübeln, bis er versteht, was er getan hat und was er hätte anders machen können. Danach kann er über das Geschehene und die Gründe dafür reden. Nun ist er eher bereit, zu seinen Fehlern zu stehen, und er kann sich ändern, ohne sein männliches Wesen zu unterdrücken.

Anscheinend kann ein Mann einen Irrtum nicht eingestehen, solange er keine Alternative zu seinem Handeln sieht. Er kann zugeben, einen Fehler gemacht zu haben, wenn er sagen kann: »Hätte ich gewußt, was ich jetzt weiß, könnte und würde ich anders gehandelt haben.«

## Was eine Frau braucht

Eine aufgebrachte Frau braucht Zeit, ihre Gefühle zu ergründen, indem sie darüber spricht. So kann sie zu ihrem liebevollen, anerkennenden, akzeptierenden und vertrauensvollen Selbst zurückfinden. Kann sie ihre Gefühle aber nicht sondieren, wird sie überreizt, reagiert übermäßig stark und fühlt sich schließlich ausgelaugt. Dann benötigt sie viel Zeit, um wieder zu ihrer Mitte zu gelangen. Was sie am meisten von einem Mann braucht, ist seine Fürsorge und Aufmerksamkeit, sein Verständnis und seinen Respekt für all ihre Bedürfnisse.

Männer verfallen üblicherweise in Verurteilungen und Beschuldigungen, wenn sie es mit einer aufgebrachten Frau zu tun haben. Für Frauen aber ist es wichtig, daß der Mann ihr zuhört und sie unterstützt, ohne zu versuchen, sie »in Ordnung zu bringen« oder ihre Gefühle zu berichtigen. Er muß bewußt dem Impuls widerstehen, ihr Rat zu erteilen oder ihr ihre Gefühle vorzuschreiben. Sobald ein Mann wirklich erkennt, wie er eine Frau unbewußt verletzen kann, wird er von selbst rücksichts- und respektvoller.

## Wie Männer Frauen verletzen

So wie es einer Frau schwerfällt, einen Mann nicht zu tadeln, wenn er sich unverantwortlich oder ihr gegenüber auf irgendeine Weise falsch verhält, ist es auch schwierig für einen Mann, die aufgebrachten Gefühle einer Frau nicht als schwach, verrückt, töricht, schlecht, dumm, gemein und egoistisch zu verurteilen. Er ahnt nicht, daß er sie mit seinen vorschnellen Wertungen viel stärker verletzt, als er sich dies überhaupt vorstellen kann.

Die Verurteilungen eines Mannes bewirken, daß eine Frau aus dem Gleichgewicht gerät und ihr Selbst aus den Augen verliert. Sie beginnt, die negativen Eigenschaften anzunehmen, die er ihr unterstellt. Sieht er sie beispielsweise als selbstsüchtig und lieblos an, kann dies dazu führen, daß sie tatsächlich selbstsüchtig und lieblos wird. Er hält sie für verrückt, und sie beginnt tatsächlich, sich selbst dafür zu halten.

Ganz analog dazu entwickelt ein Mann, der von einer Frau kritisiert wird und Vorschriften gemacht bekommt, eher Sturheit als Selbstkritik. Beurteilungen, die aus Ressentiments erwachsen, dienen niemals dazu, den Partner zu bessern.

Wenn eine Frau verärgert oder gestreßt ist, braucht sie Zeit und Unterstützung, um herauszufinden, was sie ändern kann, um mehr Liebe, Akzeptanz, Anerkennung und Vertrauen aufzubringen. Dies geschieht ganz automatisch, wenn sie ihre Gefühle mitteilen und durch diese Mitteilung ergründen kann.

Da Männer und Frauen manchmal ihre jeweils unterschiedlichen Streßreaktionen und ihre einzigartigen Bedürfnisse nicht erkennen, verlieren sie den Kontakt zu ihrem wahren oder reiferen Selbst und fallen dem Einfluß ihrer negativen Seiten anheim. Ihre ureigensten positiven Eigenschaften werden von negativen Gefühlen, Annahmen, Sichtweisen und Haltungen überschattet.

## Männliche Gewalt

Bei vielen Männern werden insbesondere dann primitive Instinkte wach, wenn sie verletzt werden und sich ihren gekränkten Gefühlen hingeben, bevor sie das Geschehene und die Gründe dafür objektiv analysiert und herausgefunden haben, was sie daran ändern können. Je stärker die Kränkung, desto mehr neigen Männer zu Überreaktionen, die sie auch ausagieren wollen.

Die vielleicht häßlichste Überreaktion ist die Rache. Indem ein gekränkter Mann eine erlittene Verletzung in Form eines Racheaktes an jemand anderen weitergibt, kann er sie abreagieren. Dies ist ein sehr charakteristischer Bestandteil der männlichen Psyche. Gewalt ist in der Regel ein Zwang der männlichen Psyche, Schmerz zu verringern und sich Erleichterung zu verschaffen. Wenn ein Mann jemanden oder etwas angreift, beschädigt oder zerstört, will er damit unbewußt sagen: »Das hast du mir angetan.«

Ein von seinem Schmerz völlig ergriffener Mann kann, indem er ihn auf primitive Weise anderen beibringt, diesen Schmerz objektiv erleben und sich so von ihm befreien.

Michael und Barbara waren zwei Jahre verheiratet, als er herausfand, daß sie eine Affäre mit einem anderen Mann hatte. Michael verspürte den Drang, Barbara seinerseits zu verletzen und sie seinen Schmerz spüren zu lassen. Um sie zu bestrafen, wurde er gewalttätig. Er schlug und beschimpfte sie, bis er sich besser fühlte. Dann war alles vergessen und vergeben. Michael verspürte erst Erleichterung, als Barbara so zu leiden schien, wie er gelitten hatte. Seine primitive Empfindung war: Jetzt versteht sie meinen Schmerz. Ein zweites Mal wird sie das nicht tun.

In extremen Fällen weidet sich ein Mann gar an den Schmerzen und Qualen eines anderen. Sehr häufig ist dies in Filmen zu sehen. Wenn der Gute, dessen Kinder umgebracht wurden, schließlich den Bösewicht erledigt, freut sich jeder und empfindet Erleichterung. Der Schmerz der Ungerechtigkeit ist auf magische Weise getilgt, wenn der Bösewicht qualvoll leidet und stirbt. Das Prinzip der erfüllten Rache überzeugt zwar auch Frauen, es wird jedoch in stärkerem Maße von Männern gutgeheißen. Die rätselhafte Befriedigung, die die

männliche Psyche empfindet, wenn sie mit einem anderen abrechnet und ihn verletzt, läßt sich psychologisch so erklären:
Letztendlich kann jemand nur über das Leid eines anderen Genugtuung empfinden, wenn er oder sie zutiefst verletzt wurde und unfähig ist, seine oder ihre Wunden auf zivilisiertere Art zu heilen. Die Neigung zu Gewalt und Rache nimmt desto stärker ab, je besser die Kommunikationsfähigkeit geschult wird.

## Die männliche Psyche und der Krieg

Die Neigung, sich von einem Schmerz zu befreien, indem man seinerseits dem Verursacher eine Verletzung zufügt, bildet den Keim jeder Gewalt und jeden Krieges. Die Gewalttätigkeit wird abnehmen, sobald die Menschen lernen, ihren Schmerz zu äußern. Doch setzt dies voraus, daß sie ihren Schmerz bewußt empfinden. Um Schmerz zu spüren, muß ein Mann zunächst seine weibliche Seite entwickeln.
Indem er durch Zuhören den Schmerz eines anderen nachempfindet, erweckt ein Mann seine feminine Seite, sein subjektives Bewußtsein, und kann so seinen eigenen Schmerz verspüren und mitteilen. Durch die Äußerung seines Schmerzes kann er seine Verletzung heilen und sich Erleichterung verschaffen, ohne Rache nehmen zu müssen.
In meinen Seminaren zur Verbesserung von Beziehungen erlebe ich immer wieder, wie Männer, die niemals zuvor geweint haben, sich öffnen, ihren Schmerz fühlen und so Erleichterung empfinden. Ohne die tiefgreifende Erfahrung, anderen zuzuhören, wie sie in einer sicheren, von Unterstützung und Respekt getragenen Situation ihren Schmerz mitteilen, können Männer nicht an ihren inneren Aufruhr und Schmerz herankommen und ihn heilen. Waren ihren Vätern die eigenen Empfindungen bereits fremd, ist folglich auch die nächste Generation nicht zu Gefühlen fähig. Daher sind viele Männer in einem Teufelskreis verfangen, in dem sie verletzen, wann immer sie selbst verletzt werden.

Die Fähigkeit, seinen Schmerz zu äußern, kann am besten und schnellsten in Seminaren oder Gruppen entwickelt werden, wo sich die Teilnehmer der Unterstützung anderer gewiß sein können. Therapie- und Beratungsgespräche sind jedoch nur erfolgreich, wenn der Klient Zugang zu seinen Gefühlen hat. Eine einfache Beratung reicht oft nicht aus, die Fähigkeiten zu entwickeln, Gefühle zu empfinden.
Selbsthilfegruppen sind meist die bessere Wahl. Die Männer verlieren ihren Drang, abzurechnen oder ihrerseits zu verletzen, um sich Erleichterung zu verschaffen. Dieser allmähliche Wandel ebnet nicht nur den Weg zu liebevolleren Partnerschaften, sondern schafft auch die Voraussetzung für andere positive soziale Beziehungen. Ich behaupte sogar: Je gefühlskompetenter Politiker und Generäle sind, desto besser sind die internationalen Beziehungen. Aus dieser Perspektive wird Frieden in unserer Welt zu einer reellen Möglichkeit.

## Passive Aggression

So mancher Mann weist diese Ausführungen zur männlichen Gewalt weit von sich. Bei genauerer Betrachtung des eigenen Verhaltens erkennen jedoch viele, daß sie zwar nicht zur offenen, aber zu versteckten Formen der Aggression tendieren, um so andere insgeheim zu bestrafen oder ihnen etwas heimzuzahlen. Diese unbewußte Aggression äußert sich meist in folgender Verhaltensweise: Anstatt aktiv zu handeln und damit Schmerz zuzufügen, bleiben diese Menschen passiv und verursachen damit Schmerz.
Mitunter wird Rache sogar unter dem Deckmantel der Hilfe ausgeübt, um so dem anderen einen Denkzettel zu verpassen. Einige verbreitete Beispiele passiver Aggression sind Zuspätkommen, Vergeßlichkeit, sexuelles Desinteresse, Erschöpfung, mangelnde Bereitschaft, Gedanken und Gefühle mitzuteilen, fehlende Fürsorge, Sturheit, Aufbegehren, unausgesprochene Verurteilungen, Selbstgefälligkeit, geistige oder selbstgerechte Überheblichkeit und Genugtuung anstatt Mitgefühl angesichts des Leidens eines »schlechten« Menschen.

## Selbstgerechte Aggression

Selbstgerechtigkeit ist eine verbreitete Form männlicher Aggression. Dabei findet strafendes Verhalten seine Rechtfertigung, indem dem anderen die Schuld dafür angelastet wird. So enthält ein Mann beispielsweise seiner Partnerin seine Liebe, Zärtlichkeiten, Freundlichkeit und Aufmerksamkeit vor, oder aber er straft sie durch unmittelbare Gewalt, Gemeinheit und Beschimpfungen. Die tiefere Aggression liegt jedoch darin, daß er seine Partnerin für sein negatives und liebloses Verhalten verantwortlich macht.

Sein negatives Verhalten mag verständlich sein, wenn man hört, was ihm angetan wurde, doch wird es dadurch nicht gerechtfertigt. Er meint, das Recht zu haben, ihr weh zu tun, weil sie ihn verletzt hat. In seinen Augen ist sie für sein destruktives und negatives Verhalten verantwortlich und hat eine Strafe verdient. Dies ist niemals richtig. Denn doppeltes Unrecht ergibt noch lange kein Recht.

Generell gesprochen, rechtfertigt der Mann seinen inneren Drang nach Gewalttätigkeit, indem er ein Feindbild hegt, das eine solche Behandlung verdient. Kein Mensch aber verdient es zu leiden. Männer rechtfertigen Gewalt, indem sie sie als Lösung und nicht als Problem definieren. Solange Gewalt so gesehen wird, wird es sie auch geben. Erst wenn Männer die Fähigkeit entwickeln, ihren Schmerz zu verarbeiten, werden sie nicht mehr den Drang verspüren, anderen Schmerz zuzufügen, um so etwas zu verändern. Erst dann werden sie damit aufhören, Gewalt als notwendiges Übel zu rechtfertigen.

## Weibliche Gewalt

Natürlich können auch Frauen gewalttätig sein. Dies geschieht in der Regel dann, wenn ihre weibliche Seite so stark verletzt wurde, daß sie zum Schutz ihre männliche Seite stärker hervorkehren. Gewalt ist nicht die erste Reaktion der Frau. Ganz gleich, in welchem Maße sie auftritt, kommt Gewalttätigkeit bei Frauen dadurch zustande, daß die männliche Seite bei ihnen die Oberhand gewonnen hat.

Da sie meist überwiegend gewaltlos agieren, setzen Frauen sich oft eher Gewalt aus, anstatt selbst gewalttätig zu werden. Wenn sie Mißhandlungen ausgesetzt sind, neigen sie dazu, ausschließlich anderen die Schuld oder Verantwortung für ihre Verletzung anzulasten. Durch diesen Vorgang findet die weibliche Seite Erleichterung. So wie die männliche Seite in uns sich Erleichterung verschafft, in dem sie ihrerseits verletzt, verschafft sich die weibliche Seite Erleichterung, indem sie dafür sorgt, daß der, der sie schlecht behandelt, sich schlecht fühlt oder schlecht dasteht.

Um ihren Schmerz wirklich zu lindern, braucht eine Frau vor allem das Gefühl, ihr Schmerz werde von anderen vernommen, geteilt oder mitempfunden. Sie braucht Mitgefühl und Verständnis, um sich ihres Schmerzes zu entledigen. Schafft sie es nicht, genügend Mitgefühl auszulösen, versucht sie dies unbewußt dadurch auszugleichen, daß sie sich um Mitleid bemüht.

Die weibliche Psyche verfolgt die Strategie, bei anderen Schuldgefühle zu erzeugen, in der Hoffnung, daß die anderen sich dann ändern werden. Auch kann sich die Frau durch diese Schuldgefühle beweisen, daß sie eine solche Mißhandlung nicht verdient hat. Doch bessert diese Strategie nicht die Situation, sondern verletzt den Mann, der daraufhin auf Rache sinnt.

Je mehr Einsicht und Erkenntnis die Frauen gewinnen, desto deutlicher wird ihnen bewußt, wie sie möglicherweise indirekt Männer mißhandeln. Am meisten kann man einen Mann treffen, wenn man ihm das Vertrauen, die Akzeptanz und die Anerkennung entzieht und ihn statt dessen in rechthaberischer Weise beschuldigt, anzweifelt, kritisiert, mit ihm hadert und ihn verurteilt.

Wenn Frauen durch negative Gefühle und Einstellungen Vergeltung üben, erkennen sie meist nicht, wie sehr sie die Männer damit verletzen. Möglicherweise wissen sie nicht einmal, daß sie es überhaupt tun. In einer Beziehung, in der beide Partner gleichermaßen zu Beleidigungen greifen, haben

Frauen in der Regel das Gefühl, der Mann verletze sie weit mehr. Dies liegt daran, daß die Verletzungen des Mannes viel auffälliger sind. Eine Frau kann einem Mann allein durch den Ton ihrer Stimme Schuldgefühle einimpfen, während ein Mann normalerweise zu viel drastischeren – und leichter erkennbaren – Mitteln greift.
Eine Frau, die Schmähungen erleiden muß und nicht imstande ist, ihre Verletzung zu äußern und sich Gehör zu verschaffen, entledigt sich ihrer Schuldgefühle, indem sie demonstriert, daß andere für ihre Verletzung die Schuld und Verantwortung tragen. Damit kann sie ihren Schmerz etwas lindern, allerdings nur vorübergehend. Wirklich geheilt ist er nicht.

## Die fatale Opferrolle

Frauen fühlen sich dazu getrieben, eine Opferrolle anzunehmen, um das Mitleid anderer zu erregen. So manche Frau meint, kein Recht auf Mitgefühl zu haben, solange sie nicht ungerecht behandelt oder gar mißhandelt wurde.
Als Opfer meint sie mehr Anspruch auf Liebe, Mitgefühl und Unterstützung zu haben. Indem sie lernt, ihren Schmerz mitzuteilen, ohne ihren Partner zum Bösewicht abzustempeln, kann sie diese Haltung ablegen und Mitgefühl bekommen, ohne eine Opfer- oder Märtyrerrolle annehmen zu müssen.
Mitunter geht eine Frau dazu über, sich selbst zu bestrafen, wenn ihre Verletzung kein Gehör findet und keine Heilung erfährt. Art und Ausmaß einer solchen Selbstverwundung variiert. Möglicherweise mißgönnt die Frau sich erfüllende Erlebnisse oder legt ein selbstzerstörerisches Verhalten an den Tag. Vielleicht wird sie auch krank oder beginnt, sich selbst zu kritisieren, anzuzweifeln und zu verurteilen. Oder sie gibt in ihrer Beziehung, obwohl sie immer weniger bekommt, weiterhin ständig mehr.
Krankheit kann ein Ausdruck nicht geheilten Seelenschmerzes sein oder von Selbstbestrafung, die durch den Körper erfolgt. Diese Deutung läßt sich übrigens auch auf Männer

übertragen, bei denen Krankheit als Äußerung der dunklen Seite ihres weiblichen Selbst verstanden werden kann. Wenn wir den Schmerz unseres weiblichen Selbst verstehen und bewältigen können, ist der Hang zu Krankheit und Leiden geheilt.

So gesehen, sind Krieg und Gewalt Ausdruck der männlichen, Krankheit und seelische Schwäche dagegen das Ergebnis der weiblichen Unfähigkeit, Verletzungen zu bewältigen. Natürlich handelt es sich hierbei um grobe Verallgemeinerungen, denn auch Frauen können gewalttätig sein und Männer erkranken. Das Grundschema jedoch bleibt erhalten: Unsere männliche Seite ist nach außen orientiert und mißhandelt andere, während unsere weibliche Seite sich selbst peinigt.

## Negative Selbstgespräche

Die häufigste Form der Selbstpeinigung von Frauen sind negative Selbstgespräche, mit denen sie sich selbst heruntermachen. Als Folge beginnt sie möglicherweise mit einer scheinbar nach außen gerichteten Bestrafung, die jedoch objektiv betrachtet eine Selbstbestrafung und -kasteiung darstellt. Das deutlichste Symptom negativer Selbstgespräche ist ein Gefühl des Unwürdigseins, der Hilflosigkeit und des Selbstmitleids. Durch Selbstmitleid verleugnet die Frau ihre Kraft, ihr Leben selbst zu gestalten, und beschuldigt indirekt andere, ihre Selbstentfaltung zu unterdrücken. Sie äußert damit ihre Machtlosigkeit.

Zum Beispiel könnte sie aus einem Gefühl des Selbstmitleids sagen: »Niemand gibt mir Anerkennung. Niemand weiß, wie hart ich arbeite und wie sehr ich mich aufopfere.« Indem sie sich selbst beteuert, wie arm sie dran sei, leugnet sie ihr Potential, glücklich zu sein und ihr Leben zu verbessern. Selbstmitleid ist also eine Form innerer Gewalt. Während nach außen gerichtete Gewalt die Möglichkeiten eines anderen einschränkt, glücklich zu sein, schränkt Selbstmitleid unsere eigene Fähigkeit zum Glücklichsein ein.

Indem wir lernen, uns in Streßmomenten selbst um uns zu kümmern, anstatt zu verlangen, daß der Partner uns aus der Klemme hilft, gewöhnen wir uns ab, anderen die Verantwortung für uns zu übertragen. So machen wir die wunderbare Erfahrung, uns ganz in Eigenregie selbst zu entfalten und zugleich die Menschen, die wir lieben, besonders in streßbeladenen Zeiten unterstützen zu können. Unter Streß braucht ein Mann Zeit und Raum, um objektive Lösungen (positives Verhalten) zu finden, und eine Frau braucht Zeit und Aufmerksamkeit, um ihre subjektiven Lösungen (positive Einstellungen) zu finden. Sind die Partner unfähig, sich gegenseitig die Unterstützung zu geben, die sie brauchen, besteht die Gefahr, daß ihre dunklen Seiten von ihnen Besitz ergreifen. Um den negativen Tendenzen unserer dunklen Seiten keinen Raum zu geben, müssen wir die Symptome erkennen, die deutlich auf zunehmenden Streß hinweisen. Das nächste Kapitel befaßt sich mit diesen verschiedenen Streßsymptomen bei Männern und Frauen. Ein Bewußtsein für diese Unterschiede macht es einfacher, sich in Streßsituationen gegenseitig zu unterstützen. Erkennt man seine eigenen Streßsymptome, fällt es leichter, wieder sein Gleichgewicht zu finden.

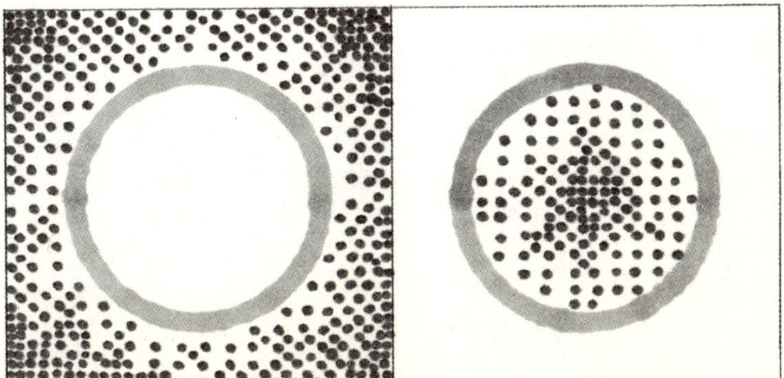

## Typische Streßsymptome

Bei Männern kommen vor allem drei Streßsymptome vor. Es ist für Frauen wichtig, diese als solche zu erkennen, da sie sie sonst leicht persönlich nehmen und vermuten könnten, die Dinge stünden schlimmer, als sie eigentlich sind. Diese drei Streßsymptome sind der Rückzug, das Murren und das Sichverschließen. Wenn so etwas geschieht, fühlt eine Frau sich meist ungeliebt und fürchtet, um ihre Beziehung stünde es nicht gut. Durch richtige Deutung dieser Symptome kann eine Frau hingegen entspannen und ihren Partner besser dabei unterstützen, seinen Streß zu bewältigen und sein Gleichgewicht wiederzuerlangen.
Entsprechend gibt es auch bei Frauen drei eindeutige Anzeichen für Streß, die von Männern persönlich genommen und fehlgedeutet werden. Ihre Streßsymptome sind Überreiztheit, Überreaktionen und Erschöpfung. Wenn eine Frau in Rage gerät, ärgert sich ihr Partner meist, daß sie verärgert ist, anstatt ihr die richtige Unterstützung zukommen zu lassen. Dadurch verschlimmert er die Situation nur zusätzlich. Auch Männer können, wenn sie diese Streßreaktionen erkennen und richtig deuten lernen, Spannungen vermeiden und ihre Partnerin wirkungsvoller unterstützen.
Das klingt schwerer, als es ist. Denn wenn Männer und Frauen mit der notwendigen Sensibilität auf die Streßsignale des anderen achten und die der Situation entsprechenden Verhaltensweisen zeigen, können sie die Eskalierung von Konflikten frühzeitig auffangen. Manchmal reicht schon die richtige Antwort. Wenden wir uns zunächst den gängigen Streßreaktionen der Männer, anschließend denen der Frauen zu.

### Männer und Streß

Unter Streß zeigt ein Mann die Tendenz, Gefühle und emotionalen Schmerz zu verleugnen, und zieht sich daher unwillkürlich in sein Schneckenhaus zurück. Kennzeichnend für einen solchen Rückzug ist, daß der Mann verstummt.

## Männliches Streßsymptom Nr. 1: Rückzug

Den männlichen Rückzug nimmt seine Partnerin unweigerlich übel, wenn sie nicht erkennt, daß das nur ein Versuch ist, mit Streß fertigzuwerden. Sie nimmt dann irrigerweise einen viel schlimmeren Grund für seinen Rückzug an, nämlich den, daß er sie nicht mehr liebe. Aus ihrer Sicht ist dies verständlich, denn bei einer Frau ist ein Rückzug ein Symptom für zunehmenden Verdruß in der Beziehung, für mangelnde Fürsorge und fehlendes Interesse. Sie kann sein bei Streß schwindendes Interesse für die Menschen um ihn herum nicht so ohne weiteres nachvollziehen. Denn im Gegensatz zu ihm sorgt sie sich, je gestreßter sie ist, um so stärker um das Wohlergehen der Menschen, die ihr nahestehen.

So wie er sich seines Schmerzes nicht bewußt ist, wird er auch blind für den Schmerz anderer. Zu Mitgefühl ist er jetzt nicht imstande. Er spielt die Bedeutung der Probleme, die in seiner Umgebung aufkommen, herunter. Wenn sein Einfühlungsvermögen gefordert ist, zieht er sich automatisch zurück, um seinen eigenen Schmerz nicht spüren zu müssen.

Er tut so, als sei alles in Ordnung. Trotzdem wird er, da er seine Gefühle unterdrückt, distanziert und reserviert. Jegliche Form intimer Kommunikation sowie jeden Versuch, ihm zu helfen, weist er zurück. Eine Frau muß wissen, daß ein Mann, der distanziert oder verschlossen ist, gerade einen inneren Kampf gegen seine schmerzlichen Gefühle ausficht. Jedes Bemühen ihrerseits, ihm zu helfen, wird er vermutlich abwehren.

## Männliches Streßsymptom Nr. 2: Murren

Steht ein Mann unter Streß, wird sein Bewußtsein zunehmend konzentrierter und fokussierter. Wenn er sich auf das Erreichen eines Zieles konzentriert und durch die Aufforderung unterbrochen wird, etwas zu tun, das in keinem Zusammenhang mit seinem gegenwärtigen Ziel steht, widerstrebt es ihm, seine Marschrichtung zu ändern. Dieses Widerstreben bringt er mit seinem Murren zum Ausdruck.

Zum Beispiel sitzt ein Mann entspannt auf dem Sofa und liest konzentriert einen Artikel in einer Zeitschrift. Seine Frau, die sieht, daß er anscheinend nicht beschäftigt ist, bittet ihn, den Mülleimer zu leeren. Darauf gebärdet er sich, als sei bereits die Bitte seiner Frau eine Unterbrechung und Störung.

Ihr ist diese Reaktion unverständlich, weil Frauen viel eher in der Lage sind, von einer zur anderen Tätigkeit zu wechseln. Dagegen haben Männer den Hang, sich stur jeweils mit einer Aufgabe oder Angelegenheit zu befassen. Ist sie erledigt, konzentrieren sie sich auf etwas Neues. Wird ein Mann also gebeten, etwas zu tun, das seine gegenwärtige Orientierung stört, beschwert er sich meist. Je mehr Streß er dabei empfindet, auf halber Strecke von einem Ziel zu einem anderen zu wechseln, desto heftiger protestiert er.

Im Grunde genommen ist das Murren ein Zeichen für seine aufkeimende Bereitschaft zur Unterstützung. Murrt er überhaupt nicht, sondern bleibt stumm, bedeutet dies, daß er über seine Bereitschaft, der Bitte nachzukommen, nachdenkt. Murrt er, bedeutet dies, daß er möglicherweise dazu bereit ist, sich aber noch sträubt. Dieser Widerstand ist natürlich und bei Männern in Streßsituationen sehr verbreitet.

Eine Frau reagiert auf eine Bitte nur dann mit Murren, wenn sie das Gefühl hat, sie werde dabei benutzt – und nicht etwa deshalb, weil sie sich dabei neu orientieren müßte. Ein Mann murrt hingegen in einer solchen Situation, weil von ihm verlangt wird, die Marschrichtung zu ändern. Er murrt selbst dann, wenn er das Ansinnen für fair hält. Und er murrt auch dann, wenn er bereit ist, der Bitte nachzukommen. Murren ist seine Art, die Orientierung zu ändern.

Auf Frauen wirkt dieses Verhalten meist einschüchternd. Sie bitten ungern um Unterstützung, weil sie fürchten, der

Mann fühle sich ausgenutzt. Denn dies würde sie zum Murren veranlassen. Wird eine Frau um Unterstützung gebeten und reagiert mit Murren, deutet dies darauf hin, daß sie die Bitte für unfair hält und sie dem, der sie äußert, übelnimmt. Tut sie tatsächlich, worum sie gebeten wurde, hadert sie mit ihm noch mehr. Frauen interpretieren in das Murren eines Mannes fälschlicherweise das hinein, was es bei einer Frau bedeuten würde.

Es gibt einen weiteren Grund, weshalb eine Frau das Murren eines Mannes mißversteht. Reagiert er gereizt auf eine Bitte, nimmt sie an, er wolle damit sagen, daß der Punktestand in der Beziehung unausgeglichen ist So wie Frauen gut geben können, sind sie meist auch sehr gut darin aufzupassen, wieviel sie zurückbekommen. Ist der Punktestand unausgeglichen, beginnen sie zu murren, so wie Männer es tun. Doch erkennen Frauen nicht, daß das Gemurre eines Mannes wenig mit ihnen oder dem Punktestand in der Beziehung zu tun hat. Anstatt sein Murren in Kauf zu nehmen, bittet sie lieber nicht um Hilfe – und zieht ihm einen Punkt ab.

## Die weibliche Art zu fragen

Um von einem Mann Unterstützung zu bekommen, muß eine Frau lernen zu fragen, ohne zu fordern. Vor allem aber muß sie lernen, direkt zu fragen, anstatt indirekte Fragen zu stellen, in denen ihre Wünsche verdeckt eingebettet sind.

In der Regel scheuen sich Frauen zu fragen. Murren schüchtert sie zusätzlich ein. Sie haben nicht nur Angst davor, nicht die gewünschte Unterstützung zu bekommen, sondern mehr noch davor, wieviel schlimmer es sein wird, wenn der Mann sie widerwillig unterstützt, um größeren Ärger zu vermeiden, und sich hinterher noch mehr zurückzieht und unmutig ist. Frauen wissen nicht, daß ein Mann, der auf die Bitte einer Frau murrend eingeht, sich nach kurzer Zeit erholt und keineswegs noch stärker murrt.

Sobald ein Mann sein neues Ziel in Angriff nimmt, fühlt er sich bereits besser. Diese Vorstellung ist Frauen fremd. Denn wenn ihnen nach Murren zumute wäre und sie würden dennoch die Bitte des anderen erfüllen, würden sie nach Erreichen des Ziels meist noch erschöpfter und ärgerlicher sein. Diese weibliche Art zu empfinden projizieren sie auf den Mann.

Um ihre Verschüchterung zu überwinden, muß eine Frau lernen, um Hilfe zu bitten und ihrem Partner dabei die Freiheit zu lassen, die Bitte abzulehnen. Dieser Freiraum, nein zu sagen, ist ein wesentlicher Bestandteil der Kunst des Fragens. Ohne diese Akzeptanz und Offenheit wird aus einer Bitte eine Forderung. Sie wird zu einer Verpflichtung, zu einem »Du solltest«. Ohne diese Offenheit wird die Situation leicht noch schlimmer.

Es ist schwer für einen Mann, auf eine Forderung oder Schuldzuweisung einzugehen. Er möchte aus freien Stücken geben, nicht aber aus einer Verpflichtung heraus. Lehnt er ab, ohne von ihr einen Vorwurf dafür zu bekommen, wird er dies zu schätzen wissen. Bei ihrer nächsten Bitte wird er sie um so bereitwilliger unterstützen.

Mit ihrer freimütigen Bitte um Unterstützung weist sie ihn zumindest darauf hin, daß der Punktestand allmählich unausgeglichen wird. Er kann daraus erkennen, daß er gebraucht, aber nicht kritisiert oder verurteilt wird.

Er sieht, daß sie charmant seinen Bedürfnissen Vorrang gegenüber den ihren einräumt, aber trotzdem weiterhin seine Unterstützung möchte. Daher wird er weitere Gelegenheiten haben, ihr zu helfen und das Leben zu erleichtern.

Frauen sollten immer daran denken, daß die anscheinende Faulheit von Männern in Beziehungen mit deren Annahme zusammenhängt, der Punktestand sei ausgeglichen, weil eine Frau oft auch dann weiterhin gibt, wenn sie nichts bekommt. Er hat meist keine Ahnung, wie kraß das Punktemißverhältnis ist, wenn sie ihm weiterhin lächelnd Freundlichkeiten erweist. Schließlich neigt ein Mann, wenn er meint, mehr zu geben, als er bekommt, dazu, sogleich mit dem Geben aufzuhören, bis der Punktestand für ihn wieder ausgeglichen ist.

Keineswegs sollte sie daher ihr Anliegen mit allen möglichen Gründen untermauern, warum er es erfüllen sollte, warum er diesmal an der Reihe sei und daß sie es schließlich schon zwanzigmal vor ihm getan hätte. Sie sollte nur fragen, mehr nicht. Es folgt die berühmte bedeutungsvolle Pause, die allen Möglichkeiten Raum läßt.

Beginnt er zu murren und aus dem Raum zu stapfen, sollte sie es wortlos geschehen lassen. Das nächste Mal wird er etwas weniger murren, bis er schließlich seiner Partnerin mit Vergnügen hilfreich zur Seite steht, weil sie ihn dafür so zu schätzen weiß. Diese liebevolle Akzeptanz seiner mürrischen Seite trägt dazu bei, ihn eben davon zu kurieren.

Die meisten Frauen machen in solchen Situationen den Fehler, regelrecht in Rage zu geraten. Sie ärgern sich ungemein über sein Verhalten und neigen mitunter dazu, sein Verhalten als Verweigerung auf der ganzen Linie auszulegen. Bleibt es nicht bei lauten Worten und Beschimpfungen, kann es zu Wutausbrüchen mit Füßestampfen, Werfen von Geschirr oder anderen Gegenständen sowie körperlichen Attacken kommen.

Und immer ärgern sich diese Frauen nach ihren Ausbrüchen über sich selbst und ihren Kontrollverlust. Sie beginnen zu weinen, um ihren Partner zu Trost und Anteilnahme, Entschuldigung und Besserungsbeteuerungen zu bewegen. All dies läßt sich durch besseres Verstehen und geschickteres Vorgehen vermeiden.

## Männliches Streßsymptom Nr. 3: Sich verschließen

Wenn ein Mann sich verschließt, ist dies eine unwillkürliche Reaktion. Frauen verstehen sie falsch, da sie selbst sich nur bewußt verschließen und diese Reaktion als ungerechte Bestrafung empfinden. Sie gehen davon aus, daß er diesen Vorgang kontrollieren kann. Tatsächlich aber verschließt sich ein Mann automatisch, wenn er spürt, daß schmerzliche Gefühle in sein Bewußtsein dringen. Es ist ein Verteidigungsmechanismus, über den Männer wenig Kontrolle haben.

Wenn ein Mann sich verschließt, möchte er damit nur etwas Raum für sich gewinnen, doch interpretiert eine Frau diese Reaktion als totale Ablehnung. Was er eigentlich damit erreichen will, ist, Anerkennung dafür zu erhalten, daß er so sehr bemüht ist, sein Problem zu lösen. Wie ein Indianer will er sich in sein Zelt zurückziehen, bis die Entscheidung klar ist. Sie sollte ihm vertrauen, daß er die Fähigkeit hat, zu bewältigen, was es zu bewältigen gilt. Und sie sollte ihm seine Ruhe lassen.

## Warum Männer sich verschließen

Ein Mann kann von einer Sekunde auf die andere völlig dichtmachen. Dagegen geht dieser Vorgang bei einer Frau allmählich vonstatten. Sie errichtet langsam und Stein für Stein um sich herum eine Mauer aus aufgestautem Ärger. Ist die Mauer dann fertig, verschließt sie sich darin, um sich gegen weitere Mißhandlungen zu schützen.
So wie ein Mann sich in Sekundenschnelle abschottet, kann er sich ebenso schnell auch wieder öffnen. Frauen hegen üblicherweise Mißtrauen, wenn die erneute Öffnung so schnell vor sich geht. Sie vermuten, er behaupte nur, sich wieder besser zu fühlen.
Eine Frau könnte sich niemals so schnell verschließen und wieder öffnen. Wenn eine Frau dichtmacht, muß sie viel reden und heilen, um sich erneut zu öffnen. Ein Mann, der sich verschließt, braucht hingegen nur viel Raum und kann sich dann bald wieder öffnen.
Versucht eine Frau, einen Mann aus seinem Schneckenhaus herauszulocken, provoziert sie damit seine dunkle Seite. Indem sie ihn nach seinen Gefühlen fragt, wenn er sich soeben abgekapselt hat, fordert sie seinen Ärger förmlich heraus. Denn er zieht sich ja bei Ärger in die Höhle zurück, um sich zu beruhigen, über die Situation nachzudenken und dann erleichtert und zufrieden wieder aufzutauchen.
Hat sich eine Frau so ein paarmal die Finger verbrannt, bekommt sie noch mehr Angst, wenn ihr Partner sich ver-

schließt. Sie realisiert nicht, daß der Drache nur dann Feuer speit, wenn er aus seiner Höhle gezerrt wird, bevor er dazu bereit ist.
Ein Mann muß begreifen, daß eine Frau seinen Rückzug instinktiv falsch deutet und große Schwierigkeiten vermutet, weil sie sich nicht so unvermittelt verschließt. Sie malt sich das Problem größer aus, als es eigentlich ist. Mit dieser Einsicht kann er die Situation entschärfen, indem er ihr bei einem Rückzug die Gewißheit gibt, daß er zurückkommt und dann zum Reden bereit ist. Er könnte beispielsweise zu seiner Partnerin sagen: »Ich brauche etwas Zeit zum Nachdenken. Laß uns später darüber reden«, oder: »Gib mir bis zum Abendessen etwas Zeit zum Nachdenken.« Kommt er zum Schluß, daß alles in Ordnung ist, sollte sie ihm das glauben und nicht weiter in ihn dringen. Will er aber zu einem Problem gar nichts äußern, ist er tiefer verletzt, als sie vielleicht glaubt. Hier ist noch größere Behutsamkeit angesagt.

## Frauen und Streß

Ein Mann neigt unter Streß dazu, sich in sich zurückzuziehen, um wieder mit seinem wahren Selbst in Fühlung zu kommen und sein Gleichgewicht wiederzufinden.
Dagegen muß eine Frau, um den Kontakt zu ihrem wahren Selbst wiederherzustellen, ihre Gefühle spüren und verarbeiten. Ist ihr dies nicht möglich, gerät sie leicht noch mehr aus dem Gleichgewicht.
Es kommt zu drei häufigen Streßreaktionen: Überreiztheit, Überreaktionen und Erschöpfung. Sie sind gewissermaßen die Entsprechungen der männlichen Streßreaktionen.
Männer müssen unbedingt lernen, die Streßreaktionen der Frauen richtig zu deuten. Allzuleicht beschuldigen sie Frauen zu Unrecht und nehmen eine Verteidigungshaltung ein, wenn dies gar nicht erforderlich ist. Versteht man die Streßreaktionen eines Menschen falsch, gerät er noch mehr aus dem Gleichgewicht.

So wäre eine typische Fehlreaktion oder besser Fehlinterpretation des Mannes, wenn er überreizte Verhaltensweisen der Frau als persönlichen Angriff wertete.
Unterstellt er ihr zum Beispiel, ihre Überreaktionen seien böswillig gemeint, um ihn bewußt zu reizen, wird er mit tödlicher Sicherheit die Streßsituation der Frau vergrößern und in der Folge einen Streit heraufbeschwören, der die gesamte Situation verschlechtert und nur zu einer negativen Kettenreaktion führt. Auch hier ist eine erhöhte Sensibilität des Mannes erforderlich sowie ein Verständnis, das aus tatsächlichem Verstehen der unterschiedlichen Reaktionen von Mann und Frau herrührt.

## Weibliches Streßsymptom Nr. 1: Überreiztheit

Ist sie Streß ausgesetzt, wird die weibliche Psyche emotionaler. Wenn eine Frau an ein solches Übermaß an Gefühlen nicht gewöhnt ist, wird sie aus der Kurve getragen. Sie kann nicht mehr klar zwischen ihren Gefühlen und denen anderer unterscheiden, sondern spürt naturgemäß den inneren Drang, nicht nur auf ihre Gefühle, sondern auch auf die Gefühle und Bedürfnisse ihres Partners und anderer einzugehen. Sie gerät in einen Zustand der Überreiztheit, wie er bei arbeitsmäßiger Überlastung auftritt, und kommt nicht zur Ruhe, bis alles getan ist. Sie fühlt sich in viele verschiedene Richtungen gezerrt.
Wenn sie ihre Bedürfnisse zugunsten der Wünsche ihres Partners und anderer verleugnet, nimmt ihre Überreiztheit noch zu. Sie gibt und gibt, ohne sich die Zeit zu nehmen, auch etwas anzunehmen oder sich selbst zu geben. Möglicherweise ordnet sie sich sogar zwanghaft den Bedürfnissen anderer unter. Sie kann erst nein sagen, wenn sie völlig ausgebrannt ist.
Im Zustand der Überreiztheit verliert eine Frau die Fähigkeit, bei den vielfältigen Druckfaktoren und Verantwortlichkeiten, die sie empfindet, Prioritäten zu setzen. Es fällt ihr zunehmend schwerer, ihre Bedürfnisse von denen anderer zu trennen. Alles scheint von gleicher Wichtigkeit zu sein: das

Zahlen von Rechnungen, Staubsaugen unter dem Bett, Blumengießen, Zusammenfalten seiner T-Shirts, die Beantwortung einiger Telefonanrufe, das Chicmachen, um abends auszugehen, die Koordinierung eines Picknicks in der nächsten Woche und das Ausführen des Hundes einer Freundin. Eine Frau will mit ihrer Überreiztheit nichts Bestimmtes sagen, sondern geht nur ihrem Bedürfnis nach. Sie versucht, ihre Gefühle mitzuteilen, weil sie sich verstanden fühlen möchte. Bekommt sie Verständnis, ruht sie mehr in ihrer Mitte und ist weniger aufgewühlt.

## Wie Männer auf überreizte Frauen reagieren

Ein Mann neigt angesichts einer überreizten Frau dazu, sich zurückzuziehen und von ihr zu distanzieren, um sich gegen die Gefühle der Schuld und Unzulänglichkeit zu schützen, die sie in ihm auslöst. Er hat ihre Unzufriedenheit, Überreiztheit und Hilflosigkeit persönlich genommen. Er hat das Gefühl, ihr gegenüber auf irgendeine Weise versagt zu haben, doch weiß er nicht, wie er dies sagen kann, ohne sein Gesicht zu verlieren.

Er sagt ihr nicht, wie frustriert er darüber ist, daß sie so unglücklich ist, und daß er sie lieber glücklich sähe. Er bringt nicht seine Enttäuschung zum Ausdruck, nicht mehr getan zu haben, um ihr das Leben leichter zu machen. Er sagt nicht, daß er sich um sie sorgt und es nicht mag, wenn sie sich nicht unterstützt fühlt. Er sagt nicht: »Ich weiß, wie schwer es hier für dich sein kann.« Er nimmt sie nicht in den Arm und sagt: »Ich liebe dich, laß uns miteinander reden.«

Er fühlt zwar ähnliches, doch sagt er es nicht, weil er nicht weiß, wie, und auch nicht realisiert, daß es angebracht wäre. Weil er nicht erkennt, was sie in solchen Momenten braucht, und weil er nicht gelernt hat, seine Gefühle mitzuteilen, zieht er sich automatisch zurück. Die Ironie dabei ist, daß sie meint, er empfinde das genaue Gegenteil. In ihrer Phantasie ist sie ihm gleichgültig. Er ist innerlich unglücklich, daß sie unglücklich ist, doch nach außen tut er, als sei alles in Ordnung. Und die ganze Zeit wächst sein Widerstand ihr gegenüber an. Folglich fühlt sie sich noch verlassener, wütender und hilfloser.

Die Tatsache, daß eine überreizte Frau ihre Probleme darstellt, als handele es sich um größere Krisen, erklärt, warum Männer diesen Zustand leicht fehlinterpretieren und sich angeschuldigt fühlen. Ein Mann behält seine Überreiztheit für sich und konzentriert seinen Ärger auf ein einzelnes, für ihn großes Problem. Er zählt nur dann reihenweise seine Probleme auf, wenn er jemandem die Schuld dafür geben will. Genau das unterstellt er der Frau.

Dies ist ein weiteres Beispiel dafür, wie sich unsere falschen Annahmen zu selbsterfüllenden Prophezeiungen verselbständigen. So können zwei Menschen, die sich sehr lieben, aber ihre Unterschiede nicht erkennen, binnen kurzem Groll, Mißtrauen und Aggression gegenüber dem anderen entwickeln.

Wenn eine Frau im Zustand der Überreiztheit ist, braucht sie ihren Partner als Resonanzboden. Er kann ihr helfen, ihr Gleichgewicht wiederzufinden, indem er ihr nur zuhört und ihre Frustration versteht. Leider nimmt er fälschlicherweise an, sie verlange von ihm, er solle die Situation für sie ausbügeln. Daher hört er sich meist einige ihrer Probleme an und versucht typischerweise, Lösungsvorschläge zu bieten. Sind sie gut, so nimmt er an, daß es ihr gleich besser gehen wird. Ist sie aber nach wie vor verärgert und zählt weitere Schwierigkeiten auf, fühlt er sich allmählich zurückgewiesen und hilflos.

Aus seiner Sicht scheint es unmöglich, sie zufriedenzustellen. Sie ist selten glücklich, und offenbar verlangt sie mehr, als er ihr geben kann. Trotz seiner eventuellen Bereitschaft, ihr zu helfen, verweigert er sich, weil er meint, sie werfe ihm vor, daß er ihr nicht schon geholfen habe. Um dem vorzubeugen, ist es sinnvoll, einen Mann zwar um Unterstützung zu bitten, ihn als Frau aber dabei auch zu warnen, daß sie im Augenblick ziemlich aufgewühlt ist und daß er nichts dafür kann.

## Hilfreicher Satz

Diese vier kleinen Wörter machen für einen Mann einen Riesenunterschied: »Du kannst nichts dafür.« Sie kann einfach sagen: »Wenn es sich für dich anhört, als gebe ich dir die Schuld, tut mir das leid. Du kannst absolut nichts dafür.«
Männer müssen generell dem Versuch widerstehen, sie zu »reparieren«, und einsehen, daß sie keinen Handwerker benötigt. Sie ist schon dabei, sich zu heilen, auch wenn es sich für ihn anhört, als beklage sie sich. Findet sie ein offenes Ohr, ändert sich ihre Haltung ganz von selbst. Ein Satz aus seinem Munde kann besonders hilfreich sein. Nachdem er ihr eine Weile zugehört hat, kann er sagen: »Es ist mir ein Rätsel, wie du das alles schaffst.«
Natürlich kann dieser Satz auch das genaue Gegenteil bewirken, wenn er nicht wirklich aufrichtig gemeint ist. Es ist ein erstrebenswertes Ziel für Männer, Überreiztheit wirklich verstehen zu lernen. Bis sie diese Fähigkeit aber entwickelt haben, ist es für Frauen oft besser, sich Unterstützung in erster Linie bei ihren Freundinnen zu holen, denn eine Frau versteht auf Anhieb, was mit der anderen los ist.
Ich halte es auf jeden Fall für sinnvoller, wenn Frauen sich an Freundinnen oder andere Eingeweihte wenden, denn bevor die Partnerschaft durch ein naturgegebenes Mißverständnis ins Wanken gerät, sollte man Rat dort holen, wo man ihn bekommen kann.
Stellt sich dann im Laufe der Zeit Verständnis beim Mann ein, können Konflikte auch in der Beziehung gelöst werden.

## Weibliches Streßsymptom Nr. 2: Überreaktion

Als Folge ihrer Überreiztheit gerät eine Frau automatisch in die zweite Streßreaktion. Sie beginnt, ärgerliche Gefühle aufzustauen und reagiert daher in bestimmten Situationen übermäßig stark. Da sie dabei den eigentlichen Grund ihrer Verärgerung häufig nicht erkennt, kann sie möglicherweise zwischen Ursache und Wirkung nicht mehr unterscheiden. Ist sie nach einem langen, aufreibenden Tag voller ärgerlicher

Stolpersteine in Rage, kann sie, wenn ihr Mann nach Hause kommt, reagieren, als sei er der Grund für all ihren Verdruß. Der ganze Streß des Tages wird gewissermaßen an ihrem Mann abgelassen und damit abgebaut.

In diesem Zustand sagt eine Frau irrationale, unfaire, widersprüchliche und unlogische Dinge – Dinge, die sie später vergißt oder nicht so gemeint haben will. Einige Minuten danach kann sie vielleicht schon darüber lachen. Dies erinnert an die männliche Reaktion auf Streß. Er wird reizbar und mürrisch, doch wenn man ihm keinen Widerstand entgegensetzt oder ihn nicht kritisiert, ist seine Laune schnell vorüber. So wie eine Frau lernen muß, die Unterstützung ihres Mannes zu bekommen und sein Murren zu überhören, muß ein Mann sich nach ihren Gefühlen erkundigen und sie anhören, ohne ihre Äußerungen persönlich zu nehmen, ohne sich zu verteidigen, ohne etwas geradebiegen zu wollen und ohne seine Frau durch Richtigstellungen, Erklärungen und kluge Vorträge zu unterbrechen. Er sollte immer daran denken, daß sie ihn zwar für ihren Ärger verantwortlich zu machen scheint, doch ihr in Wirklichkeit diese Absicht fern liegt. Vielmehr ist sie dabei, den eigentlichen Grund für ihren Ärger herauszufinden. Sie weiß tatsächlich nicht, was sie stört und in welchem Maße ihr Partner daran schuld ist oder inwieweit ihr Ärger woanders herrührt.

## Was Männer tun können

In einer solchen Situation erkennt der Mann nicht, daß sie bereits für ihren Ausrutscher bezahlt hat. Sie hat den ganzen Tag unschöne Dinge durchgemacht. Daher braucht sie jetzt etwas Mitgefühl für das, was sie erlebt hat. Anstatt anzunehmen, sie wolle ihn strafen, und anstatt in die Defensive zu gehen, muß er etwas Abstand nehmen, tief durchatmen und versuchen zu entspannen. Dann sollte er behutsam versuchen, sie zum Reden zu bewegen, und ihr mitfühlend zuhören, ohne ihr dabei Lösungen zu bieten, sie zu korrigieren oder sich zu verteidigen.

Während er sie vielleicht in seinen Armen hält, kann er fragen: »Wie fühlst du dich?« oder »Ich merke, daß du aufgebracht bist. Was ist denn los?« Nachdem er ihr eine Weile zugehört hat, sollte er, wenn sie schließlich innehält, nicht mit einem Haufen von Erklärungen daherkommen, warum sie sich nicht so aufzuregen braucht. Das hilft ihr jetzt gar nicht. Vielmehr muß er sich an den magischen Satz erinnern: »Was beschäftigt dich noch?« Oder er kann sie zum Weiterreden animieren, indem er einfach sagt: »Was noch?«, »Weiter!« oder »Erzähl mir mehr darüber!«. Danach sollte er weiter aufmerksam zuhören.

Mit diesen Aufforderungen gibt er ihr zu verstehen, daß sie ihm wichtig ist und er sie verstehen möchte. Solche Aussagen helfen ihr auch, sich nicht nur auf eine Ursache für ihren Verdruß zu konzentrieren und dadurch den Gesamtzusammenhang aus den Augen zu verlieren. Jede Ermutigung zum Weiterreden trägt dazu bei, ihren Schmerz als berechtigt anzuerkennen, was sie jetzt am meisten braucht. Während sie sich ausspricht, kann er mit mehr Einfühlungsvermögen und Mitgefühl wirklich verstehen, was sie durchmacht. Bekommt sie das Gefühl, Gehör zu finden und verstanden zu werden, wird ihr innerer Aufruhr verebben. Vielleicht muß sie irgendwann sogar darüber lachen, was für einen schlimmen Tag sie hinter sich hat.

## Zuhören – solange es geht

Ein Mann darf jedoch nur dann zum Weiterreden auffordern, wenn er ihr wirklich zuhören kann. Dabei sollte er seine Toleranzschwelle gegenüber Klagen im Auge behalten. Wenn er nur wenige Minuten zuhören kann, bevor auch er ärgerlich wird, dann sollte er sich etwas distanzieren, um sich Raum zu verschaffen.

Dies kann er auf höfliche Weise erreichen, indem er zum Beispiel sagt: »Ich weiß, daß du aufgebracht bist, aber ich brauche etwas Zeit, um darüber nachzudenken, was du gesagt hast. Dann reden wir weiter.« In der Pause, die nun eintritt, ist es für ihn hilfreich, sich zu erinnern, daß er ihre Verärgerung nicht persönlich nehmen darf. Er sollte sich ins Gedächtnis rufen, daß dies nicht in ihrer Absicht liegt. Hat er nach einer Pause das Gefühl, daß die Beschuldigungen nicht abreißen, sollte er sein Problem direkt ansprechen.

»Ich weiß, daß du aufgebracht bist, und ich möchte dich unterstützen. Nach einer Weile aber klingt es für mich, als wolltest du sagen, es sei alles meine Schuld. Willst du das damit sagen?« Meist erwidert sie darauf ziemlich erstaunt: »Nein, das will ich nicht damit sagen.« Mit diesem Verständnis kann ein Mann zuhören und wirklich verstehen, wobei sein Mitgefühl wächst. Während er sich im Zuhören übt, sollte er auf jeden Fall Erklärungsversuche unterlassen, warum er für ihre Verletzung nicht verantwortlich ist.

Gelingt ihm dies nicht, wird sie nach allen möglichen Gründen suchen, warum er doch der Grund für ihren Ärger sein könnte. So geraten sie in einen Streit, ohne daß einer das wollte. Er muß, während er ihr zuhört, bewußt nur ihren Seelenzustand ergründen wollen. Seine Rolle besteht nicht darin, sich zu verteidigen, sondern ihr Gelegenheit zum Dampf-Ablassen zu geben. Wenn sie das Gefühl hat, angehört, aber nicht beschuldigt oder verurteilt zu werden, ändert sich ihre Haltung von selbst.

Sie wird liebevoller, positiver, findet wieder zu sich und kann mehr Akzeptanz aufbringen. Ähnliches passiert, wenn eine Frau lernt, einen Mann wegen seines Murrens (die männliche Entsprechung der weiblichen Überreaktion) nicht zu beschuldigen oder zu verurteilen. Sein Murren verstummt fast automatisch, wenn es ihm gelingt, etwas zu tun, das sie zufrieden stimmt. Kritisiert eine Frau einen Mann für sein Murren, wird er rechtfertigen, warum er allen Grund dazu hat, und dann noch mehr murren.

Wenn eine Frau überreagiert und der Mann sich daraufhin verteidigt und somit ihren Gefühlen ihre Berechtigung abspricht, wird sie auf seine mangelnde Unterstützung in diesem Augenblick noch heftiger reagieren.

Nimmt er sie nicht ernst, erzeugt er eine ähnliche Verschlimmerung. Männer dürfen den folgenden grundlegenden Unterschied nie außer acht lassen:
Während ein Mann viele möglichen Lösungen für sein Problem ausprobiert, erforscht eine Frau viele möglichen Zusammenhänge zwischen ihren Gefühlen und dem, was um sie herum geschieht, bis sie eine schlüssige Erklärung (oder vielleicht auch mehrere) gefunden hat. Ihr Bewußtsein weitet sich und durchleuchtet alle möglichen äußeren Geschehnisse im Kontext ihrer aufgebrachten Gefühle. Wenn sie die Beziehung zu ihrer Umgebung klar erkannt hat, kann sie die Verantwortung für ihre Gefühle übernehmen. Nun ist sie fähig zu der Einsicht, daß niemand für ihre Gefühle verantwortlich ist. Jetzt ist sie imstande, ihre negativen in positive Gefühle umzuwandeln.

## Verunsicherungen vermeiden

Männer sind in höchstem Maße irritiert, wenn sie eine Frau bei Überreaktionen in der Streßphase zu unterstützen versuchen und von ihr, während sie aufgebracht erzählt, mit vielen Fragen bombardiert werden:
»Warum, denkst du, macht er/sie das?«, »Wie soll ich denn wissen?«, »Warum sieht er/sie denn nicht, daß ich nur versuche zu helfen?«, »Was soll ich nur tun?«, »Warum ereifere ich mich bloß so?« oder »Was mache ich nur, wenn das geschieht?«.
Und was glauben Männer, will die Frau damit erreichen? Sie denken natürlich zunächst an Erklärungen oder Lösungen. Tatsächlich aber braucht sie sein stillschweigendes Verständnis oder Einfühlungsvermögen, während sie herauszufinden versucht, was in ihr vorgeht.
Eine typische Verunsicherungsreaktion des Mannes ist daher Frustration: »Also, wenn ich nicht ihre Probleme lösen soll, was erwartet sie dann von mir?« Für Frauen ist die Antwort auf diese Frage klar, nicht aber für Männer.
Einem Mann kann es eventuell sehr schwerfallen, einfach

zuzuhören, ohne etwas zu »tun« – besonders, wenn er Fragen gestellt bekommt. Nachfolgend einige Methoden, wie ein Mann ihr einfach nur Gehör schenken und dennoch etwas »tun« kann.

## So halten Männer eine sinnvolle Aussprache aufrecht

Er schenkt ihr seine volle Aufmerksamkeit, indem er zuhört.
Er vermeidet alle Aussagen, die erklärend oder nach einer Lösung klingen könnten.
Er äußert seine Zustimmung durch Nicken, bis eine Stellungnahme seinerseits erforderlich wird.
Er begleitet ihre Erzählung mit Bekräftigungen wie »Hm«, »Oh« oder »Erzähl weiter«.
Er äußert Verständnis – aber sparsam, da sie sonst meinen könnte, er behandele sie von oben herab. Möglicherweise denkt sie: Wie kann er verstehen, wo ich doch weiß, daß ich den Kern der Sache noch nicht erfaßt habe!
Er vermeidet es, Fragen zu beantworten. Er kann davon ausgehen, daß sie rhetorische Fragen stellt, mit denen sie etwas konstatiert und nicht etwa eine Antwort herausfordert. Falls sie auf einer Antwort besteht, sollte der Mann vage bleiben und zum Beispiel sagen: »Ich bin mir nicht sicher« oder »Darüber muß ich etwas nachdenken« oder »Darauf habe ich keine Antwort parat«.
Das verunsichert die meisten Männer: Selbst wenn sie mit ihrer Analyse richtig liegen, können sie einer Frau damit nicht helfen. Sie muß ihr Problem selbst herausfinden.
Frauen geht es darum, in ihrem aufgebrachten oder verwirrten Zustand ihr Gleichgewicht wiederzufinden. Dies kann ihnen niemand abnehmen. Doch ganz ohne einen liebevollen und aufmerksamen Zuhörer geht es auch nicht. Wie ein Resonanzboden in einem Musikinstrument der Klangverstärkung dient, sollte ein Mann die Selbstwahrnehmung der Frau verbessern, damit sie wieder zu ihrem ursprünglichen Selbst finden kann. Bekommt eine Frau, die von der Streßphase der Überreiztheit in die der Überreaktion übergegan-

gen ist, nicht die erforderliche Unterstützung, tritt die dritte Streßphase ein: die Erschöpfung.

## Weibliches Streßsymptom Nr. 3: Erschöpfung

Infolge ihrer Verärgerung und Überreiztheit kann eine Frau irgendwann völlig erschöpft zusammenbrechen. Sie sieht keine Hoffnung und möchte am liebsten aufgeben. Jetzt streckt sie wirklich die Hände nach Hilfe aus. Leider gelangen andere – insbesondere Männer – zu dem Eindruck, sie seien in ihrer Unterstützung zuvor gescheitert und hätten nichts tun können, das sie zufriedengestellt hätte.

Ein Hauptsymptom dieser dritten Streßphase ist, daß sie sich erschöpft und ausgelaugt fühlt. Bis zu diesem Punkt sah es vielleicht so aus, als habe sie alles im Griff. Und dann plötzlich wirkt sie völlig ausgepowert, kraftlos, elend und bissig.

Ein Mann empfindet eine erschöpfte Frau als äußerst belastend, weil der Gedanke, er habe sie vernachlässigt und ihr dadurch nicht zu Erfüllung verholfen, für ihn sehr schmerzlich ist. Er erkennt nicht, daß ihre Erschöpfung die unausweichliche Folge ihres verlorengegangenen Gleichgewichts ist. Er muß einsehen, daß dies nicht seine Schuld ist.

Und er muß erkennen, daß sie, weil sie auch nur ein Mensch ist, wieder und wieder aus dem Gleichgewicht geraten wird, so sehr er auch für sie sorgt.

## Vom Mann mißverstanden

So wie ein Mann sich unter Streß von Zeit zu Zeit verschließt, gerät eine Frau hin und wieder in den Zustand der Erschöpfung. So wie Frauen das Abschotten von Männern als bedrohlich empfinden und mißverstehen, wird die Erschöpfung einer Frau von Männern als bedrohlich empfunden und falsch gedeutet.

Ganz ähnlich wie ein Mann, der sich unmittelbar nach seinem Rückzug wieder zu öffnen vermag, kann eine Frau gleich nach ihrer Erschöpfung wieder positiv gestimmt und voller Energie sein.

Um diesen Zustand der Erschöpfung zu verstehen, kann sich der Mann vorstellen, daß sein Körper, bildlich gesprochen, mit einem Druckmesser ausgestattet ist, der ihn warnt, wenn er mehr gibt, als er zurückbekommt. Dieses Meßinstrument sagt ihm, daß er sich ausruhen und um sich kümmern muß, wenn er sich nicht völlig verausgaben will. Frauen aber besitzen keinen solchen Druckmesser. Je mehr Streß sie empfinden, desto mehr vergessen sie sich selbst. Kommt es zur völligen Erschöpfung, müssen sie durch das Gefühl, angehört und unterstützt zu werden, wieder zu ihrer Mitte finden. Dazu brauchen sie etwas Hilfe.

In einer solchen Phase braucht eine Frau das Gefühl, nicht allein zu sein. Sie braucht den Beistand anderer. Die meisten Männer sehen dagegen nur die Last, die sie trägt, und nehmen an, sie müßten ihr all das abnehmen, damit sie sich wieder besser fühlt. Sie vermuten, die Frau habe keine Energie mehr, um ihren Verpflichtungen nachzukommen. Dies ist ein großer Irrtum.

Tatsächlich ist die Frau gerade erst an ihre Grenzen gestoßen. Wenn Männer ihr nur einen Teil ihrer Last abnehmen – und sei es nur vorübergehend –, können sie bewirken, daß es ihr gleich viel besser geht.

Erreicht eine Frau ihre Grenzen, erscheint sie völlig leergepumpt und kraftlos. Tatsächlich aber hat sie nach wie vor Energien – es ist lediglich der Fluß unterbrochen, weil sie weiß, daß sie das, was sie meint, tun zu müssen, nicht allein bewältigen kann. Sie braucht Hilfe. Solange sie keine Unterstützung bekommt, sind ihre Energievorräte blockiert.

## Wenn alles zuviel wird

Das Bild vom letzten Strohhalm, der das Kamel in die Knie zwingt, beschreibt treffend die Situation der erschöpften Frau. Sie bricht zusammen, wenn sie ihre Grenzen überschreitet. Der auslösende Faktor kann eine winzige Kleinigkeit sein. Es ist nicht das gesamte Gewicht ihrer Last, sondern nur der letzte und vielleicht der vorletzte Strohhalm, den sie nicht mehr verkraftet. Hört der Partner ihr zu, während sie ihm von all dem Druck und den Pflichten erzählt, die auf ihr lasten, und bietet ihr an, einige Strohhalme für sie zu tragen, bedeutet dies für sie eine enorme Hilfe. Vielleicht geht es ihr nicht gleich besser, doch wird sie seine Unterstützung sehr zu schätzen wissen und sich viel schneller erholen, als er sich das vorgestellt hat.

Meist sind Männer nur widerstrebend bereit, einer erschöpften Frau zu helfen, weil sie annehmen, sie müßten sich dafür mit ihr identifizieren und dann die schwierigsten Aufgaben übernehmen. Dies ist nicht notwendig. Er kann die Punkte auf ihrer Liste auswählen, die er am leichtesten bewältigen kann. Wenn ihr nur zwei, drei Kleinigkeiten abgenommen werden, wird sie ihre Kraft bald wiedererlangen.

Im Zustand der Erschöpfung scheint jede Aufgabe gleich schwer zu lasten. Die Frau braucht jemanden, der einen Teil ihrer Last für sie trägt. Nicht gebrauchen kann sie dagegen seine Vorwürfe, daß sie zu bedürftig sei. Wenn der Mann erkennt, daß er nicht alles für sie in Ordnung bringen muß, fällt es ihm viel leichter, seine Unterstützung ohne jeden Vorwurf anzubieten.

## Sich selbst festigen – oder Hilfe annehmen

Haben Männer es mit einer erschöpften Frau zu tun, halten sie ihr gerne kluge Vorträge, daß sie nicht so viel tun sollte. Ratschläge dieser Art helfen ihr nicht und machen überdies die Situation noch schlimmer.

Doch damit verletzt ein Mann eine Frau etwa so, wie sie ihn kränkt, wenn sie bemerkt: »Ich habe es dir ja gesagt« oder, nachdem er einen Fehler gemacht hat, »Das passiert eben, wenn man nicht plant«.

Vermeiden Sie diese Formulierungen:

»Du lädtst dir zuviel auf.«

»Entspann dich, du machst dir zu viele Gedanken.«

»Das ist doch alles nicht so wichtig.«

»Los, Kopf hoch!«

Manchmal ist es für einen Mann geradezu unmöglich, einer erschöpften Frau zuzuhören und liebevoll auf sie einzugehen. Schließlich geht er davon aus, daß sie ihn beschuldige oder von ihm erwarte, daß er all ihre Probleme lösen solle. Ist auch er gerade starkem Streß ausgesetzt, neigt er dazu, sich sogleich abzuschotten.

Daher braucht eine Frau mehrere Quellen, aus denen sie Unterstützung bezieht. Die Erwartung, ihr Partner könne ihr all die Unterstützung geben, die sie – insbesondere in ihren Streßphasen – braucht, ist unrealistisch. Dazu müßte der Mann ständig im Gleichgewicht sein, was kaum möglich ist.

Meist fühlen sich Menschen zueinander hingezogen, weil das Ausmaß ihrer seelischen Schmerzen und ihrer Reaktionen darauf ähnlich ist. Verschließt er sich, verfällt sie in Erschöpfung; erreicht sie den Zustand der Überreiztheit, zieht er sich zurück.

In solchen Zeiten sollten Frauen Eigenverantwortung übernehmen und selbst oder durch Unterstützung anderer (z.B. durch ein Gespräch mit ihren Freundinnen) wieder zu ihrem Gleichgewicht zurückfinden. Danach kann sie ihren Mann erfolgreich unterstützen, falls er dies noch braucht. Umgekehrt kann auch er als erster sein Gleichgewicht wiedererlangen und so stark genug sein, um sie zu unterstützen, falls sie dies noch braucht.

## Eine gesunde Beziehung

Die vorangehenden umfassenden Ausführungen zu unseren unterschiedlichen Streßreaktionen sollen nicht als Entschuldigung für das jeweilige Verhalten dienen, sondern die Erkenntnis vermitteln, daß weder Frau noch Mann Streßsymptome des anderen persönlich nehmen sollen – vorausgesetzt, der andere ist tatsächlich nicht voll und ganz allein für den Streß verantwortlich. Ohne dieses Wissen um unsere Unterschiede können wir, wie immer wieder deutlich wurde, die Situation leicht noch verschlimmern, selbst wenn wir die besten Absichten hegen.

Wir vergessen leicht, daß wir uns, wenn wir von wirklicher Liebe erfüllt sind, in unserem Partner wiedererkennen. Ist dieses Gefühl der Harmonie gegeben, bekommen wir durch die Erfüllung der Bedürfnisse der anderen automatisch etwas zurück. Indem wir von Herzen (aus echter Liebe heraus) geben, bringen wir Freude in unser Leben.

Erleben wir Liebe als freudlos, dann stürzt sie uns in Verwirrung. Empfinden wir Liebe als schwierig oder anstrengend, dann fordern wir von unserem Partner, daß er oder sie uns »in Ordnung bringt«. Sehr viele Menschen verwechseln Lieben und Brauchen. In einer gesunden Beziehung aber bekommen beide Partner Unterstützung und können sich so selbst heilen.

Die wahre Freude einer besonderen, intimen und engagierten Beziehung besteht darin, daß man die guten Zeiten gemeinsam genießt und den Partner unterstützt, wenn er oder sie es braucht. Braucht der eine etwas, bekommt es aber vom anderen nicht, kann er davon ausgehen, daß der andere ebenfalls etwas braucht und deshalb jetzt selbst nicht geben kann.

## Nur wer im Gleichgewicht ist, kann helfen

Es ist unrealistisch, von unserem Beziehungspartner zu erwarten, er möge uns helfen, wenn wir nicht im Gleichgewicht mit uns sind. Manchmal ist dies möglich, doch darf man sich nicht darauf verlassen. Wenn wir uns davon abhängig machen, daß nur der Partner uns zuhört, aufrichtet oder zu Einsicht verhilft, machen wir es für ihn noch schwieriger, uns zu unterstützen. Verständnis für unsere unterschiedlichen Streßreaktionen verhilft uns zu einer konstruktiven Haltung, aus der heraus wir uns selbst helfen oder andere um Hilfe bei unserer »Selbstbehandlung« bitten können. Gelingt es uns, unser Gleichgewicht zu finden, wissen wir damit zugleich, welche Strategien die richtigen sind, um unseren Partner zu unterstützen. Das folgende Kapitel befaßt sich damit, wie wir in uns das Gleichgewicht erlangen und unser Potential zur vollen Entfaltung bringen können.

# Das Gleichgewicht finden

Bisher haben Sie den Einfluß der männlichen und der weiblichen Seite in sich unter dem Aspekt kennengelernt, wie Sie andere und sich erleben und wie Sie auf Streß reagieren. Wenn Sie Ihre verschiedenen Seiten identifizieren können, finden Sie leichter zu Ihrem Gleichgewicht. Die einfache Erkenntnis, daß Sie aus dem Gleichgewicht sind, hilft Ihnen bereits, auf mehr Ausgewogenheit hinzustreben. Um mehr Liebe und Effizienz zu erlangen, müssen Sie Ihre männliche mit Ihrer weiblichen Seite in Einklang bringen. Dies gilt für alle Lebensbereiche und für Männer wie Frauen gleichermaßen.
Wenn es gelingt, das konzentrierte mit dem offenen Bewußtsein in Einklang zu bringen, erwächst daraus mehr Kreativität. Glückt es, einen Ausgleich zwischen Beruf und Beziehung herzustellen, sind mehr Erfüllung und Erfolg gewiß. Kann ein Mann oder eine Frau sich sowohl vom Verstand wie auch vom Herzen leiten lassen, dann können sie auch auf andere mit Liebe und anderen positiven Haltungen zugehen.

## Ein Junge namens David

Wie läßt sich dieses Gleichgewicht erreichen? Um sein Gleichgewicht zu erlangen, muß ein Mensch beide Seiten in sich, die männliche und die weibliche, verstehen, akzeptieren, schätzen und respektieren. Im besten Fall geschieht dies so: Entwickelt ein Junge auf natürliche Weise seine männliche Energie, kann sich dadurch gleichzeitig und spontan seine weibliche Energie entfalten. Er pendelt auf natürliche Weise zwischen seiner männlichen und seiner weiblichen Seite hin und her. Als Erwachsener schließlich kann er beide Seiten frei zum Ausdruck bringen. Seine weibliche ist mit seiner männlichen Energie in Einklang, während beide seine Persönlichkeit und sein Handeln unterstützen.
Stellen wir uns einen Jungen vor, den wir David nennen wol-

len. David wächst in einem idealen Umfeld auf, in dem er Tausende Male erlebt, wie sein Vater erfolgreich seine Mutter unterstützt. Durch das väterliche Vorbild lernt er, die Weiblichkeit zu ehren und zu respektieren. Ist seine Mutter gestreßt und reagiert infolgedessen mit Überreiztheit, Überreaktion oder Erschöpfung, beobachtet David, wie sein Vater mit Mitgefühl, Verständnis und Respekt darauf eingeht, anstatt sich gleichgültig zu verhalten oder zu verurteilen. Er umarmt sie, hält sie und hört ihr zu. So lernt der Junge, auf seine eigenen weiblichen Gefühle zu hören.

Während er aufwächst, kann er unbesorgt seine männliche und seine weibliche Seite gleichzeitig entwickeln und ausleben. Zum Beispiel wird er nicht verurteilt, wenn er weint oder seine Gefühle zeigt. Nicht nur seine Mutter nimmt ihn in solchen Augenblicken in den Arm, sondern auch sein Vater tut dies voller Verständnis für seine Gefühle. Sein Vater ist stolz auf ihn, und zwar sowohl wegen seiner männlichen Eigenschaften wie seinem Geschick und seiner Zielgerichtetheit, als auch wegen seiner weiblichen Wesenszüge, seiner Liebe und Güte. Auch weiß sein Vater, wie er seinen Sohn unterstützen kann, indem sie gemeinsam Dinge unternehmen. Er nimmt sich Zeit für David. Er verlangt keine Erfolge, sondern freut sich an dem, was David vollbringt, und fühlt mit, wenn er eine Niederlage einstecken muß.

In einer idealen Umgebung bekommt ein Junge Anerkennung für seine männlichen Eigenschaften und Respekt für seine weiblichen Qualitäten. Bringt er den Menschen um sich herum auf die weibliche Art Achtung und Unterstützung entgegen, erhält er dafür Anerkennung. Ist er dagegen eher männlich orientiert und ichbezogen, hält seine Mutter ihm dies nicht als Fehler vor. Jungen mit stark ausgeprägter männlicher Seite haben oft nur Unfug im Sinn, was besonders viel Akzeptanz und Bereitschaft zum Vergeben von den Eltern verlangt.

Seine Mutter erkennt, wieviel Vertrauen und Raum sie David geben darf und wo sie einschreiten muß. Sie respektiert sein

Bedürfnis nach Unabhängigkeit und Selbstbestimmung. Ihr ist bewußt, daß er seine eigenen Erfahrungen machen muß und daß übermäßiges Beschützen ihn schwächen und sein Selbstbewußtsein untergraben kann. Sie akzeptiert sein Anderssein und schätzt ihn für das, was er ist.

Nichts von dem, was er tut, nimmt sie als selbstverständlich hin. Sie läßt ihm seine Entschlossenheit und gibt ihm das Gefühl, wichtig zu sein. Anstatt durch Schuldzuweisungen und Mißbilligung seine Unterstützung zu fordern, bittet sie ihn respektvoll darum.

Am wichtigsten aber ist, daß David die Liebe seiner Mutter für seinen Vater erlebt. Daher können seine männlichen Anteile sich ungehindert entwickeln. Er muß sich nicht dafür entschuldigen, so zu sein, wie er ist, oder sich selbst verleugnen, um die Liebe seiner Mutter zu erringen. Unbesorgt kann er sich mit seinen aggressiven Tendenzen vertraut machen, indem er sich durchsetzt und Risiken eingeht. Ihm wird kein schlechtes Gewissen eingeredet, weil er egoistisch, verschlossen, mürrisch oder reizbar ist. Vor allem muß er nicht anders als sein Vater sein, um von seiner Mutter geliebt zu werden. Er fühlt sich sicher in seiner Männlichkeit, weil er sieht, wie seine Mutter seinen Vater, der seine männliche Seite repräsentiert, liebt und schätzt.

## Ein Mädchen namens Isabelle

Auf ähnliche Weise kann ein Mädchen – nennen wir es Isabelle – seine weibliche Energie entwickeln und, während sie heranwächst, auch ihre männlichen Anteile entdecken und zu voller Entfaltung bringen. So kann ihre männliche Energie sie in dem, was sie ist und was sie tut, unterstützen.

Isabelle, die ebenfalls in einer idealen Umgebung aufwächst, kann immer wieder beobachten, wie ihre Mutter ihren Vater erfolgreich unterstützt. Dadurch lernt sie, in ihre eigene männliche Seite zu vertrauen und sie zu schätzen.

Sie fühlt sich sicher dabei, ihre Weiblichkeit so auszuleben, wie sie es bei ihrer Mutter sieht. Ist ihr Vater gestreßt, reserviert, mürrisch oder verschlossen, erlebt Isabelle, wie ihre Mutter weiterhin in sich selbst ruht und ihren Vater zugleich voll Vertrauen und Wertschätzung liebt.

Ihre Mutter ist bestimmt, ohne vorwurfsvoll zu sein, und zugleich versöhnlich. So lernt Isabelle, wie sie in einer Beziehung ihre Wünsche und Bedürfnisse erfüllt bekommen kann, ohne zu manipulatorischen Mitteln zu greifen. Sie sieht, wie ihre Mutter all das, was ihr Vater für die Familie tut, anerkennt und ihn dafür schützt.

Dieses Vorbild verhilft ihr zu einer positiven Einstellung zu ihrer männlichen Kraft, so daß sie sie einsetzen kann, um andere zu fördern oder Veränderungen zu bewirken.

Während sie heranwächst, kann sie unbesorgt parallel ihre weibliche und ihre männliche Seite entdecken und entwickeln. Wenn sie große Ziele hat und Dinge anders machen möchte, wird sie nicht für unweiblich gehalten. Ist sie gut in Mathematik, wird sie dafür gelobt. Ist sie bestimmend, vorwitzig oder fordernd, wird sie für ihre Stärke und Willenskraft bewundert. Ist sie andererseits emotional, empfindlich oder verletzlich, wird sie ebenfalls aufgebaut und bestärkt. Ihre Mutter bringt genügend Zeit für sie auf, um ihr zuzuhören und sie zu trösten.

Isabelles Mutter erwartet von ihrer Tochter nicht, daß sie sich als Kind schon wie eine Erwachsene verhält, sondern läßt ihr Zeit für ihre Entwicklung. Auch lehrt sie Isabelle, die Grenzen anderer zu respektieren, indem sie ihrerseits Isabelles Grenzen beachtet.

Die Mutter übernimmt keine Märtyrerrolle, um dann anderen mit Verdruß zu begegnen. Sie bringt Isabelle bei, das zu erbitten, was sie braucht, und ihre Gefühle mitzuteilen, wenn sie verärgert ist. So bleibt Isabelle, während sie heranwächst, mit ihren Gefühlen in Verbindung und lernt, ihnen zu vertrauen.

In einer idealen Umgebung erfährt ein Mädchen Achtung für die guten Eigenschaften seiner weiblichen Seite und Bewunderung für seine männliche Stärke.

Ist sie bestimmt, kreativ und aggressiv, wird sie dafür bewundert und anerkannt. Ist sie liebevoll, gutherzig, freundlich und hübsch, bekommt sie Bewunderung und Lob.
Doch auch wenn sie nicht gutherzig ist, wird ihr trotzdem Liebe zuteil. Sie fühlt sich nicht unter Druck, ständig gut oder glücklich sein zu müssen. Ist sie empfindlich oder verletzlich, wird sie dafür nicht kritisiert und aufgefordert, erwachsen zu werden.
Sie kann unbesorgt zornig sein, Angst haben oder weinen. Sie kann selbstlos oder selbstsüchtig sein und wird dennoch von ihren Eltern akzeptiert.

## Interesse und Respekt

Isabelle hat einen Vater, der darauf achtet, daß er ihre Gefühle, wunden Punkte und Bedürfnisse respektiert. Er weiß, daß sie anders sein muß als er, und respektiert ihre Unterschiede. Kommen aber ihre männlichen Wesenszüge zum Vorschein, ist er zur Stelle, um mit ihr zu spielen, sie Dinge zu lehren und etwas mit ihr zu unternehmen.
Er fragt sie, wie ihr Tag war, und zeigt damit sein Interesse. So wie er gelernt hat, Isabelles Mutter mit kleinen Geschenken zu überraschen, bringt er auch seiner Tochter von Zeit zu Zeit eine Kleinigkeit mit. Dadurch fühlt sie sich als etwas Besonderes und wird sich ihres Wertes bewußt. Sie wächst auf, ohne das Bedürfnis zu entwickeln, andere zu kontrollieren, sondern vielmehr mit der vertrauensvollen Bereitschaft, anderen durch ihre Liebe Kraft zu geben.
Da ihr Vater weiß, daß kleine Mädchen stark dazu neigen, sich selbst zu beschuldigen, ist er ganz besonders darauf bedacht zu zeigen, daß es ihm leid tut, oder sich zu entschuldigen, wenn er Fehler macht oder sie verärgert. So fördert er sie in ihrer Selbstachtung. Im Beisein ihres Vaters fühlt sie sich sicher, ihre Gefühle, Meinungen und Wünsche zum Ausdruck zu bringen. Wenn sie etwas sagt, hört er ihr aufmerksam zu. Ist sie überreizt oder reagiert sie übertrieben stark, hört er sie an und weiß sie zu trösten, ohne an ihr herum-

zubessern. Sie fühlt sich dabei sicher, mag es, hübsch und anziehend zu sein. Es ist ihr nicht unangenehm, um Unterstützung zu bitten. Er kann ihr Grenzen setzen, ihr aber zugleich ein Gefühl für ihren Wert vermitteln.
Vor allem aber sieht Isabelle, daß ihr Vater ihre Mutter liebt. Sie lernt von klein auf, daß Weiblichkeit liebenswert ist. Daher kann ihr feminines Selbst unbesorgt wachsen. Sie muß sich nicht verstecken, verleugnen oder vorgeben, jemand zu sein, der sie nicht ist. Auch muß sie sich nicht ändern, um die Liebe ihres Vaters zu gewinnen. Sie sieht, wie ihre Mutter sie selbst ist und von einem Mann geliebt wird.
Dies ist eine sehr wichtige Erfahrung. Sie muß nicht anders als ihre Mutter sein, um von ihrem Vater geliebt zu werden. Sie fühlt sich sicher in ihrer Weiblichkeit, weil sie immer wieder beobachten kann, wie ihr Vater ihre Mutter, die ja ihre weibliche Seite repräsentiert, liebt und respektiert.
Kinder, die in einer solch liebevollen und von Respekt geprägten Umgebung aufwachsen, haben Gelegenheit, ihre männliche und ihre weibliche Seite gleichzeitig und ausgewogen zu entwickeln. Dieses harmonische Zusammenspiel von männlichen und weiblichen Energien spiegelt sich später in jedem Aspekt ihres Lebens wider. Sie sind so imstande, ihr menschliches Potential stärker zu verwirklichen. Ganz besonders kommt ihr inneres Gleichgewicht in ihrer Fähigkeit zum Ausdruck, harmonische Beziehungen zu führen.

## Die Auswirkungen von Verdrängung

Natürlich wachsen nur die wenigsten Menschen in einer solch idealen Umgebung auf. Ganz anders ist das Verhalten, wenn die eine oder andere Seite in uns stärker betont wird.
Müßte der kleine David mit ansehen, wie seine Mutter seinen Vater ablehnte, stünde er vor der Wahl: »Soll ich Papa ablehnen und damit gleichzeitig auch den Teil in mir, der wie er ist, oder lehne ich Mama ab und damit den Teil von mir, der wie sie ist?«

Würde David Zurückweisung oder Widerstand erfahren, stünde er wieder vor einer Wahl: »Soll ich mich selbst verleugnen oder verliere ich eher noch die Liebe?«
Müßte Isabelle, wenn ihr Vater ärgerlich werden und sie anschreien würde, erkennen, daß er seiner Rolle nicht gerecht wird, oder nähme sie an, daß mit ihr etwas nicht in Ordnung sei und sie vielleicht mehr wie er sein sollte, um sich zu schützen?
Würde David seine männliche Seite ablehnen, weil sein Vater seine Mutter verletzt hat? Würde Isabelle ihre weibliche Seite ablehnen, weil sie sieht, wie schwach und hilflos ihre Mutter ist?
Dies sind nur einige Beispiele, die erkennen lassen, wie verschieden unsere Kindheit uns prägen kann.
Leider übersteht niemand die Kindheit, ohne irgendeinen Teil von sich zu verdrängen oder zu verleugnen, um zu überleben, sich sicher zu wähnen, frei zu sein und geliebt zu werden. Die natürliche Entwicklung verschiedener Aspekte unserer männlichen und unserer weiblichen Seite ist immer in irgendeiner Weise gehemmt.
Wird Davids männlicher Seite, während er heranwächst, keine Liebe, Anerkennung, Akzeptanz und kein Vertrauen zuteil, beginnt er womöglich, seine Männlichkeit zu unterdrücken, um die Liebe seiner Mutter zu erringen. In diesem Fall haben seine weiblichen Eigenschaften mehr Entwicklungsmöglichkeiten. Wird er aber von seinen Schulkameraden gehänselt oder fühlt er sich von seinem Vater abgelehnt, verleugnet er daraufhin vielleicht einige Aspekte seiner weiblichen Seite. Jungen schwanken im Laufe ihrer Entwicklung in der Regel von normaler Ausgeglichenheit zu übermäßiger Sensibilität oder Nettigkeit und schließlich zur gefühlskalten Macho-Ausprägung.
Bei Mädchen können ähnliche Entwicklungsstörungen auftreten. Indem sie ihre weibliche Seite unterdrücken, entwickeln sie eine eher maskuline Prägung und ein extremes Verantwortungsgefühl. Damit verfügen sie vielleicht über viel

Kraft, zahlen dafür jedoch den Preis, nicht in Fühlung mit ihrem wahren Selbst zu sein. Sie haben das Gefühl, sich nicht richtig zu kennen, und empfinden eine innere Leere oder mangelnde Erfüllung. Lehnt eine solche Frau dann ihre männliche Seite ab, fühlt sie sich nicht nur von sich losgelöst, sondern auch schwach, bedürftig und hoffnungslos. Sie wird äußerst verletzlich anderen gegenüber und übermäßig abhängig. Vielleicht sieht sie sich außerstande, für sich selbst zu sorgen. In vielerlei Hinsicht fühlt sie sich wie ein kleines Mädchen und ist nicht in der Lage, sich zu behaupten.

Wenn ein Junge seine Männlichkeit unterdrückt, bleiben seine männlichen Eigenschaften unentwickelt. Entschließt sich der erwachsene Mann, diese Qualitäten in sich zu wecken, muß er wissen, daß einige Zeit vergeht, bevor sie zu ihm eigenen Verhaltensweisen heranreifen. Beispielsweise lernt ein kleiner Junge, indem er aggressiv ist und Gegenstände zerbricht, allmählich mehr Respekt zu entwickeln. Bleibt diese Aggression jahrelang verschlossen und kommt dann beim Erwachsenen hervor, muß sie sorgfältig kanalisiert werden.

Ähnlich kann es passieren, daß ein Mädchen zu schnell erwachsen wird und eine Mutterrolle annimmt, weil seine Mutter ihrer Rolle nicht gerecht wird oder nicht da ist, und daß die erwachsene Frau später plötzlich von eben diesem kleinen Mädchen und seiner Bedürftigkeit vereinnahmt wird. Diesen Preis muß sie zahlen, um die Wunden aus ihrer Vergangenheit zu heilen und eine vollständige Persönlichkeit zu werden. Glücklicherweise handelt es sich um ein vorübergehendes Phänomen, das sich wiederholen mag, allmählich aber verschwindet.

Wenn sie diesen »verstoßenen«, bedürftigen Teil von sich zu lieben und zu akzeptieren vermag, dann kann er auch in ihr Bewußtsein integriert werden, was sie zu einer vollständigen Persönlichkeit macht.

Es sei ausdrücklich darauf hingewiesen, daß es möglich ist und sehr häufig auch vorkommt, daß nur Anteile der Männlichkeit oder Weiblichkeit unterdrückt werden. Daher ist es möglich, daß ein Mann, der die Beispiele für männliche und weibliche Neigungen in diesem Buch liest, sich in vielen der männlichen, aber auch in einigen der weiblichen Beispiele wiederfindet. Dasselbe gilt im umgekehrten Sinn für Frauen.

## Wenn sexistische Vorurteile uns hemmen

Da die wenigsten von uns eine ausgewogene Förderung ihrer beiden Wesensanteile erleben, sind häufig wiederkehrende Identitätskrisen unvermeidbar. Als Konsequenz verfallen wir, da wir nicht gelernt haben, unsere männlichen und weiblichen Energien in Einklang zu bringen und auszudrücken, in sexistische Vorurteile über uns und andere. Diese behindern die volle Entfaltung unseres inneren Potentials. In dem Bemühen, uns anzupassen, müssen wir Teile unserer Identität unterdrücken.

Die häufigsten sexistischen Vorurteile:
Frauen sind liebevoll, Männer sind herzlos.
Frauen sind unvernünftig, Männer sind vernünftig und intelligent.
Frauen bauen auf, Männer zerstören.
Frauen sind schwach, Männer sind stark.
Frauen sind unterwürfig, Männer sind dominant.
Frauen sind abhängig, Männer sind unabhängig.
Die Rolle eines Menschen ist durch sein Geschlecht vorgegeben.

Diese sexistischen Verallgemeinerungen bilden den Nährboden für Tausende weiterer ungerechter Annahmen, die überall im Alltag anzutreffen sind: »Der Mann verdient die Brötchen, die Frau versorgt Haus und Herd« oder »Frauen sind wie geschaffen für den Beruf der Krankenschwester, Männer sind die besseren Ärzte«.
All diese Vorurteile sind in ihrer Bedeutung nicht zu unterschätzen, da sie unser Potential, die geschlechtlichen Unterschiede und Konflikte zu überwinden, hemmen und ein-

schränken. Zweifellos bestimmt das Geschlecht die Ausprägung dieses Potentials mit, doch bestimmt es in keiner Weise darüber, was wir vollbringen können. Deshalb schlage ich vor, gegen die genannten Grundvorurteile unser wahres Wesen zu setzen.
Jeder von uns ist von Natur aus zielgerichtet, intelligent, kreativ, liebevoll, stark, entschlossen und selbstvertrauend. In jedem von uns finden sich diese Eigenschaften in individueller, Kombination. Natürlich hat jeder seine Grenzen, doch sind diese nicht durch das Geschlecht vorgegeben.
Die Annahme, das Geschlecht bestimme unsere Fähigkeit zu lieben, Stärke aufzubieten oder zu verstehen, ist ein großer Irrtum. Eine derartige Haltung sperrt die Menschen in imaginäre Schubladen und behindert die vollen Ausdrucksmöglichkeiten unseres Selbst und unserer Fähigkeiten.

## Die wahre Bedeutung von Gleichheit

Männer und Frauen sind von Natur aus gleichwertig. Letztendlich haben beide dieselben Fähigkeiten. Alle Männer und Frauen besitzen Intelligenz und ein liebendes Herz. Ein jeder von uns aber entwickelt sein Potential anders und verleiht ihm einen einzigartigen Ausdruck.
Unsere größte Stärke liegt darin, uns gegenseitig zu lieben und zu unterstützen. Jeder Mensch ist einmalig und verfügt über ganz individuelle Gaben. Unglücklicherweise meinen wir, Gleichheit äußere sich darin, daß wir genauso wie die anderen sind. Indem wir unsere Unterschiede respektieren und schätzen, geben wir uns selbst die Möglichkeit, uns voll zu entfalten und all unsere Gaben zu entdecken. In Wahrheit sind wir alle anders und aufeinander angewiesen. Erst durch die Anerkennung dieser wechselseitigen Abhängigkeit schaffen wir es, unserer ganzen Kraft Ausdruck zu verleihen.
Als menschliche Wesen sind wir alle zielorientiert. Je mehr wir unsere männlichen und weiblichen Energien verstehen und akzeptieren, desto größer wird auch unsere Fähigkeit,

den ganzen Schatz unserer Potentiale zu heben. Damit gelangen wir zu einem vertieften Verständnis und öffnen uns so die Tür zu mehr Selbstachtung, Selbstwertgefühl, Zuversicht, Glück und Frieden. Ohne dieses Wissen aber kann uns der Versuch, uns selbst und andere zu lieben, in große Verwirrung stürzen. Manchmal sabotieren wir unseren eigenen Erfolg, obwohl wir uns und andere wirklich unterstützen wollen.

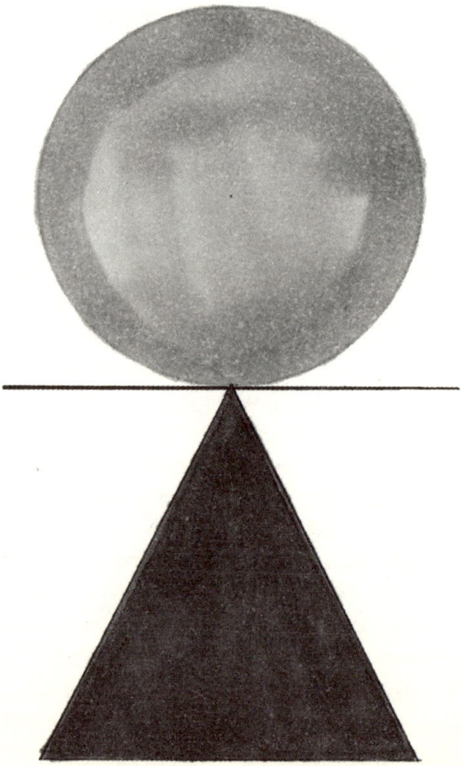

## Warum Frauen sich ungeliebt fühlen

Frauen klagen oft, sie fühlten sich ungeliebt, während ihre Partner keine Ahnung haben, wovon die Rede ist oder was sie anders machen könnten. Die meisten Männer fragen sich: »Wie kann sie sich nur ungeliebt fühlen? Schließlich tue ich doch so viel für sie!« Dann zählen sie alles auf, was sie zur Unterstützung ihrer Familie tun, zum Beispiel ein regelmäßiges Einkommen verdienen, dafür sorgen, daß das Geschäft wächst, mit ihr ins Kino gehen usw.
Männer verstehen wirklich nicht, warum Frauen sich ungeliebt vorkommen. Nachfolgendes Beispiel veranschaulicht den klassischen Konfliktfall.

### Horst und Pamela

Horst, ein Football-Trainer, hat den typisch männlichen Hang, sich auf jeweils ein Ziel zu konzentrieren. Er besitzt einen klaren Blick für all die Faktoren, die im Zusammenhang mit diesem Ziel wichtig sind. Doch während er seine ganze Aufmerksamkeit ausschließlich auf einen Punkt richtet, verliert er die Menschen und Dinge in seinem Leben aus den Augen, die nicht unmittelbar mit seinem Ziel zu tun haben.
Sein Bewußtsein nimmt nur das wahr, was zwischen ihm und diesem Ziel liegt. Alles andere ist für ihn so gut wie nicht von Belang. Wenn sein Blickwinkel von einem Ziel zu einem anderen wandert, ändert sich sein Bewußtsein dramatisch. Nun sammelt er die Informationen, die er für sein neues Ziel braucht. Sein Bewußtsein ist dann zwar neu ausgerichtet, doch nach wie vor auf einen einzigen Punkt konzentriert.
Da Horst seine männliche und seine weibliche Seite nicht in Einklang gebracht hat, bedeutet jede Veränderung des Ziels, daß er nichts anderes mit Ausnahme dieses neuen Ziels mehr wahrnimmt. Er kann sogar vergessen, was er eben noch getan hat, wenn es keine Bedeutung für ein neues Thema hat.

Horsts Selbsteinschätzung orientiert sich daran, wie gut er sich seines Erachtens dem jeweiligen Ziel nähert. Tatsächlich beruht sein Selbstgefühl darauf, welchen Einfluß er auf seine Umgebung hat. Er identifiziert sich mit seinem Tun. Man könnte fast so weit gehen zu behaupten, daß er, solange er etwas tut, mit sich in Fühlung bleibt.

Dagegen nimmt Pamela, seine Frau, mit ihrem weiblichen Bewußtsein das Gesamtbild wahr. Kennt sie Horsts Ziel, sieht sie nicht nur dieses, sondern auch, in welchem Bezug es zu ihr und den anderen Menschen in ihrem gemeinsamen Leben steht. Automatisch denkt sie darüber nach, wie sein Ziel ihre Beziehung zueinander und zu ihren Kindern beeinflussen könnte. Wahrscheinlich wird sie sich noch mehr Gedanken darüber machen, wie seine Konzentration auf sein Ziel sich wohl auf seine Gesundheit auswirkt. Sie wird sogar ein Gefühl dafür haben, was passieren wird, wenn er erfolgreich ist, und was, wenn nicht.

Pamelas offenes Bewußtsein erlaubt ihr, in jeder Situation eine Vielzahl von Möglichkeiten zu sehen. Da sie aber Horsts konzentriertes Bewußtsein nicht nachempfinden kann, kommt sie zu dem Schluß, sie oder die Familie seien ihm nicht wichtig, wenn er eine Entscheidung fällt, ohne zunächst zu überlegen, was dies für sie bedeuten könnte. Sie weiß, daß sie ihre Familie in die Überlegungen einbeziehen würde, eben weil sie sie liebt. Und indem sie dieses Wissen auf ihren Mann überträgt, gelangt sie zu der irrigen Annahme, er liebe seine Familie nicht.

## Seine Arbeit ist ihr Leben

Jedes Jahr Mitte August beginnt Horst, seine Football-Mannschaft für die Herbstsaison zu trainieren. Während des ersten Schulhalbjahres schiebt er noch zusätzliche Trainingsstunden ein, sieht sich zu Hause Videos an, um die Leistung der Gegner zu analysieren und die Mannschaft darauf einzustellen, und gibt sogar dem lokalen Starkicker, der kurz davor steht, in Mathematik durchzufallen, Nachhilfestunden.

Ist die Football-Saison vorüber, besucht er in seiner Freizeit Sportveranstaltungen anderer High-Schools in der Hoffnung, vielleicht ein neues vielversprechendes Football-Talent für das kommende Jahr zu entdecken. Wenn die Sommerferien beginnen, kann Horst endlich ausspannen. Schon einige Wochen später aber wird die neue Saison ihn wieder ganz in Anspruch nehmen. Angesichts all der Aufmerksamkeit, die Horst auf seinen Beruf verwendet, stehen die Chancen gut, daß seine Mannschaft erfolgreich ist. Seine High-School wird zufrieden mit ihm sein, und er wird endlich eine Festanstellung bekommen und so sein Einkommen für die nächsten Jahre sichern.
Inzwischen zieht Pamela zu Hause die Kinder groß und versucht, Horst in all seinen Bemühungen zu unterstützen. Sie bereitet jeden Morgen ein warmes Frühstück, damit er genügend Energie hat; er schlingt es hinunter und hastet zur Schule. Sie verwendet viel Zeit darauf einzukaufen, was er besonders gern ißt, und kocht jeden Abend. Oft aber kommt Horst zu spät zum Abendessen, weil das Training länger gedauert hat. Sie sorgt dafür, daß die Kinder abends keinen Lärm machen, damit er sich ausruhen kann, und sie führt Diskussionen über familiäre Angelegenheiten bewußt nur dann, wenn Horst keinen beruflichen Streß hat. Horst findet stets saubere Wäsche vor, aus der Pamela die Grasflecken so gut wie möglich entfernt hat. Sie hört ihm zu, wenn er über seine Probleme mit dem einen oder anderen Mannschaftsmitglied spricht, und hilft ihm oft, wenn es darum geht, wie er am besten mit einem aufsässigen Spieler umgeht. Bei allen Spielen ist sie als Zuschauerin dabei – übrigens die einzigen Gelegenheiten, bei denen sie zusammen ausgehen.

## Wie beide zu ihrem Problem beitragen

Wie zu erwarten, kommt es irgendwann zwischen Horst und Pamela zu Schwierigkeiten. Auf den ersten Blick sieht es so aus, als habe Horst Schuld daran. Tatsächlich aber tun beide nur das, wozu ihre jeweiligen Energien sie veranlassen. Horst versteht das Problem nicht, und Pamela hat keine Ahnung, daß ihre Art, mit dem Problem umzugehen, die Sache nur noch verschlimmert.

Pamela hat langsam aber sicher sich selbst und ihre Bedürfnisse aus den Augen verloren und verübelt es Horst, daß er sie nicht berücksichtigt und nicht auf sie eingeht. Horst ist derart auf sein Ziel fixiert, Football-Spiele zu gewinnen, daß er zunächst einmal gar kein Problem sieht und es dann, wenn er es schließlich wahrnimmt, nicht versteht.

Er hat keine Ahnung, wie wenig Pamelas Bedürfnisse befriedigt werden – zum Teil auch deshalb, weil sie sie nicht zum Ausdruck gebracht hat. Sie meint dagegen, ihre Bedürfnisse mitgeteilt zu haben. Unglücklicherweise aber hat sie dies so getan, daß Horst sie nicht hören konnte.

Während Horst sich in die neue Saison stürzt, versucht Pamela, ihm Liebe und Akzeptanz entgegenzubringen. Als er auch nach einer Weile noch nicht bemerkt und anerkennt, welche Opfer Pamela für ihn bringt, wird sie ärgerlich. Sie beginnt sich zu beschweren, was Horst alles vernachlässigt. Manchmal antwortet er, sie solle sich darüber keine Sorgen machen, manchmal verspricht er auch, etwas zu erledigen, vergißt es dann aber. Gelegentlich zeigt sie ihm Möglichkeiten, wie er etwas mehr Zeit mit den Kindern verbringen könnte. Er nickt zerstreut oder sagt, er werde es tun.

Pamela fühlt sich ungeliebt, wenn Horst nicht auf ihre Bedürfnisse eingeht. Anfangs reagiert sie, indem sie sich noch mehr bemüht, seine Bedürfnisse zu erkennen und zu erfüllen. Doch nimmt er dies kaum zur Kenntnis, weil es nicht seiner Natur entspricht, irgend etwas wahrzunehmen, das nicht unmittelbar mit seinem Ziel zu tun hat.

Schließlich hält Pamela es nicht mehr aus und explodiert. Sie sagt Horst, daß sie sich völlig ungeliebt und nicht ernstgenommen fühle. Er verteidigt sich und weist darauf hin, wie hart er arbeite, um die Familie zu ernähren. Bedrängt sie ihn, ignoriert er ihre Gefühle gänzlich und sagt, sie reagiere übertrieben und sei irrational.

## Negative Gefühle liebevoll mitteilen

Pamela begreift nicht, daß sie in dem Bemühen, Horst Liebe, Akzeptanz und Unterstützung zu geben, ihre negativen Gefühle wie Wut, Frustration, Trauer, Enttäuschung, Furcht und Sorge für sich behalten hat. Diese Gefühle stauen sich in ihr auf, bis sie sie schließlich mit einer ablehnenden Haltung herausläßt: »Ich habe all das getan, und du für deinen Teil hast nichts getan. Ich liebe dich, aber du liebst mich nicht.«

Niemand hat Pamela beigebracht, wie man negative Gefühle mit einer liebevollen Grundeinstellung mitteilt. Sie pendelt zwischen zwei Extremen: Entweder unterdrückt sie ihre negativen Gefühle, um liebevoll zu sein, oder sie bringt ihre negativen Gefühle zum Ausdruck und wird dabei lieblos und ärgerlich. Weder der eine noch der andere Weg funktioniert.

Soll Horst auf ihre Bedürfnisse und Probleme eingehen, muß er von ihr hören, wie sie sich wirklich fühlt. Nimmt sie eine lieblose, vorwurfsvolle, nicht akzeptierende, nicht anerkennende oder nicht vertrauende Haltung ein, kann er nicht aufnehmen, was sie sagt.

Gibt sie dagegen vor, liebevoll und glücklich zu sein, schlägt dies auch fehl, weil er annimmt, alles sei in Ordnung, und sich weiterhin auf seine Arbeit konzentriert.

Pamela muß lernen, ihre negativen Gefühle mitzuteilen, bevor sie sich aufstauen, und Horst muß lernen, ihr dabei zuzuhören. Versagt die verbale Kommunikation, besteht der nächste Schritt darin, es schriftlich zu versuchen. Am besten lernt man, ärgerliche Gefühle liebevoll auszudrücken, indem man sie aufschreibt und später dem Partner vorliest.

Im 13. Kapitel wird beschrieben, wie man Gefühle auf eine Weise aufschreiben kann, daß man einerseits zu seinen liebenden Gefühlen zurückfindet und andererseits seine Empfindungen und Bedürfnisse mitteilt (siehe Seite 225).

Funktioniert auch diese Technik nicht, kann man immer noch eine Beratung aufsuchen.

Solange Horst sich nicht die Zeit nimmt, Pamela anzuhören und zu unterstützen, und solange sie nicht lernt, ihre Gefühle und Bedürfnisse ohne Ärger mitzuteilen, wird Pamela zwangsläufig weiterhin bei Horst auf Widerstand stoßen.

Wie kann Pamela sich ändern?

Pamela wird sich ungeliebt fühlen, solange sie nicht ihre Verantwortung sieht, ihre Gefühle, Wünsche und Bedürfnisse mitzuteilen. Doch ist es ihr fast unmöglich, diese Verantwortung zu akzeptieren, solange sie nicht erkennt, daß ein Mann sich aufgrund seines konzentrierten Bewußtseins ganz anders verhält als eine Frau.

Da ihr offenes Bewußtsein sie naturgemäß dazu anregt, die Bedürfnisse der Menschen, die sie liebt, im Auge zu behalten, ist es Pamela ein Rätsel, wie Horst sie vergessen kann, obwohl er sie liebt. Nach ihrer Erfahrung geht man, wenn man jemanden liebt, darin auf, sich um seine Bedürfnisse zu kümmern. Da er dies nicht tut, zieht sie daraus den falschen Schluß, daß er sie nicht liebt.

Wenn Pamela sich ungeliebt fühlt, konzentriert sie sich zunächst darauf, liebenswerter zu werden, anstatt dazu überzugehen, ihre Gefühle, Wünsche und Bedürfnisse mitzuteilen. Sie versucht, ihrem Mann mehr zu geben und ihre negativen Gefühle zu unterdrücken, um sich so seine Liebe zu verdienen. Es ist nichts Schlimmes daran, daß sie Horst mehr gibt. Geben ist immer gut. Pamelas Problem aber ist, daß sie nicht gut annehmen kann. Je mehr sie gibt, ohne etwas zu bekommen, desto weniger kann sie annehmen.

Pamela hält sich für stark und selbständig. Je weniger sie aber annehmen kann, desto mehr verliert sie für Horst ihre Anziehungskraft und desto weniger interessiert er sich für sie. Wenn Pamela gibt, ohne zugleich auch zu empfangen, verhärtet sie sich allmählich und verliert ihre weichen, femininen Züge, die Horst ursprünglich an ihr so reizvoll fand. Indem sie ihre Emotionen unterdrückt, verliert sie langsam den Kontakt zu ihren natürlichen Empfindungen der Liebe und Freude, der Dankbarkeit und des Vertrauens. Horst, der auf seine Arbeit konzentriert ist, nimmt die Veränderung nicht einmal zur Kenntnis.

## So erkennen Frauen ein Beziehungsproblem

Nachfolgend einige Warnzeichen, die eine Frau darauf aufmerksam machen sollten, daß ein Beziehungsproblem immer akuter wird:

- Ihr Partner vergißt ständig, Dinge für Sie zu tun.
- Sie bitten ungern um Unterstützung.
- Ihr Partner tut etwas für Sie, aber es genügt Ihnen nicht.
- Sie fühlen sich nicht frei, sich zu ärgern, und stellen fest, daß Sie Ihre Gefühle verbergen.
- Sie stellen fest, daß Sie sich über Nichtigkeiten aufregen und den eigentlichen Themen aus dem Weg gehen.
- Ihr Partner scheint keine Leidenschaft mehr für Sie zu empfinden, und Ihnen ist es gleichgültig.
- Sie hadern mit ihm, weil Sie mehr geben als er.
- Sie haben das Gefühl, daß Sie glücklich wären, wenn er sich änderte.
- Ihre Unzufriedenheit bereitet Ihnen ein schlechtes Gewissen oder kommt Ihnen kleinlich vor.

Die meisten Frauen haben jedes der oben genannten Symptome in einer Beziehung zu einem Mann schon einmal beobachtet. Empfindungen dieser Art sind nur natürlich, besonders dann, wenn Sie als Frau die Unterschiede zwischen Männern und dem weiblichen Geschlecht noch nicht verstanden haben. In diesem Fall besteht die Gefahr, daß Sie Schwierigkeiten mit Verhaltensweisen ihres Partners nicht den – nun mal gegebenen – männlichen Aktionsmustern zuschreiben, sondern annehmen, Ihre Beziehung sei nicht in Ordnung.

## Das können Frauen dagegen tun

- Akzeptieren Sie, daß er anders ist als Sie, und versuchen Sie, um Unterstützung zu bitten, ohne ihm auf den Schlips zu treten.
- Lernen Sie, wenn Sie aufgebracht sind, Ihren Ärger mitzuteilen, doch verpacken Sie ihn in positive Gefühle des Vertrauens, der Akzeptanz und der Anerkennung.

- Während Sie sich mitteilen, versichern Sie ihm in regelmäßigen Abständen, daß Sie ihm keine Schuld geben und daß sein Zuhören Ihnen hilft und Sie es zu schätzen wissen.
- Wenn Sie ärgerlich sind, sprechen Sie mit Freundinnen darüber oder üben Sie mit der Liebesbrieftechnik (siehe Seite 225) zu verzeihen. Haben Sie eine versöhnlichere Haltung gewonnen, teilen Sie Ihre Gefühle mit.
- Üben Sie, um Unterstützung zu bitten und damit zurechtzukommen, daß er nicht immer ja sagt. Geben Sie ihm Gelegenheit, Sie auf seine Weise zu unterstützen.
- Zollen Sie ihm Anerkennung für alles, was er für Sie tut. Nehmen Sie nichts als Selbstverständlichkeit hin, auch wenn seine Tat nicht gerade weltbewegend, sondern eher banal war.
- Kümmern Sie sich zunächst um sich selbst und dann erst um ihn. Wenn Sie müde sind oder stark unter Streß stehen, machen Sie sich nicht zur Märtyrerin, indem Sie noch mehr geben. Geben Sie weniger, damit er erkennt, daß Sie mehr Unterstützung brauchen. Also ruhig einmal eine Verabredung absagen oder das Ausgehen verkürzen.
- Wenn er Vorschläge zur Stärkung der Beziehung macht – zum Beispiel: »Laß uns zum Essen ausgehen« oder »Laß uns zusammen Urlaub machen« –, achten Sie besonders darauf, seine Ideen nicht zu korrigieren, zu kritisieren oder zu verbessern. Nehmen Sie die Vorschläge positiv auf, damit Sie einige Zeit später geschickt Ihre Vorstellungen einfließen lassen können.
- Schließen Sie sich einer Frauengruppe an, oder gründen Sie eine. Treffen Sie sich möglichst wöchentlich zum Diskutieren, und tauschen Sie ihre Erfahrungen bei der Umsetzung von neuen Erkenntnissen aus.
- Lesen und diskutieren Sie Abschnitte dieses Buches mit Ihrem Partner. Finden Sie seine Vorstellungen und Reaktionen heraus, und arbeiten Sie daran, sie zu akzeptieren. Teilen Sie ihm Ihre Gefühle mit, damit er Sie besser verste-

hen lernt. Sie können auch versuchen, eine Art Schulung für beide durchzuführen, indem Sie sich Kapitel für Kapitel vorarbeiten.

- Freunden Sie sich mit einem Paar an, das eine gute Beziehung führt, und tauschen Sie sich mit ihnen aus. Kommen Sie dennoch zu keiner Klärung, nehmen Sie die Hilfe einer Eheberatung oder eines Therapeuten in Anspruch. Das sollte Sie keineswegs erschrecken – es ist etwas völlig Normales, in Krisen zu geraten.

## Wie kann Horst sich ändern?

Horst kann sich nur ändern, indem er Pamelas Bedürfnisse verstehen lernt. Zunächst muß er erkennen, daß sie seine Hilfe braucht, um ihre innersten Gefühle zu ergründen. Er muß sich eingestehen und respektieren, daß sie Bedürfnisse hat, sich ihrer aber nicht bewußt ist. Seine Aufgabe besteht darin, ihr dabei zu helfen, ihre Bedürfnisse zu entdecken. So wird er von selbst die Motivation verspüren, mehr an der Beziehung mitzuarbeiten.

Männer sind sich in der Regel nicht bewußt, daß sie das Interesse verlieren. Sie merken nur, daß ihre Arbeit oder Hobbys für sie irgendwann wichtiger werden als die Beziehung. Und das ist genau der richtige Ansatzpunkt für Männer, um zu erkennen, daß die Prioritäten verrutscht sind – ob sie nun daran schuld sind oder nicht. Sie müssen handeln!

## So erkennen Männer ein Beziehungsproblem

Hier einige Warnzeichen, denen ein Mann entnehmen kann, daß sich ein Beziehungsproblem zusammenbraut:

- Sie haben sich so auf Ihre Arbeit konzentriert, daß Sie ständig vergessen, Dinge zu besorgen, die Sie Ihrer Partnerin versprochenermaßen mitbringen wollten, oder zugesagte Reparaturen im Haus zu erledigen.
- Sie verstehen die Gefühle Ihrer Partnerin nicht und ertappen sich dabei, wie Sie ihr sagen, wie sie sich fühlen sollte und wie nicht.

- Sie fragen sich, warum Ihre Partnerin sich über Kleinigkeiten so aufregt.
- Sie beobachten oft an sich, wie Sie ihrer Partnerin oder den Kindern nur halb zuhören, weil Sie mit einem beruflichen Problem beschäftigt oder durch das Fernsehen abgelenkt sind.
- Sie wenden sich ab oder werden ungeduldig, wenn Ihre Partnerin zu reden beginnt.
- Sie empfinden beim Sex mit Ihrer Partnerin keine Leidenschaft mehr.

## Das können Männer dagegen tun

Vermutlich findet sich auf der ganzen Erde nicht ein einziger Mann, der solche Symptome nicht schon an sich beobachtet hat. Ein jedes ist ein Beispiel für das konzentrierte Bewußtsein, das im übrigen nichts Schlimmes ist, denn ohne gezieltes Vorgehen würde nichts erreicht werden. Doch zeugen die oben beschriebenen Situationen ausnahmslos von zuviel Konzentriertheit, die einem Mann den Blick für die Bedürfnisse anderer verbaut. Die Konzentration auf ein Ziel wird zu einem Negativum, wenn sie nicht durch Offenheit ausgeglichen wird.

Erkennt ein Mann die Anzeichen für seine übermäßige Konzentration, kann er seine Wahrnehmung erweitern, indem er seiner Partnerin zuhört. Im Zustand der Überkonzentration empfinden manche Männer es geradezu als Zumutung, Zeit darauf zu verwenden, sich Gefühle anzuhören. Dieser Streß, zuhören zu müssen, läßt sich verringern, indem der Mann seine Partnerin ermutigt, ihre Gefühle niederzuschreiben, und dann Zeit einplant, um sich mit ihnen zu beschäftigen. Die Bitte um Niederschrift sollte jedoch nicht den Eindruck erwecken, man wolle die Partnerin »abwimmeln«.

Solche Untertöne verkomplizieren jede Aussprache oder verunmöglichen sie sogar.

Damit eine Frau mehr Unterstützung bekommen kann, muß sie sich zunächst unbedingt ihrer wirklichen Bedürfnisse be-

wußt werden. Dieses Buch kann ihr dabei behilflich sein. Es ist nicht nur sinnvoll, wenn sie die Stellen unterstreicht, durch die sie sich angesprochen fühlt, und anschließend ihren Partner bittet, dasselbe zu tun, so daß beide die jeweiligen Bedürfnisse des anderen besser verstehen. Ebenso empfehlenswert ist das Aufschreiben und anschließende Besprechen ihrer Wünsche, Bedürfnisse und Gefühle mit dem Partner.
Das folgende Kapitel stellt verschiedene Möglichkeiten vor, wie ein Mann seiner Partnerin seine Liebe zeigen und sie unterstützen kann.

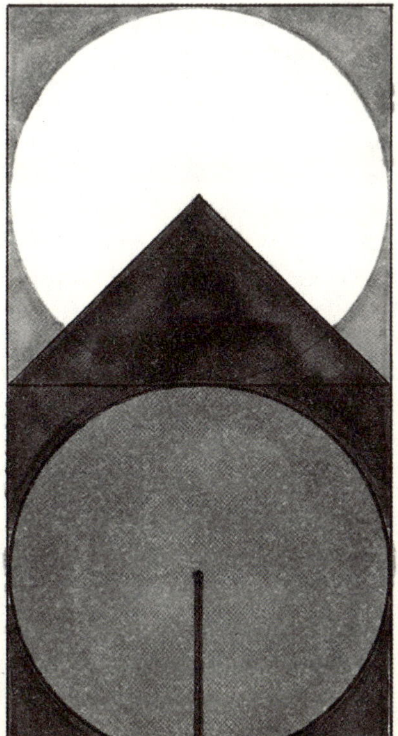

# Die Kunst, eine gute Beziehung zu führen

Die meisten Männer nehmen an, daß eine Frau, die einmal zufriedengestellt ist, dies auch bis auf weiteres bleibt. Wenn Männer ihre Liebe bewiesen haben, sollten Frauen sich fortan darauf verlassen und keine weiteren Bestätigungen oder Erinnerungen mehr einfordern. Aus der männlichen Perspektive ist diese Haltung absolut einleuchtend, Frauen können jedoch schwer damit umgehen. Sie steht in krassem Widerspruch zu der inneren Realität einer Frau.

Eine Frau braucht die Bestätigung, daß sie etwas Besonderes ist und daß der Mann ihren besonderen Wert erkennt, sie versteht und liebenswert findet. Auch Männer wollen Bestätigung und bekommen sie auch, vor allem in ihrem Beruf. Frauen dagegen suchen sie in erster Linie durch ihre Beziehung zu erlangen.

Wenn ein Mann im Beruf versagt, beginnt er, an seinem Wert zu zweifeln. Ganz ähnlich überkommen eine Frau Zweifel, wenn sie von ihrem Partner ignoriert wird. Sie braucht immer wieder Zeichen, Gesten und verbale Bestätigungen, daß er sie liebt.

Männer haben ebenfalls dieses Bedürfnis nach Bestätigung durch eine Partnerschaft, doch sind sie sich dieses Bedürfnisses, solange sie in einer Beziehung leben, meist nicht bewußt. Allein die Tatsache, daß er eine Beziehung hat, versichert einen Mann seiner Fähigkeit. Ihm gilt die Zufriedenheit seiner Partnerin Auftrieb, während eine Frau Bestätigung in Form unmittelbarer, fürsorglicher Aufmerksamkeit braucht.

## Was Männer immer wieder vergessen

Ein Mann macht sich in einer Beziehung keine Sorgen, daß er abgelehnt werden könnte, solange dies nicht tatsächlich eintritt. Er empfindet bewußt kein Bedürfnis nach Bestätigung, weil er sie durch seine Erfolge in anderen Bereichen be-

kommt. Daher kann er das ständige Bedürfnis einer Frau nach Bestätigung nicht so ohne weiteres nachvollziehen.
Aufgrund seiner fokussierten Denkweise argumentiert er etwa wie folgt: »Obwohl ich zur Zeit beruflich stark eingespannt bin, müßte sie doch wissen, daß ich sie heute, morgen und immer lieben werde, bis ich ihr Gegenteiliges sage.« Eine Frau mutet dies ebenso absurd an, wie die folgenden Feststellungen für einen Mann nicht nachvollziehbar sind: »Gewiß, er ist pleite und arbeitslos, aber er müßte doch wissen, daß er wieder auf die Beine kommen wird, denn schließlich hat er ausgezeichnet gearbeitet, bevor die Firma Konkurs machte« oder »Obwohl er heute als letzter ins Ziel kam, müßte er doch wissen, daß er ein Siegertyp ist, denn immerhin hat er doch einmal ein Tennisturnier gewonnen«.
Zweifellos erfordern die Niederlagen eines Mannes, daß er sein Selbstwertgefühl nicht von seinen Erfolgen abhängig macht. Ebenso aber läßt sich festhalten, daß sein Selbstwertgefühl gestärkt wird, wenn er neben seinen Niederlagen auch große Erfolge zu verzeichnen hat.
Nach einem beruflichen Fehlschlag muß er sich wieder sammeln und einen neuen Versuch starten. Wenn sich die ersten Erfolge einstellen, stabilisiert sich sein Selbstvertrauen. Dies ist in etwa mit Bodybuilding zu vergleichen:
Wenn die Muskeln völlig abgebaut waren, wird ihr Zuwachs um so deutlicher. Ganz ähnlich vermag ein Mann, der eine Reihe von Rückschlägen erlebt hat und dann trotzdem den Mut aufbringt, neue Versuche zu unternehmen, seine Selbstachtung zu stärken.
Das Selbstwertgefühl einer Frau ist gefordert, wenn ihr Partner sich zurückzieht oder sie zeitweilig ignoriert. In dieser schmerzlichen Phase kann sie wieder zu sich selbst finden und ihren Wert unabhängig von seiner Liebe erkennen. Doch ist es ebenso wichtig, daß auf die Gefühle der Unsicherheit solche der Bestätigung und Unterstützung durch ihren Partner folgen. Diese Bestätigung ist notwendig, um ihr Selbstvertrauen und ihre Selbstachtung zu stärken.

## Verbale Bestätigung

Eine Frau braucht Tag für Tag die verbale Bestätigung, daß sie geliebt wird. Dabei gibt es im Grunde nur eine Möglichkeit, ihr dies zu sagen. Sie lautet: »Ich liebe dich.« Dies muß sie wieder und wieder hören.

Manchmal hört ein Mann auf, dies zu sagen, und meint, damit originell und abwechslungsreich zu sein. Er geht davon aus, daß eine Frau es irgendwann müde wird, diesen Satz zu hören. Tatsächlich aber wird sie seiner niemals überdrüssig. Vielmehr gibt der Mann ihr damit Gelegenheit, seine Liebe »zu fühlen«. Er mag sie noch so sehr lieben – wenn er es ihr nicht sagt, wird sie es nicht empfinden. Ein Mann kann dies vielleicht leichter nachempfinden, wenn er sich die Wirkung jenes kleinen Satzes vor Augen hält, den er niemals müde wird zu hören. Dieser Satz lautet »Ich danke dir« und will von einem Mann immer dann gehört werden, wenn er etwas für jemanden getan hat.

Die zweite Aussage, die einer Frau Bestätigung gibt, heißt: »Ich verstehe«. Dieser Satz kann sehr hilfreich sein, wenn ein Mann wirklich versteht (aber auch nur dann). Sagt ein Mann »Ich verstehe«, kann die Frau dem entnehmen, daß sie gehört wurde. Die entsprechende Bestätigung, die ein Mann gern hört, lautet »Das macht Sinn«. Bekommt ein Mann diese Bemerkung zu hören, fühlt er sich gleichermaßen unterstützt und anerkannt.

## Gesten der Liebe

Frauen legen auf liebevolle Gesten großen Wert. Schenkt ein Mann zum Beispiel Blumen, drückt er damit seine Wertschätzung ihrer Schönheit und Weiblichkeit aus. Frauen bekommen gern immer wieder Blumen.

Für sie sind Blumen ein Symbol der Liebe eines Mannes. Sie geben seiner Liebe eine greifbare Form. Meist unterliegt ein Mann einem Trugschluß, wenn er vermutet, sie werde seiner ewigen Blumensträuße überdrüssig, und aufhört, ihr weiterhin welche mitzubringen.

Ob Blumen, große Geschenke oder winzige Kleinigkeiten, sie alle lassen die Frau wissen, daß sie etwas Besonderes ist. Sie fühlt sich als etwas Wertvolles, wenn er sie auf besondere Weise behandelt. Geschenke dieser Art respektieren das Bedürfnis einer Frau nach Bestätigung.

Auch kleine Zettel mit zärtlichen Botschaften verfehlen ihre Wirkung nicht. Man muß nicht besonders originell oder kreativ sein, sondern nur das Wesentliche sagen – wieder und immer wieder. Solange diese Zettel Ihre Gefühle zum Ausdruck bringen, werden sie auch Wirkung zeigen. Sie könnten zum Beispiel mitteilen: »Ich liebe dich.« – »Du fehlst mir.« – »Du bist die Freude meines Lebens.« – »Ich wollte dir nur sagen, daß du mir wichtig bist.« Sie können natürlich auch eine romantische, witzige oder besonders schöne Karte verwenden und ein kleines Geschenk oder eine Blume dazugeben. Ebenso können Sie ihre kleinen Liebeserklärungen in spontanen Telefonanrufen übermitteln.

Viele Männer tun dies am Anfang einer Beziehung instinktiv und mit großem Enthusiasmus. Nach einer Weile aber hören sie damit auf, weil sie fälschlicherweise meinen, ihre Geste nutze sich ab oder sei nicht mehr notwendig. In der Folge fühlt sich eine Frau irgendwann ungeliebt, weil er ihr nicht mehr dieselbe Aufmerksamkeit zuteil werden läßt wie zu Beginn der Beziehung. Verändert sich die Qualität seiner Aufmerksamkeit, nimmt sie an, da sie die männliche Psyche mißversteht, er sei nicht glücklich mit ihr und mache sich nichts aus ihr. Die Qualität der Aufmerksamkeit ist das wichtigste Zeichen der Liebe.

Wenn ein Mann den Kontakt zu den Gefühlen seiner Partnerin verliert, verliert nicht nur er, sondern auch sie den Blick für das Wesentliche. Möglicherweise weiß sie nicht mehr genau, was sie braucht, und beginnt, sich über ihn zu ärgern. Vielleicht weiß sie nicht, was ihr fehlt, doch spürt sie, daß etwas fehlt.

Zeigt ein Mann die Bereitschaft, den Bedürfnissen seiner Partnerin Beachtung zu schenken, profitieren beide davon.

Seine Motivation, sie zu unterstützen, wächst, je mehr sie ihn wissen läßt, wieviel er ihr bedeutet, und indem sie ihrer Dankbarkeit Ausdruck verleiht, fühlt er sich anerkannt, akzeptiert und befähigt.

## Kleinigkeiten mit großer Wirkung

Bevor ich begriff, wie sehr sich das Bewußtsein einer Frau von dem meinen unterscheidet, konnte ich nicht verstehen, warum meine Frau sich aufregte, wenn ich zum Beispiel vergaß, eine Zeitung nach Hause mitzubringen, die Wäsche aus der Reinigung abzuholen, ein Fenster zu reparieren, die Küchenschränke zu streichen oder ihr auszurichten, daß wir zu einer Party eingeladen waren. In meinen Augen waren dies Kleinigkeiten. Große, wichtige Dinge waren für mich Geldverdienen, die Hypothekenrate bezahlen, die Wahrheit sagen, meiner Frau treu bleiben, »da sein«, wenn es darauf ankommt, usw.

Gelegentlich verlor sie, wenn ich wieder einmal etwas vergessen hatte, die Fassung und sagte dabei des öfteren, sie habe das Gefühl, ich liebe sie nicht. Wie, so fragte ich mich, konnte sie eine vergessene Zeitung als Zeichen dafür werten, daß ich sie nicht liebe?

Schließlich erkannte ich, daß aus ihrer Sicht meine Liebe darin zum Ausdruck kam, daß ich mich an solche Kleinigkeiten erinnerte. Diese Kleinigkeiten hatten, da es ihre Bedürfnisse waren, unmittelbar mit ihr zu tun.

Vergaß ich sie, konnte meine Frau kaum umhin, meine Vergeßlichkeit als Mangel an Interesse und Fürsorge zu interpretieren. Indem ich diese Angelegenheiten als unwichtig abtat, gab ich ihr tatsächlich das Gefühl, unwichtig zu sein.

Wenn ein Mann etwas ignoriert, was für eine Frau wichtig ist, hat sie das Gefühl, er ignoriere sie. Ich kam zu dem Schluß, daß ich meiner Frau auf wirksame Weise meine Liebe zeigen und Bestätigung geben konnte, wenn ich auf die Kleinigkeiten einging. Da sie wirklich der wichtigste Mensch in meinem Leben ist, begann ich, als ich die Bedeutung der

»Kleinigkeiten« begriffen hatte, automatisch, ihren Wünschen mehr Beachtung zu schenken. Nachdem ich verstanden hatte, daß es sich um ein berechtigtes Bedürfnis von ihr handelte, konnte ich mein männliches Bewußtsein auf die Lösung des Problems lenken.
Da ich eingesehen hatte, was die Haltung des zerstreuten Professors bei ihr auslöste, konnte ich verstehen, was sie empfand, wenn ich Dinge vergaß. Ich spürte nicht länger den Drang, ihr zu sagen, sie solle sich nicht so aufregen. Sie wiederum hat inzwischen meine männliche Neigung, mich auf einen Punkt zu fixieren, verstanden und nimmt meine Vergeßlichkeit nicht mehr so persönlich.

### Durch Kleinigkeiten Kreativität fördern

Es gibt noch einen anderen Grund, weshalb ein Mann Kleinigkeiten mehr Beachtung schenken sollte. Als ich begann, die Wünsche und Vorlieben meiner Frau stärker zu berücksichtigen, stellte ich fest, daß die Erledigung von Kleinigkeiten mir oft den Anstoß gibt, auch anderes zu erledigen, das ich vielleicht schon lange vor mir herschiebe. Eine solche Umorientierung kann sogar helfen, von der übermäßigen Konzentration auf zu wenige Dinge abzulenken.
Diese Umorientierung stellt auch eine äußerst wirkungsvolle Methode der Problemlösung dar. Wenn man sich lange auf die Lösung eines Problems konzentriert hat und dann, sofern einem dies gelingt, das Augenmerk vorübergehend auf etwas lenkt, das einen weniger in Anspruch nimmt, erhält das Unbewußte dadurch die Gelegenheit, das ursprüngliche Problem zu lösen. Oft fällt einem die Lösung dann ein, wenn man gar nicht an das Problem denkt.

## Frauen lieben eine besondere Behandlung

Frauen lieben es, wenn ihr Partner sie wichtiger als alles andere nimmt. Ich lernte diese Lektion, als meine Frau und ich unsere erste große Familienfeier veranstalteten. Ich war in

meine Praxis gegangen, während Bonnie zu Hause alles vorbereitet hatte. Als ich nach Hause kam, war ich sehr stolz auf mich, hatte ich doch tatsächlich daran gedacht, die Videokamera mitzubringen. Zwar machte ich bei Familienfeiern immer gerne Videoaufnahmen, doch hätte ich leicht von einem beruflichen Problem so in Anspruch genommen werden können, daß ich die Kamera vergessen hätte.
Als ich nach Hause kam, waren alle bereits eingetroffen. Ich ging sofort ins Wohnzimmer, um alles aufzubauen. Während ich damit beschäftigt war, kamen die Kinder herbeigelaufen, um mich zu begrüßen. Nach und nach fanden alle Familienmitglieder den Weg ins Wohnzimmer, begrüßten mich und wechselten ein paar Worte mit mir, während ich weiterhin damit befaßt war, die Videoanlage zu installieren.
Als ich damit fertig war, ging ich in die Küche, um meine Frau zu begrüßen. Natürlich dachte ich, daß Bonnie sich nicht nur darüber freuen würde, daß ich die Kamera mitgebracht hatte, sondern daß auch schon alles startbereit war. Statt dessen zeigte sie sich mir gegenüber kühl und reserviert. Es stellte sich heraus, daß sie erwartet hatte, daß ich erst sie begrüßt und mich dann um die Videoanlage gekümmert hätte. Statt dessen war sie die letzte unter allen Anwesenden, mit der ich sprach. Ich war überrascht, denn ich war der Meinung, daß sie jederzeit ins Wohnzimmer hätte kommen können, wenn sie mich hätte sehen wollen. Dies war meine männliche Sicht.
Als wir schließlich Gelegenheit hatten, darüber zu reden, sagte sie mir, sie sei verletzt, weil es bei ihr so ankam, als ignorierte ich sie. Sie hätte sich gewünscht, daß ich bei meiner Ankunft zunächst zu ihr gegangen wäre und sie innig umarmt hätte, dann die anderen begrüßt und mich dann erst um die Kamera gekümmert hätte. Da ich umgekehrt vorgegangen war, hatte sie nicht das Gefühl, etwas Besonderes zu sein. Aus ihrer Sicht bedeutete meine Konzentration auf die Kamera, daß diese für mich wichtiger war als sie oder unsere Gäste.

## Die Logik der Liebe

Hätte ich damals gemeint, mich verteidigen zu müssen, hätte ich meine Frau als unvernünftig und übermäßig anspruchsvoll verurteilen können. Aus einer romantischen Sicht aber war das, was sie sagte, durchaus verständlich. Zweifellos mag ich es sehr, wenn Bonnie oder die Kinder sich freuen, mich zu sehen. Dabei bekomme ich jedesmal das Gefühl, für sie etwas Besonderes und Wichtiges zu sein. Warum sollte sie nicht auch dieses Gefühl genießen?

Ich erkannte, wie wichtig es für Frauen ist, daß wir Männer sie ganz besonders behandeln. Frauen wissen tatsächlich nicht, wieviel sie uns bedeuten, bis wir es ihnen sagen und zeigen. Es kommt einem Mann nie in den Sinn, daß seine Frau denken könnte, seine Kamera sei ihm auch nur zeitweise wichtiger als sie. Schließlich weiß er, daß er sie liebt, und geht daher davon aus, sie wisse dies ebenso. Aber sie weiß es nicht, zumindest nicht automatisch. Der Mann muß es ihr wieder und wieder sagen.

Als ich diesen Unterschied schließlich verstand, erkannte ich auch, daß es nicht schwierig sein würde, meiner Frau die besondere Behandlung zuteil werden zu lassen, die sie braucht. Bis zum heutigen Tage gehe ich, wenn ich nach Hause komme, als erstes zu ihr, gebe ihr einen Kuß, nehme sie in den Arm und frage, wie ihr Tag gelaufen ist.

Besucht sie meine Seminare, gehe ich zuerst zu ihr und umarme sie, auch wenn andere darauf warten, mit mir zu sprechen. Früher habe ich den Wartenden Vorrang gegeben, weil ich meinte, dies sei ihre Zeit, um mit mir zu reden, während ich mit meiner Frau jederzeit sprechen könne. Diese Haltung entbehrt jeder Romantik und führt dazu, daß eine Frau sich unwichtig und banal fühlt.

Die einfache Formel, um einer Frau zu zeigen, was sie einem bedeutet, lautet: Sie bekommt besondere Zuwendung, und zwar als allererste. Heben Sie sich nicht das Beste für den Schluß auf. Eine Frau wird niemals müde, zu hören und zu sehen, daß ihr Partner sie liebt.

## So fühlt sich eine Frau geliebt

Die vielleicht wichtigste Art, wie ein Mann einer Frau seine Liebe zeigen kann, steht in krassem Gegensatz dazu, was die meisten Männer denken. Wenn sie an der Beziehung nichts kritisieren – so meinen die meisten Männer –, fühlen ihre Partnerinnen sich geliebt und geschätzt.
Schließlich fühlt ein Mann sich auch anerkannt, wenn eine Frau nichts an ihm kritisiert. Ein Mann versteht nicht, daß seine Partnerin, wenn er so tut, als sei in der Beziehung alles in Ordnung, daraus schließt, daß die Beziehung ihm nicht wichtig sei, was für sie soviel heißt, wie daß sie als Person nicht wichtig für ihn sei.
In der Regel machen sich Männer die meisten Gedanken über berufliche Probleme. Wenn sie nach Hause kommen, sind sie gedanklich oft noch immer bei der Arbeit. Daraus folgert eine Frau, daß die Arbeit ihm mehr bedeute als sie. Wenn ein Mann lernt zu erkennen, was ihn in der Beziehung frustriert, enttäuscht und sorgt, bedeutet er seiner Partnerin damit, daß sie für ihn wichtig ist und er sie schätzt und braucht.
Hierin liegt eines der Geheimnisse, wie man einer Frau das Gefühl vermittelt, daß sie geliebt wird: Das Selbstwertgefühl einer Frau steigt, wenn die emotionale Unterstützung, die sie dem Mann zuteil werden läßt, anerkannt, gewünscht und geschätzt wird.Für die meisten Männer ist dies schwierig, da sie sich in der Regel nicht bewußt sind, was sie in einer Beziehung wirklich schätzen oder vermissen.
Wenn ein Mann lernt, seine emotionalen Bedürfnisse mitzuteilen, steigert dies nicht nur das Selbstwertgefühl einer Frau, sondern motiviert sie außerdem, mehr zu geben.
Einer der Hauptgründe, warum Frauen sich ungeliebt fühlen, ist darin zu suchen, daß die meisten Männer nicht in der Lage sind, Frauen instinktiv das zu geben, was sie brauchen. Überdies haben Männer Schwierigkeiten, ihren eigenen Bedürfnissen Ausdruck zu verleihen. Wenn beide Partner ihre Bedürfnisse und Wünsche äußern können und sich ge-

genseitig geben, was sie brauchen, fühlt sich die Frau wertvoll und geliebt, der Mann anerkannt und unterstützt. Das regelmäßige Austauschen von Geschenken und Liebesbotschaften und das Achten auf die berühmten Kleinigkeiten festigen die Positionen beider und halten die Beziehung am Fließen. »Ich liebe dich« sollte jeder Mann mindestens einmal am Tag seiner Partnerin sagen, und er darf nie vergessen, daß seine Frau etwas Besonderes ist. Das nächste Kapitel setzt sich ausführlicher mit dem Thema gegenseitiger emotionaler Unterstützung auseinander.

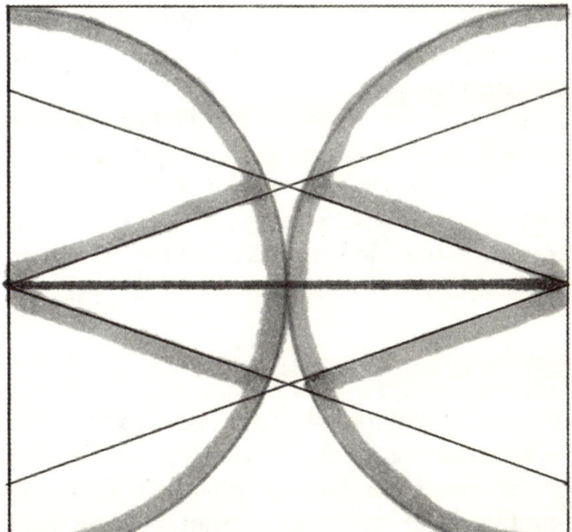

# Emotionale Unterstützung geben und annehmen

Die Regeln für eine erfolgreiche Beziehung ändern sich mit dem Wandel einer Gesellschaft. Dank der politischen, technologischen und wissenschaftlichen Fortschritte ist der nackte Kampf ums Überleben für den Großteil der Menschheit – zumindest in den Industriestaaten – überwunden. Die Zeiten, in denen Mann und Frau in erster Linie damit befaßt waren, das materielle Wohlergehen ihrer selbst und ihrer Familie zu sichern, sind in den westlichen Staaten vorbei.

Heute finden Männer und Frauen in Beziehungen zusammen, um Bedürfnisse der Seele zu befriedigen. Emotionale Bedürfnisse nehmen eine Vorrangstellung ein. Daraus ergeben sich neue Probleme und Konflikte, weil den Partnern eine ganz neue Art von Bedürfnissen bewußt wird. In gewissem Sinne artikulieren sich die emotionalen Bedürfnisse nun deutlicher. Sie waren die ganze Zeit vorhanden, standen jedoch im Hintergrund. Nun rücken sie in den Blickpunkt des Interesses und spielen eine entscheidende Rolle dabei, ob eine Beziehung funktioniert oder scheitert.

## Wenn emotionale Bedürfnisse wichtig werden

Zu Zeiten finanzieller Not kommt ein Paar möglicherweise bestens miteinander aus. Die beiden verbünden sich sozusagen gegen den Rest der Welt. Schließlich erreichen sie eine gewisse finanzielle Sicherheit. Anstatt sich nun entspannt zurückzulehnen, verspüren sie zunehmende Unzufriedenheit. Nachdem der Kampf mit der Außenwelt erfolgreich ausgefochten ist, beginnen die Auseinandersetzungen zu Hause.

Peter war 22 Jahre alt, als er die vier Jahre ältere Ellen heiratete. Acht Jahre lang führten sie eine recht glückliche Ehe. Anfangs waren sie beide arm. Ellen arbeitete als Stewardeß und

unterstützte Peter finanziell während seines Jurastudiums. In ihrer Erinnerung war diese Zeit zwar hart, doch hatten sie zusammen viel Spaß und genossen ihre Liebe und Zärtlichkeit. Allem Anschein nach gab es in ihrer Beziehung keine Probleme. Sie waren ein Team und kämpften gemeinsam um ihre Existenz. Die Vorstellung, daß eines schönen Tages alles anders sein würde, machte es ihnen leichter, über ihre Probleme hinwegzusehen.
Acht Jahre später war Peter ein erfolgreicher, hochdotierter Anwalt und Ellen Mutter zweier Kinder. Ihre Beziehung schien zu funktionieren, doch der Schein trog. Sobald ihre materiellen Probleme gelöst waren, erkannten sie, wie unzufrieden sie miteinander waren. Weder geistig noch körperlich fühlte Peter sich noch zu ihr hingezogen. Ellen tat so, als sei alles in Ordnung. Drei Monate nach ihrem Umzug in ihr schönes, großes neues Haus verliebte Peter sich in seine Sekretärin.
Als Ellen dies herausfand, kamen sie gemeinsam zu einem Beratungsgespräch. Dabei erkannte sie, daß sie ebenso wie er unzufrieden gewesen war. Durch intensive Arbeit konnten sie ihre Beziehung wieder ins Lot bringen. Peter und Ellen hatten Glück. Viele Paare suchen keine Hilfe, sondern lassen sich gleich scheiden.

## Wie Geld unzufrieden machen kann

Wenn sich der Schwerpunkt einer Beziehung vom materiellen auf den emotionalen Bereich verlagert, muß sich das Paar bewußt sein, daß sich daraus unweigerlich neue Probleme ergeben. Die bisherigen Inhalte der Beziehung werden beiden nicht mehr genügen.
Da Frauen meist ein stärkeres Bewußtsein für ihre emotionalen Bedürfnisse besitzen, spüren sie auch als erste, wenn diese nicht hinreichend erfüllt werden. Als Reaktion auf die Unzufriedenheit der Frau empfindet auch der Partner ein Defizit.
Je besser es ihnen materiell geht, desto weniger kann er ihre Unzufriedenheit dulden, weil sie, oberflächlich betrachtet,

weniger Anlaß dazu hat. Da sie nun über mehr Geld verfügen, denkt er, sollte sie eigentlich glücklicher sein.
Tatsächlich aber machen sich gerade jetzt, da sie finanziell mehr abgesichert sind, emotionale Bedürfnisse stärker bemerkbar. Häufig sträubt sich der Partner davor, weil er meint, nachdem er für finanziellen Wohlstand gesorgt hat, sei seine Arbeit getan. Keiner von beiden ist glücklich, und jeder schiebt dem anderen die Schuld dafür zu. Eines der größten Probleme ist, daß sich beide vorwerfen, diese Schwierigkeiten überhaupt zu haben.
Die neuen Probleme sind unvermeidlich. Können die beiden dies verstehen und akzeptieren, dann machen sie ihrem Partner weniger Vorwürfe. Sie stellen nicht die Beziehung grundsätzlich in Frage, sondern die Art, wie sie sie bisher gestaltet und wie sie kommuniziert haben. Anstatt den Partner zu wechseln, können sie ihre Energien auf die Entwicklung ihrer Fähigkeit konzentrieren, emotionale Unterstützung zu geben und anzunehmen.
Manche Paare äußern, daß sie durch ihren Partner immer wieder an die schlechten Zeiten und ihre Erlebnisse dabei erinnert würden. Die Beziehung als Zweckgemeinschaft würde immer wieder in die neue Situation einfließen und sie negativ erscheinen lassen. Viele Partner gelangten in solchen Situationen zu der Auffassung, daß die alte Gemeinschaft und damit der andere ausgedient hätte. All dies zeugt jedoch nur von der Unfähigkeit, auf die Emotionen des anderen einzugehen.

## Emotionale Unterstützung herstellen

Es ist entschieden einfacher, echte emotionale Unterstützung zu geben, wenn man als Kind genug davon bekommen hat. Auch ist es leichter, ein Defizit bei der Erfüllung der eigenen Bedürfnisse zu korrigieren, wenn man weiß, welche Art von Unterstützung man braucht.
Viele Menschen leiden unter chronischen Beziehungsproblemen, weil ihnen eine klare Vorstellung davon fehlt, was möglich ist und wie eine Beziehung sich anfühlt und aussieht, in

der beide Partner Liebe und Unterstützung finden. Waren ihre Eltern nicht imstande, ihnen dies zu vermitteln, wie können sie dann überhaupt wissen, was echter emotionaler Rückhalt bedeutet?

Wer in seiner Kindheit nur unzureichende Aufmerksamkeit und Achtung bekommen hat, hat als Erwachsener Schwierigkeiten, sich beides auf charmante Weise zu verschaffen. Haben wir als Kind nicht Respekt erfahren für das, was wir sind, klagen wir ihn später womöglich ein und handeln uns damit nicht gerade Sympathien ein. Oder wir verleugnen unser wahres Ich, um Achtung und Anerkennung zu bekommen. Das Problem in beiden Fällen ist, daß wir die emotionale Unterstützung, die wir auf diesem Wege vielleicht tatsächlich bekommen, nur schwer zulassen können. Es scheint uns nie genug zu sein.

Gesa, von Beruf Reisebürokauffrau, war 42 Jahre alt, als sie im Urlaub eines Morgens aufwachte und feststellte, daß sie total unglücklich und mit ihrem Leben und ihrer Beziehung unzufrieden war. Sie fühlte sich leer und allein. Niemand, so meinte sie, hatte sie jemals wirklich geliebt, geachtet oder geschätzt.

Durch therapeutische Beratung dazu angeregt, versuchte ihr Ehemann Tim alles, um sie zu unterstützen und davon zu überzeugen, daß er sie liebte und sie ihm wichtig war. Meinen Gesprächen mit ihnen konnte ich entnehmen, daß er sie aus vollem Herzen liebte, sie aber seine Liebe nicht annehmen konnte. Auch deckte ich die Mechanismen auf, mit denen er jede mitfühlende Kommunikation unbewußt nahezu unmöglich machte.

Sie berichtete: »Ich sehe, daß er sich wirklich bemüht, mich zufriedenzustellen. Ich habe sogar ein schlechtes Gewissen, daß ich ihm für all das, was er für mich tut, nicht die gebührende Anerkennung zuteil werden lasse. Ich weiß nicht, warum er mir nie genügen kann, ganz gleich, was er tut. Aber wenn ich mit ihm rede, hört er mich nicht richtig an. Er sieht nicht, wer ich bin. Ich glaube, er liebt mich nicht wirklich.«

Eine starke Ergriffenheit wallte in ihr hoch, sie holte tief Luft und brach in Tränen aus. »Niemand liebt mich. Niemand hat mich jemals geliebt. Der einzige Mensch, der mich geliebt hat, war mein Vater, und der starb, als ich sieben Jahre alt war.«

Zum erstenmal seit langem öffnete Gesa sich und teilte mit Tim ihren seelischen Schmerz. Sie war erstaunt, daß er sie nicht zurückwies. Als sie lernte, sich mitzuteilen, anstatt sich nur zu beklagen, konnte er sie auch wahrnehmen und mit ehrlichem Mitgefühl und Verständnis reagieren. Mit einiger Hilfe begann Gesa, sich zu öffnen und ihre Gefühle der Unsicherheit, Trauer und auch der Wut zu erkennen. Da sie bis dahin weder etwas herausgelassen noch versucht hatte, liebevoll und nett zu sein, war dies nun eine völlig neue Erfahrung für sie.

Als Gesa ihr ganzes Selbst offen zeigte, konnte sie die Liebe annehmen, die wirklich ihr galt. Indem sie die Verantwortung übernahm, sie selbst zu sein und ihre Gefühle ehrlich und frei von Vorwürfen zu äußern, konnte sie Tims emotionale Unterstützung auf ihre tief im Inneren verborgenen Anteile lenken, die seine Liebe am dringendsten brauchten. Mit Hilfe seiner Unterstützung begann sie, ihre beiden Seiten zu lieben. Mit der wachsenden Fähigkeit, sich selbst zu lieben, begann Gesa, Tims Liebe zu schätzen und zu trauen.

Gesa lernte, ihrem Ehemann ihre emotionalen Bedürfnisse mitzuteilen und ihn um Beistand zu bitten. Als er lernte, ihr zu geben, was sie brauchte, wurde sie fähig zu erkennen, was er brauchte. Ein solcher Prozeß wird erheblich dadurch begünstigt, daß wir eine klare Vorstellung von unseren Bedürfnissen haben und uns bewußt sind, inwieweit sich die des Partners von den unsrigen unterschieden.

## Das braucht unser Gefühlsleben

Die folgenden Grundbedürfnisse oder -haltungen bilden eine wesentliche Voraussetzung für die Herstellung einer wirklich liebevollen und emotional unterstützenden Beziehung:

Liebe, Fürsorge, Verständnis, Respekt, Anerkennung, Akzeptanz und Vertrauen.
All diese Haltungen sind in unterschiedlichem Maße gegeben, wenn ein Mensch sich emotional unterstützt fühlt. Positive Gefühle wie Erfüllung, Frieden, Glück, Dankbarkeit, Zufriedenheit, Begeisterung und Zuversicht werden ganz automatisch erzeugt, wenn wir es schaffen, unsere emotionalen Grundbedürfnisse zu allererst zu erkennen und dann auch noch zu erfüllen.

## Liebe

Liebe verbindet, vereint und bedeutet Gemeinsamkeit und Teilen. Sie sagt ohne jede Wertung und Beurteilung: Wir mögen zwar anders sein, doch sind wir auch sehr ähnlich. Ich erkenne mich in dir wieder, und ich erkenne dich in mir wieder. Auf der geistigen Ebene drückt sich Liebe in Verständnis aus. Sie gibt ein Gefühl der geistigen Verwandtschaft zu erkennen: Ich bin ähnlicher Auffassung wie du. Auf emotionaler Ebene drückt Liebe sich in Mitgefühl aus. Sie gibt eine Übereinstimmung des Gefühls zu erkennen: Ich kann deine Gefühle nachempfinden; ich habe schon ähnliches gefühlt. Auf körperlicher Ebene drückt Liebe sich durch Berührung aus.

## Fürsorge

In einer fürsorglichen Haltung drückt sich ein Gefühl der Verantwortung für die Erfüllung der Bedürfnisse anderer aus. Fürsorge zeigt sich als starkes Interesse oder aufrichtige Teilnahme am Wohlergehen eines anderen. Wenn wir uns um jemanden kümmern, zeigen wir damit, daß es uns berührt, ob es ihm gut geht oder nicht. Je stärker dieses Interesse ist, desto stärker ist der natürliche Impuls, dem anderen Erfüllung oder Unterstützung zu geben. Fürsorge ist zugleich die Anerkennung dessen, was für den anderen wichtig ist. Sie unterstreicht, daß der Mensch, auf die sie sich richtet, etwas Besonderes ist.

## Verständnis

Wer Verständnis zeigt, anerkennt die Bedeutung einer Aussage, Empfindung oder Situation. Er gibt nicht vor, alle Antworten bereits zu kennen. Vielmehr geht er davon aus, daß er nichts weiß; er erfaßt die Bedeutung dessen, was er hört, und bemüht sich, ihm Geltung zuzugestehen. Verständnis ermöglicht uns, die Welt mit den Augen eines anderen zu sehen. Verständnis heißt: Bevor ich ein Urteil über dich fälle, ziehe ich meine Schuhe aus und laufe eine Weile in deinen.

## Respekt

Eine respektvolle Haltung anerkennt die Rechte, Wünsche und Bedürfnisse eines anderen und geht auf sie ein, und zwar nicht aus Angst, sondern aus der Erkenntnis ihrer Gültigkeit. Respekt hebt den Wert und die Bedeutung einer Person und ihrer Bedürfnisse. Er gibt die Motivation, einem anderen Menschen aufrichtig helfen zu wollen, weil er oder sie es verdient hat.

## Anerkennung

Diese Gesinnung würdigt die Bemühungen oder das Verhalten eines anderen Menschen. Sie zeigt, daß eine andere Person mit ihrem Wesen oder dem Verhalten, das sie an den Tag legte, zum Wohlbefinden dessen beigetragen hat, der die Anerkennung empfindet. Anerkennung ist die natürliche Reaktion auf erfahrene Unterstützung. Sie inspiriert uns, anderen mit einem Gefühl der Erfüllung und Freude etwas zurückzugeben. Sie bringt zum Ausdruck, daß wir von dem uns gegebenen Geschenk profitiert haben.

## Akzeptanz

Eine akzeptierende Haltung gibt zu verstehen, daß das Wesen oder Verhalten eines anderen bereitwillig angenommen wird. Sie lehnt nicht ab, sondern bekräftigt vielmehr, daß dem anderen Menschen positive Gefühle entgegengebracht werden. Tatsächlich ist Akzeptanz von einem Gefühl der Dankbarkeit begleitet für das, was wir bekommen haben. Sie ist keine passive Haltung, die über etwas hinwegsieht oder leicht mißbilligt. Akzeptiert man einen Menschen, sagt man damit, daß er einem genügt. Es bedeutet nicht, daß man meint, er könne sich nicht noch bessern, sondern, daß man nicht versucht, ihn zu bessern. Akzeptanz ist eine Haltung, die die Fehler eines anderen vergibt.

## Vertrauen

Eine vertrauensvolle Haltung anerkennt die positiven Charaktereigenschaften eines anderen Menschen – wie Ehrlichkeit, Integrität, Zuverlässigkeit, Gerechtigkeit und Aufrichtigkeit. Ist kein Vertrauen vorhanden, ergeben sich daraus meist negative oder falsche Schlüsse über die Absicht der Person.

Ist Vertrauen vorhanden, läßt sich jede Kränkung noch zugunsten dessen, der sie ausgesprochen hat, auslegen, da man davon ausgehen kann, daß es eine plausible Erklärung für sie geben muß. Vertrauen innerhalb einer Beziehung wächst, wenn beide Partner erkennen, daß der andere ihn niemals absichtlich verletzen würde. Vertrauen in den Partner bedeutet, daran zu glauben, daß er fähig und bereit ist, Unterstützung zu geben.

## Unsere männlichen und weiblichen Bedürfnisse

Ein äußerst interessanter und bedeutender Aspekt der emotionalen Grundbedürfnisse ist der, daß ihre Wichtigkeit bei Männern und Frauen verschieden bewertet wird. Liebe, das erste der Bedürfnisse, ist für Männer und Frauen gleichermaßen wichtig. Die Bedeutung der übrigen sechs emotionalen Bedürfnisse variiert jedoch.

Die männliche Seite eines Menschen braucht vor allem Vertrauen, Akzeptanz und Wertschätzung, während die weiblichen Anteile nach Fürsorge, Verständnis und Respekt verlangen. Da Männer und Frauen von diesen geschlechtsspezifisch unterschiedlichen Bedürfnissen selten etwas wissen, begehen sie sehr häufig einen Fehler: Sie geben ihrem Partner, was sie sich selbst wünschen, in der Annahme, er habe die gleichen Wünsche. Wenn ihr Partner ihre Gefälligkeiten nicht erwidert, sind sie schockiert.

Sehr häufig bringt eine Frau einem Mann so viel Fürsorge und Verständnis entgegen, daß er das Gefühl hat, sie vertraue ihm nicht. Sie gibt ihm Fürsorge und Verständnis, weil sie vor allem dies von einem Partner braucht. Dabei geht sie von der irrtümlichen Annahme aus, daß er ihre treusorgende Haltung schätzt und sich ihr gegenüber genauso verhält. Statt dessen reagiert er womöglich mit einer neutralen Haltung oder empfindet ihre Unterstützung gar als erstickend und lästig. Lehnt er ihr fürsorgliches Verhalten ab, ist sie perplex und verwirrt.

## Fürsorge oder Akzeptanz?

Umgekehrt zeigt ein Mann möglicherweise so viel Akzeptanz und Vertrauen, daß die Frau meint, er interessiere sich überhaupt nicht für sie, und ihm dies übelnimmt. Ein Mann schenkt seiner Partnerin Vertrauen und Akzeptanz, weil er genau dies am meisten von ihr braucht.

Regt sie sich zum Beispiel auf, gibt er ihr etwas Raum, damit sie ihre Gedanken und Gefühle sortieren kann, und ignoriert sie einstweilen völlig. Von seiner Warte aus gibt er ihr Akzeptanz und Vertrauen. Er traut ihr zu, daß sie das Problem allein bewältigen kann, und akzeptiert sie, indem er nicht einzugreifen versucht. Sie aber fühlt sich im Stich gelassen und abgewiesen und wirft ihm mangelnde Fürsorge vor.

In beiden Beispielen erkannten die Partner nicht die jeweils unterschiedlichen Bedürfnisse des anderen und konnten sich daher nicht gegenseitig unterstützen – obwohl sie dies nicht nur versuchten, sondern überdies auch noch meinten, das Beste zu tun!

Wer dies wirklich begreift, gewinnt daraus die Erkenntnis, warum er oder sie in einer Beziehung eventuell nicht die Unterstützung bekommt, die ihm oder ihr eigentlich zustehen

würde. Wie häufig berichten Menschen, daß sie in ihrer Beziehung so viel geben und ihr Partner ihnen trotz allem nichts zurückgibt. Ja, sie geben tatsächlich, aber nicht unbedingt das, was ihr Partner wirklich braucht.
Wem es gelingt, das Richtige zu geben, dem wird der Empfänger mit Freuden auch seine Unterstützung zuteil werden lassen. Funktioniert eine Beziehung nicht, geben wir unserem Partner nicht das, was er wirklich braucht. Meinen beide, sie gäben, aber keiner hat das Gefühl, etwas zu bekommen, sind beide nur Opfer.

### Das Richtige geben

Um unsere Fähigkeit zu erkennen, uns das zu verschaffen, was wir brauchen, müssen wir folgendes akzeptieren: Wenn wir nichts bekommen, dann geben wir nichts. Oder, genauer gesagt, geben wir nicht das, was unser Partner braucht. Wollen wir mehr bekommen, müssen wir lernen, nicht das zu geben, was wir brauchen, sondern das, was unser Partner möchte. Gelingt es uns, wirklich die Bedürfnisse unseres Partners zu erfüllen, wird er sogleich beginnen, auf unsere Unterstützung mit Unterstützung von seiner Seite zu reagieren.

## Unsere emotionalen Grundbedürfnisse

Das Bedürfnis nach Liebe ist – wie bereits erwähnt – bei allen Männern und Frauen in gleichem Maße vorhanden. Von den übrigen sechs emotionalen Grundbedürfnissen sind drei hauptsächlich bei Männern und die anderen drei vor allem bei Frauen vorhanden.
Unsere Unfähigkeit zur Erfüllung dieser Grundbedürfnisse liefert den meisten Zündstoff für Konflikte und Unzufriedenheit in Beziehungen. Werden diese Bedürfnisse nicht befriedigt, fühlen wir uns in unseren Gefühlen schnell verletzt und machen dafür unseren Partner verantwortlich.
Ein Mann ist schnell verletzt, beleidigt oder entnervt, wenn eine Frau für seine Motive, Fähigkeiten, Gedanken, Entschei-

dungen und Verhaltensweisen kein Vertrauen, keine Anerkennung oder Akzeptanz aufbringt. Da ein Mann sich gern mit seinen Handlungen identifiziert, zeigt er alle Anzeichen einer Verletzung, Kränkung oder Verärgerung, wenn er das Gefühl hat, für seine Handlungen kein Vertrauen, keine Anerkennung oder Akzeptanz zu bekommen. Tief in seinem Inneren regen sich Zweifel an seiner Zulänglichkeit und Kompetenz.

Frauen brauchen vor allem Fürsorge, Verständnis und Achtung. Sie sind besonders schnell verletzt, wenn ihre Gefühle nicht auf Respekt, Verständnis und Interesse stoßen. Werden sie von einem geliebten Menschen nicht geachtet, beginnen sie häufig an ihrem Wert und ihren Rechten zu zweifeln.

## Das allgemeine Bedürfnis nach Liebe

Das wichtigste der sieben emotionalen Grundbedürfnisse ist das nach Liebe. In der Liebe zu jemandem drückt sich die Wertschätzung dieses Menschen aus. Indem wir jemanden lieben, erwecken wir sein Bewußtsein für seine eigenen, ihm innewohnenden Werte. Es ist so, als könnten wir ihren Wert nicht ermessen, bis wir in den Spiegel unserer Liebe sehen und uns erkennen. Wenn jemand uns in seiner Liebe »erkennt«, werden wir uns dadurch unserer Tugenden bewußt.

So werden wir fähig, uns selbst besser kennenzulernen und mehr zu lieben. Durch den Reifeprozeß unserer positiven Selbstwahrnehmung werden wir weniger davon abhängig, uns durch andere zu sehen. Solange wir aber unsere Selbstwahrnehmung noch entwickeln, werden wir stets die Liebe anderer brauchen. Im Laufe der Zeit wird dieses Bedürfnis, geliebt zu werden, von dem Verlangen überlagert, anderen zu Diensten zu sein.

Liebe ist ein verbindendes Gefühl. Sie setzt einen in Beziehung zu einem anderen. Wenn ein Mann eine Frau liebt, kann er mit den Tugenden seiner eigenen weiblichen Seite in Verbindung treten und ein Gefühl für sie entwickeln. Liebt die Frau auch ihn, wird er sich der Werte seiner männlichen

Seite bewußt. Umgekehrt erfährt sie in ihrer Liebe zu ihm die Tugenden ihrer männlichen Seite und die Werte ihrer weiblichen Seite. Indem sie Liebe geben und bekommen, können Männer und Frauen sich selbst mehr lieben und sich ihrer inneren Werte deutlicher bewußt werden. So stellt sich ein Gefühl der Ganzheit ein.

Liebe ist eine Haltung, die einen anderen Menschen annimmt, wie man sich normalerweise selbst annimmt. Sie gibt Halt und Unterstützung. Wenn wir wahrhaft lieben, wird dadurch der selbstlose Wunsch in uns geweckt, für das Wohlbefinden des geliebten Menschen einzutreten. Durch die Liebe empfinden wir unsere Verbundenheit mit uns selbst und anderen. Wenn wir geliebt werden, erfahren wir, wer wir wirklich sind. Wir bekommen das Gefühl, wertvoll zu sein und zu »genügen«. Wenn wir geliebt werden, ist es einfacher, wahrhaftig zu sein.

## Liebe schenken

Wir alle machen, wenn wir als Säugling auf diese Welt kommen, unseren Eltern und allen, die uns begegnen, das Geschenk der Liebe. Voll Verwunderung schauen wir sie an und sehen nur die Schönheit und Güte ihrer Seelen. Wir sehen in all den großen Menschen liebenswerte Wesen, die zweifellos verdienen, daß wir ihnen alles geben, was wir vermögen. Wird uns diese Liebe zurückgegeben, dann werden wir fähig, uns selbst zu lieben.

Bekommen wir diese Liebe aber nicht zurück, dann beginnen wir, Teile unseres Selbst abzulehnen oder zu verleugnen. Wir denken, wir müßten uns ändern, um die Liebe und Akzeptanz unserer Eltern zu gewinnen. Wenn wir jedoch Teile unseres Selbst ablehnen, ist es uns schwerlich möglich, ähnliche Aspekte bei anderen zu lieben oder Liebe anzunehmen.

## Wieder wir selbst werden

Um die Liebe zuzulassen, die uns zusteht, müssen wir riskieren, in einer Liebesbeziehung wieder wir selbst zu werden. Je

mehr unsere Fähigkeit, Liebe anzunehmen, wächst, desto leichter fällt es uns, uns wirklich einzubringen und unser tief in uns verborgenes Potential zu erkennen.
Das geht natürlich nur, wenn wir uns so annehmen, wie wir sind – mit allen unseren Anteilen, auch und gerade mit den verleugneten. Lehnen wir beispielsweise jene Anteile ab, die für den Erhalt einer Beziehung oder das Verständnis der Partner von essentieller Bedeutung sind, können nur Mißverständnisse und ein Riß in der Kommunikation überhaupt die Folge sein.

## Das weibliche Bedürfnis nach Fürsorge

Beziehungen sind ein steter Prozeß des Gebens, Empfangens und Teilens. Der Erfolg einer Beziehung hängt davon ab, inwieweit wir von uns selbst etwas geben können. Geben aber können wir nur, wenn wir auch nehmen können.
Man kann nicht unablässig Unterstützung geben, sofern man nicht auch welche bekommt. Ebenso verhält es sich mit der Fürsorge.
Das Verlangen nach Fürsorge ist der Wunsch, jemanden zu haben, der auf unsere Bedürfnisse eingeht, so gut er kann. Eine fürsorgliche Haltung macht es uns möglich, uns zu öffnen und sicher zu sein, daß wir etwas Besonderes sind und Anspruch auf Unterstützung haben.
Eine Frau reagiert besonders sensibel auf vorhandene oder mangelnde Fürsorge seitens ihres männlichen Partners. Er kann bewirken, daß sie sich wie im siebten Himmel fühlt und gleich danach Höllenqualen erleidet. Zeigt ein Mann gegenüber einer Frau Fürsorge, kann sie auch glauben, daß ihre Bedürfnisse berechtigt und nicht selbstsüchtig sind. Erfährt sie hingegen in ihrer Beziehung oder ihrem Umfeld Gleichgültigkeit, ist es sehr schwer für sie, ihre Bedürfnisse durchzusetzen, ohne zu meinen, sie sei zu bedürftig oder selbstsüchtig. Sie bezichtigt sich sehr schnell der Schwäche und meint, sie habe kein Recht, ihre Gefühle und Bedürfnisse zu äußern.

Männer reagieren auf Fürsorge ganz anders. Ein Mann wird in einer Beziehung mit einer extrem fürsorglichen Frau möglicherweise schwach und abhängig. Allmählich übernimmt sie ihm gegenüber die Mutterrolle, und er verhält sich zunehmend wie ein verwöhntes und anstrengendes Kind. Eventuell schwankt er zwischen Gefühlen der Abhängigkeit und der Verärgerung über ihre erdrückende, überfürsorgliche Liebe.

Da Frauen ihr Bedürfnis nach Unterstützung und Fürsorge so stark empfinden, fällt es ihnen naturgemäß viel leichter, eine unterstützende und fürsorgliche Funktion zu übernehmen. Männer müssen sich um eine solche Haltung sehr viel mehr bemühen. Dieses Prinzip läßt sich auch auf die anderen Grundbedürfnisse übertragen. Sie werden immer wieder erkennen, daß Frauen das, was sie auch brauchen, mühelos zu geben vermögen, Männer dies jedoch erst bewußt entwickeln müssen, und daß umgekehrt Männer ohne weiteres das geben können, was sie selbst brauchen, während Frauen daran arbeiten müssen.

Je besser Sie diesen Mechanismus verstehen, desto leichter fällt es Ihnen, Verständnis und Toleranz aufzubringen und Ihrem Partner zu verzeihen, wenn er Ihre emotionalen Bedürfnisse nicht erfüllt. Sie gelangen zu der wirklichen Einsicht, daß das, was Ihnen zu geben leichtfällt, für andere möglicherweise ein Problem darstellt.

## Das weibliche Bedürfnis nach Verständnis

Verständnis von anderen ist eine wesentliche Voraussetzung, damit wir uns selbst richtig verstehen. Je mehr wir von uns selbst mitteilen, desto mehr erfahren wir über uns selbst. Wollen wir unsere eigenen Bedürfnisse, Gedanken und Gefühle kennenlernen, müssen wir sie dem Partner mitteilen, und er oder sie muß sie wirklich verstehen. Zu verstehen heißt, die Gedanken und Gefühle des anderen zu teilen oder anzunehmen, auch wenn sie sich von den eigenen stark unterscheiden.

Verständnis bedeutet, den Standpunkt eines anderen zu teilen und als berechtigt anzuerkennen, anstatt ihn für unberechtigt zu halten. Verständnis beinhaltet die Bereitschaft zu ergründen, warum der andere die Welt auf seine Weise sieht und erlebt.

Verständnis ist ein weiteres Grundbedürfnis der Frau. Wenn ein Mann nicht die nötige Zeit und Aufmerksamkeit aufbringt, um die Gefühle und Bedürfnisse einer Frau zu verstehen, gerät sie durcheinander und neigt schneller zu Überreaktionen. Wartet ein Mann, während eine Frau sich ihm mitteilt, nur unbeteiligt darauf, daß sie bald fertig sein möge, bewirkt er damit, daß ihre Verwirrung und Verärgerung nur noch wachsen.

Wenn eine Frau aufgebracht und verwirrt ist und ein Mann beginnt, sie als Spinnerin und Verrückte zu verurteilen, kann es sehr leicht so weit kommen, daß sie tatsächlich an ihrem Verstand zweifelt.

## Logik oder Gefühl

Wer weiß, wie viele Frauen nur aufgrund männlicher Unfähigkeit, ihre Gefühle als berechtigt anzuerkennen und sich ihnen zu stellen, in psychiatrische Kliniken eingewiesen wurden. In unserer Gesellschaft wird tatsächlich Emotionalität mit Unzurechnungsfähigkeit gleichgesetzt. Dementsprechend könnten fast alle Frauen für verrückt erklärt werden. Denn es entspricht der Natur einer gesunden Frau, sich beim Handeln nicht immer auf Logik und Ratio zu berufen, sondern vielmehr auf ihren Instinkt und ihre Intuition. Zum Beispiel entscheidet eine Frau nicht, ein Kind haben zu wollen, nur weil sie nach Abwägung des Für und Wider zu dem Schluß gelangt ist, daß es eine gute Idee sei. Selbst wenn sie dies meint, ist ihre Entscheidung mit von dem intuitiven Gefühl getragen, daß der richtige Zeitpunkt gekommen sei, ein Baby zu bekommen.

Dagegen neigen Männer dazu, bestimmte Entscheidungen mit Verstand und Logik zu treffen. Oft durchleuchten sie anschließend ihre Entscheidung noch darauf, ob sie sich damit auch wohl fühlen. Die männliche Logik ist ebensowenig unfehlbar wie die weibliche Intuition. Dennoch haben beide Arten der Erkenntnis und Entscheidungsfindung ihre Berechtigung.

Wenn eine Frau versucht, wie ein Mann zu denken, und der Logik mehr Bedeutung als ihrem Gefühl einräumt, dann stellen sich bei ihr leicht Frustration und Verwirrung ein.

Dies geschieht insbesondere dann, wenn sie aufgebracht ist oder unter Entscheidungsdruck steht. Häufig versucht eine Frau, wenn sie durcheinander ist, eine Entscheidung zu treffen. Statt dessen sollte sie entspannen und ihre Gefühle ergründen. Wenn sie in sich geht und auf ihre Intuition hört, ist sie zu einer Entscheidung fähig.

Bei Männern ist es genau umgekehrt. Sie müssen ein Problem durchdenken, bevor sie zu einer Entscheidung kommen. Männer, die ihre Gefühle wichtiger nehmen als ihre Gedanken, werden unentschlossen und zögerlich.

Ein derart gelähmter Mann muß seine Gefühle hinter sich lassen und zu seinem Verstand zurückfinden. Indem er einer Frau zuhört, kann er (wenn er diese Kunst wirklich versteht) davon insofern profitieren, als er lernt, seine eigenen Gefühle beiseite zu schieben und seinen Verstand dafür zu nutzen, ihre Gefühle und die Gründe dafür zu verstehen.

Die ideale Ausgangssituation, um Entscheidungen zu treffen, ist für Männer wie für Frauen ein ausgewogenes Gleichgewicht zwischen Verstand und Gefühl. Wenn ein Mann »zuhört, um zu verstehen«, wird er automatisch ausgeglichener; eine Frau wird ausgeglichener, wenn sie sich mitteilt und verstanden wird. Dies kann nur geschehen, wenn Männer die Sprache der Frauen lernen und wenn Frauen lernen, sich so auszudrücken, daß die Männer sie auch verstehen können.

## Gefühle erkennen lernen

Mit der Liebesbrieftechnik (siehe Seite 225) können Frauen sich darin üben, ihre Gefühle so mitzuteilen, daß die Männer sie verstehen können. Durch das Aufschreiben von Gefühlen

erkennt man sie, ohne einen Zuhörer zu haben. Das gilt selbstverständlich auch für Männer.
Schließlich ist Verständnis von entscheidender Bedeutung für die weibliche Seite in uns. Es hilft uns, unser wahres Selbst in uns zu entdecken, und ebnet uns den Weg, unsere negativen Gefühle abzulegen und unsere positiven Gefühle zu entdecken. Indem wir lernen, aus einer positiven, liebevollen Grundhaltung heraus zu kommunizieren, können wir das Verständnis fördern und entwickeln, das nötig ist, um Konflikte in einer Beziehung zu lösen oder, besser noch, zu vermeiden.
Mit Verständnis und einem positiven Grundgefühl fällt jede Kommunikation leichter. Wir tappen nicht mehr in die klassischen Fallen beim gegenseitigen Verstehen unserer Unterschiede und öffnen unser »inneres Ohr«.
So können auch Dinge ausgesprochen werden, die in anderen Situationen zu einem Desaster führen würden. Hat jeder das Gefühl, alles aussprechen zu können, entwickelt er auch die Fähigkeit, zuhören zu können. Man kann sich die Hand reichen, um einander zu helfen, man kann Entscheidungen treffen, Pläne schmieden und die gesamte Beziehung neu definieren.

## Das weibliche Bedürfnis nach Respekt

Wenn man sich in eine Beziehung einbringt, ist es wichtig, sein Selbstgefühl zu bewahren. Respekt für die Partnerin bedeutet nicht, sie verändern oder manipulieren zu wollen, sondern sie vielmehr darin zu unterstützen, sie selbst zu sein, und sie in ihren Rechten zu bestätigen.
Respekt anerkennt die Bedürfnisse, Wünsche, Werte und Rechte eines anderen. Er bedeutet, Vereinbarungen einzuhalten und den Einsatz des anderen zu honorieren, dem anderen die gleiche Bedeutung beizumessen wie sich selbst.
Das Bedürfnis nach Respekt ist der Wunsch, in einer Beziehung authentisch zu sein, ohne sich aufzugeben. Wer sich respektiert fühlt, meint nicht, er müsse sich seine Rechte ver-

dienen, und er sei unwürdig. Das Bedürfnis nach Respekt ist das Bedürfnis nach Fairneß sowie die Anerkennung, daß man Ansprüche hat. Respekt drückt aus, daß ein Mensch Unterstützung verdient, ohne sie sich verdienen zu müssen.

Aufgrund ihres expansiven Wesens haben Frauen ein besonderes Bedürfnis nach Respekt. Es ist schwierig für eine Frau, ihr Selbstgefühl zu wahren, wenn sie sich in der Liebe zu einem Mann öffnet. Sie braucht es, daß er sie ständig an ihre Rechte und ihre Würde erinnert. Wenn er sie als Persönlichkeit nicht schätzt oder ihre Rechte nicht respektiert, wird sie sich ihrer Rechte und ihres Selbstwertgefühls unsicher. Je stärker sie emotional an ihm hängt, desto sensibler wird sie für das Ausmaß seines Respekts. Wenn ein Mann die Bedürfnisse, Gefühle und Rechte einer Frau nicht respektiert, muß sie sich ihm irgendwann gefühlsmäßig verschließen, um wieder zu sich selbst zu finden. In dieser Phase erlischt häufig das sexuelle Interesse. Wenn sie mit einem Mann intim verkehrt, reagiert sie sehr sensibel darauf, wieviel Respekt er für sie empfindet.

Gewöhnlich sind Männer sich nicht bewußt, wieviel Respekt Frauen brauchen, denn wenn Männer Respekt vermissen, reagieren sie ganz anders. Frauen neigen, wenn es ihnen an Respekt fehlt, dazu, mehr zu geben, um ihre Würdigkeit zu beweisen. Männer dagegen werden eher rechthaberisch und ungehalten und fordern mehr, als ihnen zusteht. Möglicherweise geben sie sogar weniger, bis sie bekommen, was ihnen zusteht.

Auch Kinder reagieren sehr sensibel darauf, ob ihre Eltern für sie Respekt aufzubringen vermögen. Erinnern wir uns: Wenn sie unsere Bedürfnisse nicht respektiert haben, war es schwierig für uns, überhaupt zu ermessen, was uns zusteht. Mädchen reagieren besonders sensibel darauf, wie ihr Vater ihre Mutter respektiert und inwieweit ihre Mutter Selbstachtung besitzt.

Männer meinen häufig, um so mehr Respekt zu verdienen, je weniger sie von anderen bekommen. Die Armee mit ihrer

militärischen Grundausbildung macht sich dieses Prinzip zunutze. Die Soldaten werden systematisch erniedrigt und ihre Aggression herausgefordert, damit sie beweisen müssen, daß sie Respekt verdienen. Durch immer mehr Leistung holen sie sich Anerkennung, bis sie sich schließlich wirklich respektiert fühlen.
Während der Mann auf mangelnden Respekt in der Regel mit Aggression und Dominanz reagiert, neigt eine Frau in diesem Fall zur Unterwürfigkeit. Besonders ausgeprägt ist diese Neigung gegenüber einem Mann, den sie liebt. Wird sie schließlich, weil sie sich von ihrem Partner nicht respektiert fühlt, ärgerlich, kann es vorkommen, daß zwischen beiden ein Rollentausch stattfindet. Um ihre Unterwürfigkeit auszugleichen, tritt sie möglicherweise dominanter und fordernder auf, während er sich in Passivität und Abhängigkeit begibt.

## Das männliche Bedürfnis nach Anerkennung

Das Grundbedürfnis nach Anerkennung wird häufig mit dem nach Respekt verwechselt. Zollt man einem Menschen Anerkennung, drückt man damit aus, daß sein Handeln oder seine Art, sich auszudrücken, für einen persönlich von Wert und von Nutzen ist. Respekt dagegen braucht ein Mensch, um die Berechtigung seiner Bedürfnisse, Gefühle, Werte und Rechte zu spüren. Anerkennung bedeutet Wertschätzung, während Respekt Bestätigung gibt.
Anerkennung sagt aus, daß der Wert unserer Handlungen, Absichten, Ergebnisse und Entscheidungen – letztendlich der Wert, die Nützlichkeit und die Bedeutung unserer Person – erkannt wurde. Durch dieses Feedback erfährt der Mann, daß sein Verhalten hilfreich war. Fühlt er sich anerkannt, bringt er viel mehr Bereitschaft auf, zu ergründen und zu verstehen, warum sein Handeln fehlgeschlagen ist.
Ohne Anerkennung stellt sich bei einem Menschen ein Gefühl der Unzulänglichkeit und Unfähigkeit ein, Unterstützung zu geben.

Ohne Respekt fühlt sich ein Mensch schnell unwürdig, Unterstützung zu bekommen. Durch Anerkennung erleben wir unsere Absichten, Entscheidungen und Handlungen als wertvoll. Diese Art von Unterstützung ist notwendig, damit wir uns motiviert fühlen, eine Handlung zu wiederholen, die funktioniert, oder zu verändern, was nicht funktioniert. Selbst wenn wir das gewünschte Ergebnis nicht erzielen, gibt es in uns immer etwas, das Anerkennung verdient.

Ohne ausreichende Anerkennung verlieren wir unsere Bereitschaft zu geben. Verfehlt ein Mann sein Ziel und hat nicht das Gefühl, daß sein Handeln dennoch von gewissem Wert war, gibt er möglicherweise auf. Es kann auch sein, daß er die genau gegenteilige Reaktion zeigt und stur seine Handlung wiederholt, bis er Anerkennung dafür bekommt.

Das Bedürfnis nach Anerkennung ist beim Mann von zentraler Bedeutung. Bekommt er sie nicht, verliert er seine Motivation und wird passiv, schwach, abhängig, unsicher und entwickelt leicht eine zaudernde Haltung.

Eine Frau reagiert auf fehlende Anerkennung ganz anders. Sie ist meist um so stärker motiviert, sich Anerkennung zu verdienen. Ignoriert ihr Partner sie, ist es ihr erster Impuls, sich noch mehr zu bemühen, ihn zufriedenzustellen. Sie erwartet vom Mann dasselbe. Wenn es nicht passiert, ist sie durcheinander und meint irrigerweise, er liebe sie nicht. Bekommt sie nicht genug von ihrem Partner, beginnt sie womöglich unbewußt oder auch bewußt, ihn zu manipulieren, indem sie ihm ihre Anerkennung entzieht. Bekommt sie dadurch trotzdem nicht mehr, sondern, wie es der männlichen Reaktion entspricht, sogar noch weniger, ist sie endgültig verwirrt und hadert mit ihm.

Frauen haben keine Ahnung, wie sehr sie durch Kritik am Verhalten eines Mannes seine Stärke schädigen. Die Reaktion eines Mannes auf fehlende Anerkennung entspricht der einer Frau, deren Gefühle, Bedürfnisse, Wünsche und Rechte durch ihren Partner verurteilt oder herabgewürdigt werden. Beginnt eine Frau also, das Verhalten eines Mannes zu zerpflücken – seine Art, Dinge anzugehen, zu kritisieren, seine Gedanken zu korrigieren, seine Entscheidungen in Frage zu stellen und mit dem, was er für sie tut, unzufrieden zu sein –, verliert er seine Stärke. Er revanchiert sich mit negativen, erniedrigenden Urteilen und Respektlosigkeit und wendet sich von ihr ab. Ihm ist die magische Kraft entzogen, die er aus ihrer liebevollen Anerkennung bezieht.

Umgekehrt kann nichts einen Mann nachhaltig erschüttern, der von einer Frau Anerkennung bekommt. Sie gibt ihm das Gefühl, etwas bewirken zu können. Er beurteilt seinen Wert nach seiner Fähigkeit, im Leben anderer eine positive Veränderung herbeiführen zu können. Anerkennung ist sein Kraftstoff, der jede seiner Handlungen motiviert. Selbst wenn er seine beruflichen Probleme nicht zu lösen vermag, kann er den Streß, der sich daraus für ihn ergibt, leichter loslassen, wenn er zu Hause eine dankbare und glückliche Partnerin vorfindet.

Der stärkste Trieb eines Mannes ist das Verlangen, eine Frau zu befriedigen. Der entschlossene Wille dazu verleiht dem Mann Kraft.

Zunächst offenbart sich dieses Verlangen im Sexualtrieb des Mannes. Später, wenn er es mit dem Wunsch verbinden kann, eine Frau zu lieben, zu respektieren, zu verstehen und für sie zu sorgen, wird es noch stärker. Wenn ein Mann auf körperlicher, geistiger, emotionaler und spiritueller Ebene Anerkennung erfährt, ist er auf der Höhe seiner Kraft.

## Wenn Frauen nach Anerkennung streben

Eine Frau irrt, wenn sie meint, nach Anerkennung streben zu müssen, um sich so ihre Unterstützungswürdigkeit ins Bewußtsein zu bringen. Ganz gleich, wieviel sie gibt, verdient sie, respektiert und geachtet zu werden für das, was sie ist. Wenn eine Frau danach strebt, sich Anerkennung zu verdienen, übersieht sie dabei oft ihre eigenen Bedürfnisse.

Beispielsweise bringt sie für ihren Beruf zu viele Opfer und beschwert sich dann, daß sie keine Anerkennung bekommt.

Tatsächlich ärgert es sie, daß sie so viel gibt und dafür nicht unterstützt und respektiert wird.
Wird sie nicht respektiert, bekommt aber Anerkennung, wird ihr diese niemals genügen. Zweifellos braucht und verdient eine Frau in der Arbeitswelt für ihren großen Einsatz ebenso Anerkennung wie ein Mann, doch braucht sie zur Stärkung ihrer weiblichen Seite viel eher Respekt.
Besonders in ihren zwischenmenschlichen Beziehungen ist es für eine Frau wichtig, daß ihre Werte, Bedürfnisse, Gefühle, Wünsche und ihre Intuition respektiert werden.
Oft bringt eine Frau in ihrer Arbeit gute Leistungen und empfindet einen Anspruch auf Respekt dafür. Wird sie aber von einem Mann, den sie liebt, ignoriert, entwickelt sie das Gefühl, es nicht verdient zu haben, um mehr Unterstützung zu bitten. Dies ist ein Zeichen dafür, daß ihre weibliche Seite Liebe entbehrt. Sie muß ihre primären Bedürfnisse nach Verständnis, Geltung und Respekt erfüllen.

## Das männliche Bedürfnis nach Akzeptanz

Wenn ein Mann akzeptiert wird, heißt dies, daß er bereitwillig angenommen wird. Akzeptanz stärkt den Glauben eines Mannes an seine Fähigkeiten. Werden die Handlungen eines Mannes bedingungslos akzeptiert, fühlt er sich frei, neue Wege auszuprobieren, um diese Handlungen noch zu verbessern. Daher ist Akzeptanz die Grundlage für Verhaltensänderungen innerhalb einer Beziehung.
Das Bedürfnis nach Akzeptanz spielt bei Männern eine besonders wichtige Rolle. Mitunter scheint es, als akzeptiere eine Frau ihren Partner. Tatsächlich aber akzeptiert sie nur sein Potential.
Das ist der Fall, wenn die Frau nur auf den Tag wartet, an dem er sich ändern wird. Sie hofft darauf, ihn irgendwann wirklich akzeptieren zu können. Ein Mann aber will so akzeptiert werden, wie er heute ist, und nicht wie er morgen sein kann. Spürt er, daß er keine Akzeptanz bekommt, wird er stur und sträubt sich gegen eine Veränderung.

Wenn eine Frau einen Mann nicht akzeptiert, fühlt sie den Drang, ihn zu verändern. Sie versucht – auch ungefragt –, ihm Vorschläge zu machen, die ihm dabei helfen sollen, sich zu ändern. Manche Männer sind empfänglich für solche Vorschläge, sofern sie danach gefragt haben. In der Regel empfindet ein Mann Ablehnung, wenn eine Frau sich bemüht, ihn zu ändern oder zu bessern. Indem sie ihm helfen möchte, meint sie, seine Bedürfnisse zu respektieren. Er aber fühlt sich weder anerkannt noch akzeptiert und widersetzt sich unbewußt oder bewußt jeder Veränderung.

## Wer akzeptiert wird, kann sich ändern

Ein Mann ist dann motiviert, sich zu ändern, wenn er die Gefühle und Bedürfnisse einer Frau hört und versteht. Wenn er spürt, daß sein Bemühen, sie zu unterstützen, von ihr gerne angenommen und anerkannt wird, läßt er sich leicht dazu inspirieren, ihre Wünsche zu erfüllen. Ihre Akzeptanz gibt ihm die Sicherheit, daß er im Falle seines Scheiterns keine Mißbilligung erfährt, sondern bereitwillig angenommen wird und etwas Dankbarkeit für seine Bemühungen bekommt.

Akzeptanz gibt ihm die Gewißheit, daß er, so wie er heute ist, seine Partnerin zufriedenstellen und befriedigen kann.

Die meisten Frauen kennen dieses Geheimnis des Mannes nicht. Sie gehen von der irrigen Annahme aus, ein Mann ließe sich durch Klagen, Nörgeln und Mißbilligung zu Veränderungen bewegen.

Bekommt ein Mann das Gefühl, seine Fehler würden nicht akzeptiert, kann es Tage dauern, bis er wieder zu seinem wahren, gebenden Selbst zurückfindet. Unter Umständen rächt er sich für die mangelnde Akzeptanz seitens seiner Partnerin bewußt oder unbewußt, indem er eben jenes Verhalten wiederholt, das sie bemängelt.

Eine Frau versteht dies nicht. Denn wenn ein Mann ihr Verhalten nicht akzeptiert, besteht eine ihrer ersten Reaktionen darin, daß sie ihr Verhalten ändert oder bessert. In diesem Punkt besitzen Frauen sehr viel mehr Selbstsicherheit als

Männer. Sie können sich Rückmeldungen dazu anhören, wie sie ihr Verhalten bessern können, ohne so widerstrebend, sensibel oder defensiv darauf zu reagieren wie ein Mann. Natürlich kann auch ein Mann Feedback verkraften, doch muß er dafür mit sich im Einklang und zum Zuhören bereit sein. Ungefragte Kritik oder Ratschläge erzielen bei einem Mann nur selten Wirkung.

Ein Mann reagiert empfindlich auf Verbesserungen, wenn er das Bedürfnis nach Akzeptanz verspürt. Dagegen kann er sie ohne weiteres Feedback annehmen, wenn er sich akzeptiert fühlt.

## Das männliche Bedürfnis nach Vertrauen

Vertrauen ist der feste Glaube in die Fähigkeit, Ehrlichkeit, Integrität, Zuverlässigkeit und Ernsthaftigkeit eines anderen Menschen. Das Bedürfnis nach Vertrauen ist das Bedürfnis nach der Bestätigung seitens des Partners, daß man ein guter Mensch ist.

Ist kein Vertrauen vorhanden, gelangen wir bezüglich der Absichten eines Menschen ständig zu falschen, negativen Schlußfolgerungen, während bei vorhandenem Vertrauen jede Kränkung immer noch zugunsten dessen ausgelegt werden kann, der sie verursacht hat. Vertrauen wir, so können wir annehmen, daß es eine plausible Erklärung für das Geschehene geben muß. Vertrauen wächst innerhalb einer Beziehung, wenn beide Partner erkennen, daß der andere nicht verletzen, sondern nur unterstützen will.

Vertrauen ist das dritte Grundbedürfnis eines Mannes. Die an einen Mann gerichtete, vertrauensvolle Bitte um Unterstützung bedeutet, daß man fest glaubt, er könne und wolle helfen. Ihn hingegen ohne Vertrauen zu bitten, bedeutet, ihn abzulehnen, bevor er überhaupt eine Chance bekommen hat. Bekommt er kein Vertrauen, tritt er automatisch den Rückzug an. Mangelndes Vertrauen macht es ihm nicht nur sehr schwer, auf die Bitte einzugehen, sondern kränkt und verletzt ihn auch.

## Vertrauen macht stark

Es ist das Vertrauen einer Frau in einen Mann, das ihn zu ihr hinzieht. Vertraut eine Frau einem Mann, kann sie das Beste aus ihm herausholen. Wenn sie natürlich darauf vertraut, daß er sich als perfekt erweisen wird, muß er sie enttäuschen. Vertraut sie aber, daß er helfen kann und will, gibt sie ihm damit zu verstehen, daß er für sie einen Wert hat und daß das Beste, was er zu geben vermag, ihr genügt, um von ihr akzeptiert und anerkannt zu werden. Ihr Vertrauen wird ihn zu immer mehr Größe beflügeln. Das liebevolle Vertrauen einer Frau unterstützt einen Mann in der bestmöglichen Umsetzung seiner Kräfte, Fähigkeiten, Fertigkeiten und Talente.

Schenkt eine Frau einem Mann Vertrauen, fühlt sie sich sicher, ihm ihre Verletzlichkeit zu offenbaren. Ist dieser Mann tatsächlich ihres Vertrauens würdig, wird er durch ihr Vertrauen um so mehr fähig sein, sie in einem solch heiklen Moment zu unterstützen. Eine vertrauende Frau erkennt auch intuitiv, wie sehr ein Mann sie zu unterstützen vermag, und verlangt oder erwartet dann auch nicht mehr. Sie kann anerkennen und akzeptieren, was sie bekommt. Sie ist nicht so naiv, ihre wunden Punkte jedem x-beliebigen anzuvertrauen. Gleichzeitig aber enthält sie den Menschen, die wirklich vertrauenswürdig sind, ihre verletzten Gefühle nicht vor.

## Hundert Prozent – oder gar nichts

Vertrauen ist für die Verständigung zwischen Mann und Frau von entscheidender Bedeutung. Nehmen wir an, eine Frau zögert, einem Mann bestimmte Gefühle anzuvertrauen. Beschließt sie, ihm probehalber eine »verdünnte« Version mitzuteilen, spürt er, daß sie ihm nicht vertraut, und zieht sich zurück. Darauf beschließt sie: Wenn diese abgemilderten Gefühle ihn schon abgeschreckt haben, bin ich heilfroh, daß ich ihm nicht alles gesagt habe. Mehr Aufrichtigkeit von ihrer Seite hätte ihn aufnahmefähiger gemacht.

Zu Beginn einer Beziehung läßt sich ein Mann durch mangelndes Vertrauen ihrerseits noch nicht vergrämen. Wenn eine Frau einem Mann anfangs nicht vollends vertraut, ist dies für ihn eine Herausforderung, sich zu beweisen. Geduldig wird er versuchen, ihr zu beweisen, daß er es verdient. Hat sie sich ihm aber einmal geöffnet und ihm gänzlich vertraut, um ihm dann infolge einer Enttäuschung zu mißtrauen, fühlt er sich, als sei ihm etwas weggenommen worden. Er ist emotional verletzt und tritt den Rückzug an. Wenn eine Frau den liebevollen Absichten eines Mannes grundsätzlich mißtraut und ihm keine Gelegenheit gibt, ihr Vertrauen wieder zu gewinnen, wendet er sich ebenfalls ab.

Oft hält eine Frau ihre Gefühle zurück, weil sie fürchtet, ihr Partner interessiere sich nicht wirklich dafür. Sie rationalisiert ihm gegenüber ihre mangelnde Mitteilsamkeit, indem sie irgendeine Entschuldigung dafür anführt. Innerlich aber zweifelt sie, ob er fürsorglich auf ihre Gefühle eingehen könnte. Möglicherweise verleugnet sie schließlich ihre Bedürfnisse und meint, damit einer Ablehnung aus dem Weg gegangen zu sein.

Das mag nur als Vorsichtsmaßnahme gedacht gewesen sein – tatsächlich hat sie zwischen sich und ihrem Partner eine Mauer errichtet. Verletzt ein Mann eine Frau, ohne sich zu entschuldigen, errichtet er ebenso Mauern wie sie, wenn sie ihm kein Vertrauen schenkt. Die Bedeutung von Mitgefühl oder einer Entschuldigung wird von einem Mann meist verkannt. Deshalb sollte eine Frau ihn immer wissen lassen, was sie von ihm hören möchte.

## Unterschiedliche Grundbedürfnisse von Mann und Frau

Obwohl der Mann in erster Linie das Bedürfnis nach Liebe, Anerkennung, Akzeptanz und Vertrauen empfindet, hat er auch die übrigen Grundbedürfnisse. Allerdings sind sie für ihn von sekundärer Bedeutung. Demgegenüber stehen die vorrangigen Grundbedürfnisse der Frau nach Liebe, Respekt, Verständnis und Fürsorge und die Sekundärbedürfnisse nach Anerkennung, Akzeptanz und Vertrauen.

## Männliche Grundbedürfnisse

- Liebe
- Akzeptanz
- Anerkennung
- Vertrauen

## Weibliche Grundbedürfnisse

- Liebe
- Fürsorge
- Verständnis
- Respekt

Ebenso wie wir vorrangige und zweitrangige Grundbedürfnisse haben, haben wir auch dominante und weniger dominante Wesensarten. Eine dominante Wesensart des Mannes ist es, die vorrangigen Grundbedürfnisse der Frau zu ergänzen. Eine dominante Wesensart der Frau ist es, die vorrangigen Grundbedürfnisse des Mannes zu ergänzen. Wenn ein Mann seine Fürsorge, sein Verständnis und seine respektvolle Haltung kultiviert, kann er eine Frau am besten unterstützen. Eine Frau kann einen Mann am besten unterstützen, wenn sie ihre Weiblichkeit kultiviert. Lesen Sie im nächsten Kapitel mehr darüber.

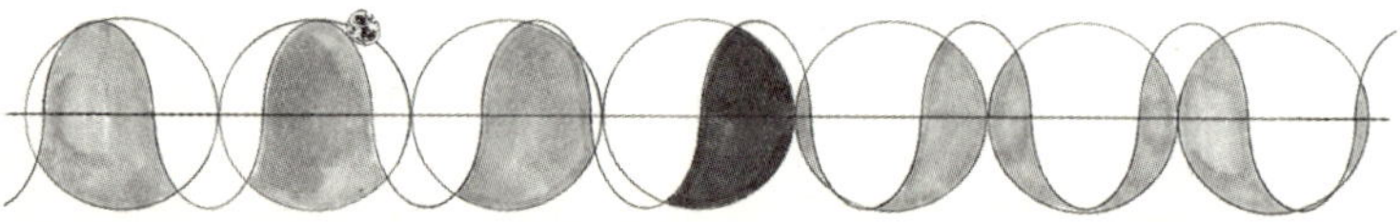

## Das Geheimnis der ergänzenden Wesensarten

Männer und Frauen entwickeln sich unterschiedlich und finden dabei zu einem jeweils anderen Ausdruck. Wenn sie lernen, ihre ergänzenden Wesensarten zu entwickeln, ist das Potential für Frieden und Liebe in einer Beziehung sowie für dynamisches Wachstum gegeben. Entwickelt ein Mann seine fürsorgliche, verständnisvolle und respektvolle Natur, unterstützt er die Grundbedürfnisse einer Frau, nämlich die nach Fürsorge, Verständnis und Respekt. Entwickelt eine Frau ihre akzeptierende und vertrauende Wesensart, unterstützt sie damit die emotionalen Grundbedürfnisse eines Mannes. Indem beide lernen, sich wirkungsvoll zu unterstützen, fördern sie die Stärke und Reife ihrer Persönlichkeit.

### Fürsorge und Vertrauen

Wird ein Mann fürsorglicher, unterstützt er seine Partnerin, indem er ihr mehr Vertrauen schenkt. Wird eine Frau vertrauensvoller, unterstützt sie ihren Partner, indem sie eine fürsorglichere Haltung gewinnt. Oft ist ein Mann viel mehr dazu bereit, einer Frau Unterstützung zu geben, als sie es sich vorstellt. Gibt sie ihm aber mit ihren Reaktionen zu verstehen, daß er ihres Vertrauens nicht würdig ist, oder reagiert sie ihm gegenüber, als sei er ihr Feind, hört er automatisch auf, sich um ihr Wohlergehen zu kümmern. Ihr Bild von ihm wird dadurch bestätigt, daß er so gleichgültig scheint.

Manchmal meint ein Mann, er sei einfach zu müde, auf die Bedürfnisse eines anderen einzugehen. Das ist ein Trugschluß. Er ist nicht zu müde, sondern vielmehr zu gleichgültig, um die dafür nötige Energie aufzubringen. Energie, Kreativität und Kraft entstammen einer fürsorglichen Haltung. Entwickelt ein Mann mehr Fürsorge, entdeckt er in sich selbst neue Energiereserven und eine nichtgekannte Vitalität. Ist er gleichgültig, fühlt er sich leicht erschöpft und unmotiviert. Bekommt ein Mann beispielsweise in seiner Beziehung kein Vertrauen, erschöpft sich seine Energie. Bei der Arbeit, wo man Vertrauen in ihn setzt, lebt er auf, und wenn er dann nach Hause kommt, ist er erschöpft.

Gibt man einem Mann das Gefühl, »super« zu sein, ist er voller Energie; beäugt man ihn mißtrauisch und sieht in ihm »den Übeltäter« oder »das Problem«, erlischt seine Fürsorge. Wenn ein Mann als Problem angesehen wird, kann er nicht zur Lösung werden und ist auch nicht motiviert, Unterstützung zu geben. Wenn Frauen lernen, zu vertrauen und im Zweifelsfall zu seinen Gunsten zu entscheiden, anstatt zu falschen Schlüssen zu gelangen, werden sie feststellen, daß ihr Partner ihnen mehr Fürsorge und Unterstützung gibt.

## Am Anfang hat es doch geklappt

Einer der Gründe, warum ein Mann am Beginn einer Beziehung so viel Fürsorge, Rücksicht und Interesse aufbringen kann, ist darin zu suchen, daß die Frau ihm in dieser Phase mehr Vertrauen und Bewunderung entgegenbringt. In gewisser Weise gibt ihr Vertrauen ihm die Kraft zu mehr Fürsorge. Sie motiviert ihn dazu. Anfangs kann sie ihm vertrauen, weil sie von ihm noch nicht enttäuscht wurde.

Dieses Vertrauen kann ihm zwar Kraft geben, ihn aber niemals perfekt machen. Weil er nur ein Mensch ist, wird er sie bei zu hohen Ansprüchen unvermeidlich enttäuschen und dadurch in ihr Zweifel und Mißtrauen wecken. Wird sie mißtrauischer, läßt seine Fürsorge nach. Ein gleichgültiger Mann besitzt eine stark verminderte Fähigkeit zu geben und neigt zur Ichbezogenheit. Dieser Mann mag für eigene Zwecke große Energiereserven mobilisieren können, in einer Beziehung aber leicht ausgepumpt und erschöpft sein. Er muß lernen, weniger ichbezogen und fürsorglicher zu werden. Eine vertrauensvolle Frau, die ihn liebt, kann im Hinblick auf seine Kraft wahre Wunder bewirken.

Mehr Fürsorge zu entwickeln ist für einen Mann keineswegs einfach. Er braucht dafür Zeit und Unterstützung. Leider werden Frauen gegenüber dem männlichen Hang zur Gleichgültigkeit schnell ungeduldig und intolerant, weil ihre dominante Wesensart ganz anders ist. Frauen fällt ein fürsorgliches Verhalten sehr leicht, daher müssen sie es nicht erst groß lernen.

Die Herausforderung für eine Frau besteht in einer Beziehung darin, zu vertrauen und, auch wenn sie enttäuscht wird, erneut Anerkennung, Akzeptanz und Vertrauen aufzubringen. So wie es für Männer schwierig ist, Fürsorge zu lernen, ist es für Frauen oft ein langer und schwieriger Prozeß, Vertrauen zu entwickeln.

## Lähmende Enttäuschungen

Eine Frau, die in einer Beziehung mehrfach enttäuscht wurde, neigt dazu, ihre vertrauende Wesensart zu verleugnen. Überdies keimen in ihr bald Zweifel an der Liebe eines Mannes zu ihr, wenn er angesichts ihrer Verärgerung keine Regung zeigt oder sich distanziert, was Männer in dieser Krisensituation gerne tun.

Ganz ähnlich muß ein Mann nur spüren, daß ihm Mißtrauen entgegengebracht oder für seine Bemühungen in einer Beziehung keine Anerkennung zuteil wird, um seine Fürsorge einzustellen. Hat er das Gefühl, seine Partnerin zweifle an seiner Fähigkeit, sie zufriedenzustellen, kümmert er sich sehr schnell nicht mehr darum, ob sie glücklich ist oder nicht. Fürsorge und Vertrauen, diese beiden primären Wesensarten, ergänzen einander.

Dies erklärt das bekannte Bild von der Mutter, die sich stets um zehn Belange gleichzeitig kümmert, und vom Vater, der auf dem Sofa angeklebt scheint und so tut, als sei alles in bester Ordnung. Sie ist übertrieben fürsorglich und daher besorgt; er ist übermäßig vertrauend und akzeptierend und wird somit passiv.

Eine übertrieben fürsorgliche Mutter wird allzu leicht übervorsichtig und kann kein Vertrauen aufbringen. Sie neigt dazu, ihr Kind übermäßig zu beschützen. Andererseits kann der Vater im Namen des Vertrauens leicht allzu sorglos werden. Er vertraut vielleicht zu sehr und nimmt auch dann an, alles sei in Ordnung, wenn es offensichtlich nicht so ist. In diesem Fall bringt er nicht genügend Fürsorge auf. Seine Kinder, insbesondere seine Töchter, leiten daraus ab, daß ihr Vater gleichgültig ist.

## Den Teufelskreis vermeiden

Die Tatsache, daß es für eine Frau schwierig ist, zu vertrauen, und einem Mann Fürsorge nicht leichtfällt, kann zu vielen Problemen führen, sofern diese natürlichen Neigungen nicht voll und ganz akzeptiert und verstanden werden.

Häufig passiert es in einer Beziehung, daß er es an Fürsorge mangeln läßt und sie sogleich annimmt, er liebe sie nicht mehr. Wenn sie seiner Liebe mißtraut, reagiert er damit, ihr weniger zu geben.

Dies veranlaßt sie wiederum, ihm noch weniger zu vertrauen, worauf er sich noch weniger um sie kümmert. So stirbt ihre Liebe allmählich ab.

Besitzen beide Partner ein Bewußtsein für diese Unterschiede, können sie, anstatt in einen Teufelskreis zu geraten, in ihrer Beziehung Fortschritte erzielen. Anstatt uns einzuschränken, können diese Unterschiede uns dabei behilflich sein, unsere kreative Energie zu entwickeln und zu fördern.

Durch seinen verantwortungsvollen und treusorgenden Umgang mit ihr erfüllt er ihr Bedürfnis nach Fürsorge. Da dies eines ihrer Grundbedürfnisse ist, zollt sie ihm dafür große Anerkennung. Sobald sie beginnt, sich auf seine Unterstützung zu verlassen, wächst ihr Vertrauen. Dadurch werden seine Bedürfnisse nach Vertrauen und Anerkennung befriedigt, und er ist motiviert, ihr noch mehr behilflich zu sein. Da sie ihm zutiefst vertraut und ihn braucht, wächst seine Fähigkeit, fürsorglich zu sein und zu geben, und er wird zu noch mehr Fürsorge ermutigt. Je mehr Unterstützung sie bekommt, desto größer wird ihre Fähigkeit, sich zu entspannen und ihm zu vertrauen, was wiederum ihre kreativen Kräfte fördert.

### Den anderen besser einschätzen

Um diese Art von Beziehung herzustellen, muß eine Frau sich bewußt sein, wie schwierig es für einen Mann ist, fürsorglich zu sein, wenn er ihren Reaktionen entnimmt, daß sie ihm nicht vertraut. Auch fällt es ihr mit dem Bewußtsein für die Unterschiede zwischen Männern und Frauen leichter, sein distanziertes Verhalten richtig zu deuten.

Sie kann ihn mehr akzeptieren und ihm verzeihen, wenn er vergeßlich ist oder nicht an Dinge denkt, die ihr automatisch in den Sinn kommen würden.

Ein Mann kann mit diesem Verständnis das ständige Bedürfnis der Frau nach einem Gefühl der Sicherheit besser akzeptieren. Anstatt sie dafür zu kritisieren, kann er erkennen, daß er sie damit entscheidend in ihrer persönlichen Entwicklung und Zufriedenheit unterstützen kann.

Mit diesem Wissen wird es einfacher, selbst die Verantwortung dafür zu übernehmen, daß die eigenen Bedürfnisse erfüllt werden. So muß sie es nicht gar so persönlich nehmen, wenn ihr Partner ihr nicht die gewünschte Fürsorge zukommen läßt. Und er muß es nicht als so frustrierend empfinden, wenn sie immer wieder das Gefühl der Sicherheit braucht.

Außerdem können beide so mehr aus ihrer Beziehung gewinnen. Anstatt darüber zu klagen, was sie nicht bekommen, können sie ihren Blick darauf wenden, was sie ihrem Partner nicht geben. Je mehr sie geben, desto mehr bekommen sie zurück.

## Verständnis und Akzeptanz

Indem er sich verständnisvoll zeigt, kann ein Mann einer Frau mehr Unterstützung geben. Diese Unterstützung kommt direkt zu ihm zurück, weil sie um so mehr Akzeptanz und Dankbarkeit für ihn aufbringen kann, je mehr sie sich verstanden fühlt. Durch sein Verständnis hilft er ihr, mehr zu ihrer Mitte zu finden und ihn als denjenigen, der er ist, zu akzeptieren.

Schafft sie es, ihm gegenüber eine akzeptierende Haltung einzunehmen, beginnt er aufgrund seines wachsenden Verständnisses ihrer Bedürfnisse sein Verhalten zu ändern. Insgeheim hegen Männer den starken Wunsch, sich zu ändern, um ihre Partnerin zu unterstützen. Dazu müßten sie aber wirklich verstehen, wie eine Frau denkt und empfindet. Lernt ein Mann im Laufe der Zeit, ihre Gefühle und Bedürfnisse wirklich zu verstehen, kann und wird er dauerhafte Veränderungen vollziehen, um eine erfüllende Beziehung herzustellen.

Wenn ein Mann lernt, zu kommunizieren, um zu verstehen, anstatt sie zu berichtigen oder zu »reparieren«, beherrscht er zunehmend auch die Kunst des Zuhörens. Dazu muß er einsehen, daß sie von ihm weder Lösungsvorschläge bekommen möchte, noch von ihm erwartet, daß er dafür sorgt, daß es ihr besser geht. Sie bittet ihn zu verstehen, was sie gerade durchmacht. Sie möchte von ihm hören, daß ihre Verärgerung ihre Berechtigung hat.

Erkennt eine Frau, daß er sie nicht versteht, sollte sie versuchen, ihn mehr zu akzeptieren und somit zum besseren Zuhören zu bewegen. Hat eine Frau das Gefühl, Gehör zu finden, kann sie entspannen und darauf vertrauen, daß die Situation nicht so schlimm ist, wie es den Anschein hat.

Auch kann sie sich über alles Positive freuen, anstatt sich über das, was nicht funktioniert, Gedanken zu machen. Fühlt sie sich verstanden, kann sie in dem Bewußtsein, nicht allein zu sein, die Gegebenheiten besser akzeptieren.

## Von Alltagsfragen überwältigt

Oft konzentrieren oder fixieren sich Männer so auf eine Sache, daß sie all die Alltagsprobleme, die es immer wieder zu lösen gilt, nicht wahrnehmen. In dem Maße, wie der Mann sie ignoriert, fühlt die Frau sich von ihnen überwältigt.

Allein weil sie sie sieht, fühlt sie sich verantwortlich, sie auch zu beseitigen. Erkennt sie, daß ihr Partner keine Notiz von ihnen nimmt, meint sie, sie selbst lösen zu müssen, und gerät dadurch unter Druck. Sie fühlt sich mit all diesen Aufgaben

allein gelassen und muß die Last dieses Bewußtseins mit jemandem teilen. Manchmal kann ein Mann erheblich zur Verbesserung ihrer Befindlichkeit beitragen, indem er zuhört und zu verstehen versucht, welchen Druck sie verspürt.
Eine aufgewühlte Frau verlangt nicht von ihrem Partner, daß er all ihre Probleme löst, um so ihre Akzeptanz und Anerkennung zu erlangen. Angesichts ihres Verdrusses aber denkt er vielleicht, sie fordere von ihm die Lösung ihrer Probleme, damit sie sich besser fühlt. Schließlich fühlt sich ein Mann, der wegen eines Problems verärgert ist, in der Regel erst dann besser, wenn es gelöst oder zumindest eine konkrete Lösung ins Auge gefaßt ist. Er unterliegt dem Trugschluß, sie empfinde genauso. Frauen verlangen keine sofortigen Lösungen, wenn sie Gehör finden.
Sie besitzen eine unglaubliche Fähigkeit, Unvollkommenheit und Unvollständigkeit zu akzeptieren, sofern sie ihre Gefühle in vollem Umfang zum Ausdruck bringen können, angehört werden und Bestärkung erfahren. Die Akzeptanz einer Frau gegenüber Unvollkommenheit kann für einen Mann eine äußerst erfrischende Erfahrung sein.
Eine Frau fördert die Motivation und Fähigkeit ihres Partners, ihr zuzuhören und sie zu verstehen, indem sie ihre innere Akzeptanz entwickelt und pflegt.
Lernen die Frauen, ihren Partner zu akzeptieren, ohne ihn ändern zu wollen, entwickelt der Mann langsam aber sicher mehr Verständnis für die individuellen Bedürfnisse seiner Frau und den Wunsch, mehr zu geben.
Und lernt ein Mann, die Frauen zu verstehen, wird er die unglaubliche weibliche Fähigkeit erleben, Fehler zu verzeihen und Männer so zu akzeptieren, wie sie sind.

## Respekt und Anerkennung

Ähnlich verhält es sich mit diesen beiden ergänzenden Wesensarten. Wenn ein Mann lernt, die Rechte einer Frau zu respektieren, indem er ihre Gleichheit innerhalb der Beziehung

anerkennt, erfährt er von ihrer Seite zunehmende Wertschätzung für das, was er ihr gibt. Um die Rechte einer Frau zu respektieren, muß ein Mann die Unterschiede zwischen ihr und sich selbst achten.
Es steht ihr zu, gelegentlich unvollkommen zu sein und überzureagieren, ohne daß er dies als größere Kränkung empfindet. Respekt für sie bedeutet zu wissen, daß sie manchmal überreizt oder durcheinander ist und dann seine Unterstützung verdient.
Er respektiert ihre Rechte, indem er sie in alle Entscheidungen, die sie mit betreffen, einbezieht. So sollte er sich nach ihrer Meinung erkundigen, zum Beispiel mit Fragen wie: »Ist das für dich in Ordnung?«, »Ich würde gern...« – »Was meinst du dazu?« oder »Ich finde, wir sollten...« – »Wozu hättest du Lust?« Bei jeder Meinungsverschiedenheit gesteht er seiner Partnerin aus Respekt das Bedürfnis zu, weiter zu diskutieren, bis sie eine Lösung gefunden haben, die beide zufriedenstellt.
Eine Frau zu respektieren bedeutet, sich Zeit zu nehmen, um ihre persönlichen Bedürfnisse herauszufinden, und sich zu bemühen, sie mitunter vorauszuahnen, damit sie nicht immer fragen muß. Es bedeutet auch, sie bei der Realisierung ihrer Träume und Ziele zu unterstützen; ihr Bestätigung und Unterstützung dabei zu geben, sich ihrer eigenen Werte bewußt zu sein, sich als etwas Besonderes zu fühlen und Anspruch darauf zu haben, sich und ihre Gefühle zu behaupten. Das Gefühl, etwas Besonderes zu sein, ist eines der wichtigsten Bedürfnisse einer Frau, es ist entscheidend bei einer romantischen Beziehung. Indem ein Mann zum Beispiel seiner Frau unerwartet Blumen mitbringt, bezeugt er seinen Respekt und seine Achtung vor ihrer Weiblichkeit.
Das Bekenntnis des Mannes zu der bestehenden Beziehung und zu seiner Partnerin dürfen als die Grundvoraussetzung und wohl wirkungsvollste Art angesehen werden, eine Frau zu respektieren. Dementsprechend bedeutet ein Seitensprung die absolute Mißachtung des Partners.

## Treue – eine Form von Respekt

Das Bekenntnis zu ihr zeigt einer Frau, daß sie für ihren Partner etwas ganz Besonderes darstellt. Monogamie gewährleistet, daß die Partner auf Dauer etwas ganz Besonderes und für beide sehr Kostbares teilen.

Aufgrund dieses Respekts kann eine Frau sich entspannen. Sie fühlt nicht den Drang, sich als gleichwertig beweisen zu müssen, sondern wird sich ganz natürlich als ihm ebenbürtig fühlen. Sie ist nicht darum bemüht, Anerkennung zu bekommen für das, was sie tut, sondern kann sich darauf konzentrieren, ihrem Partner für das, was er ist und was er unternimmt, um ihr das Leben angenehmer zu machen, Anerkennung und Wertschätzung zu vermitteln.

Wenn sie ihrem Partner behilflich ist, knüpft sie daran keine Bedingungen. Ein jedes ihrer Geschenke an ihn ist Ausdruck ihrer Anerkennung und Dankbarkeit.

Den Partner anzuerkennen bedeutet für die Partnerin, ihrerseits alles zu tun, um ihm das Leben zu erleichtern. Sie schafft ein friedliches und harmonisches Umfeld, in dem er das Gefühl entwickeln kann, wichtig, geschätzt, etwas Besonderes und fähig zu sein, sie glücklich zu machen.

Wenn eine Frau einem Mann Anerkennung entgegenbringt, begehrt sie ihn und nimmt sich die Zeit, sich für ihn schön zu machen. Aus ihrer anerkennenden Haltung heraus setzt sie sich mit ihren Gefühlen auseinander und kann so, wenn sie mit ihm zusammen ist, meist guter Stimmung sein. Sie bemüht sich, ihre Gefühle und Bedürfnisse mitzuteilen, bevor sie sich aufstauen und zu Verdruß führen. Ihre Anerkennung motiviert sie, ihn wissen zu lassen, daß ihre Verärgerung oder Überreiztheit nicht seine Schuld ist.

Erkennt sie ihren Partner an, empfindet sie tiefe Freude darüber, mit ihm zusammensein zu können. Eine anerkennende Frau vermeidet kritische Äußerungen, solange der Partner sie nicht darum bittet. Sie nimmt seine Unterstützung bereitwillig an, wodurch starke Erschöpfungszustände vermieden werden.

## Die Vorteile einer liebevollen Beziehung

Indem wir lernen, unsere dominanten Wesensarten zu entwickeln und zu fördern, sorgen wir dafür, daß wir in unseren Beziehungen mehr Unterstützung geben und annehmen können. Dieses Prinzip gilt nicht nur für Liebesbeziehungen, sondern ebenso für andere Kontakte.

Wollen wir mehr Vertrauen bekommen, müssen wir selbst fürsorglicher werden. Haben wir das Bedürfnis nach Fürsorge, müssen wir daran arbeiten, so viel Vertrauen aufzubringen, daß wir die Hände ausstrecken und um Unterstützung bitten können.

Bekommt ein Mann nicht die gewünschte Unterstützung, muß er sich als erstes fragen, wie er fürsorglicher, einfühlender, verständnisvoller, anerkennender, respektvoller, rücksichtsvoller und mitfühlender werden kann.

Indem er diese Wesenszüge entwickelt und zum Ausdruck bringt, unterstützt er nicht nur seine Partnerin, sondern zieht auch selbst unmittelbaren Nutzen daraus. Er erlangt mehr Ausgeglichenheit und Stärke, er kann wirksam Streß abbauen und zu seiner Stärke finden.

Mitunter kann ein Mann allein dadurch seine Befindlichkeit verbessern, daß er etwas tut, was die Bedürfnisse eines anderen respektiert.

Wenn er etwas zur Unterstützung eines anderen unternimmt, kann er etwas bewirken. Ist er aber nicht respektvoll, werden seine Handlungen auch nichts Positives ausrichten. Folglich fühlt er sich weniger motiviert, anderen etwas zu geben, und kümmert sich daher nur um seine eigenen Belange. Dies aber wird ihn niemals völlig zufriedenstellen – andere zu fördern ist ihm ein Grundbedürfnis.

Ein Mann braucht ein Ziel, eine Orientierung. Wenn er keine Fürsorglichkeit mehr empfindet, verliert er seine Kraft. Kriegsgefangene haben berichtet, daß ihr Überlebenswille durch Gedanken an Menschen, die ihnen etwas bedeuteten, genährt wurde. Verliert ein Mann seine Fürsorglichkeit, wird er teilnahmslos, leer und ziellos.

## Ein kurzer Adrenalinstoß ...

Außerdem wird sein Leben dadurch langweilig. Um vorübergehend aus dieser Langeweile auszubrechen, sucht er vielleicht das Risiko, indem er zum Beispiel Autorennen fährt, Berge besteigt, gesellschaftliche Tabus oder Gesetze bricht, Spielleidenschaft enwickelt oder gewagte Investitionen tätigt. Steht ein Mann kurz davor, sein Leben, sein Vermögen oder seine Freiheit zu verlieren, wird ihm plötzlich bewußt, was ihm sein Leben, sein Geld oder seine Freiheit bedeuten. Diese Erkenntnis bewirkt einen starken Adrenalinstoß, vergleichbar etwa dem Rausch, den man durch Drogen erlebt. Leider ist dieses euphorische Hoch nur eine vorübergehende Illusion. Ist sie vorbei, fühlt er sich noch gelangweilter, deprimierter und unzufriedener. Um eine länger anhaltende Zufriedenheit zu erleben, muß er Beziehungen pflegen und seine Fähigkeit entwickeln, sich um andere Gedanken zu machen.

Wenn er liebevolle Beziehungen erlebt, sind Gefahren und dramatische Notsituationen überflüssig. Indem er die Gefühle anderer anhört und versteht, wird er sich der unterschiedlichen Bedürfnisse deutlicher bewußt und verspürt einen stärkeren Wunsch zu helfen. Dadurch, daß er diesen Wunsch mit Respekt für die anderen in die Tat umsetzt, bekommt er das Gefühl zu genügen, ohne besser sein, mehr besitzen oder mehr tun zu müssen als andere.

## ... oder eine erfüllte Beziehung

Eine feste Partnerschaft gibt einem Mann die Gelegenheit, seine Fähigkeiten noch mehr zu vertiefen. In einer glücklichen Beziehung kümmert er sich mehr um seine Partnerin und Familie als um jeden anderen. Diese besondere Art der Fürsorge befähigt ihn, mehr zu geben und mehr Motivation zu spüren. Fehlt seiner Partnerschaft das Element der Liebe, kann sie ihn seiner Fähigkeit berauben.

Ganz ähnlich ist es, wenn eine liebende Frau ihrem Partner immer mehr Anerkennung, Akzeptanz und Fürsorge entgegenbringt. Davon profitiert nicht nur er, sondern auch sie ganz unmittelbar. Ihr Vertrauen ermöglicht es ihr, mit ihrer inneren Kraftquelle und Selbstachtung in Verbindung zu treten. Ihre Akzeptanz bewirkt, daß sie sich entspannen und ihre positive Einstellung fördern kann. Durch die Anerkennung, die sie empfindet, kann sie sich öffnen und reichlich von dem entgegennehmen, das ihr zusteht. Vertrauende, akzeptierende und anerkennende Gefühle verleihen einer Frau die Kraft, wirkliche Lebensfreude zu empfinden.

Wenn eine Frau daran arbeitet, ihre negativen Gefühle loszulassen, um statt dessen ihre positiven, liebevollen Haltungen zu stärken, gewinnt sie dadurch nicht nur die Unterstützung anderer, sondern tritt auch in Fühlung mit sich selbst. Indem sie auf diese so wichtige, aber nicht einfache Weise Liebe gibt, beginnt sie, dem gesamten Spektrum positiver Gefühle Ausdruck zu verleihen, durch die sich ein Mann erst so richtig unterstützt fühlt. Gemeint sind Vertrauen, Einverständnis, Akzeptanz, Anerkennung, Wertschätzung, Bestätigung und Bewunderung. Gelingt es einer Frau, diese Haltungen zu verinnerlichen, fühlt ein Mann sich durch ihre Liebe geehrt. Auch sie blüht auf und kann ihr wahres, innerstes Selbst in vollem Maße zur Entfaltung bringen.

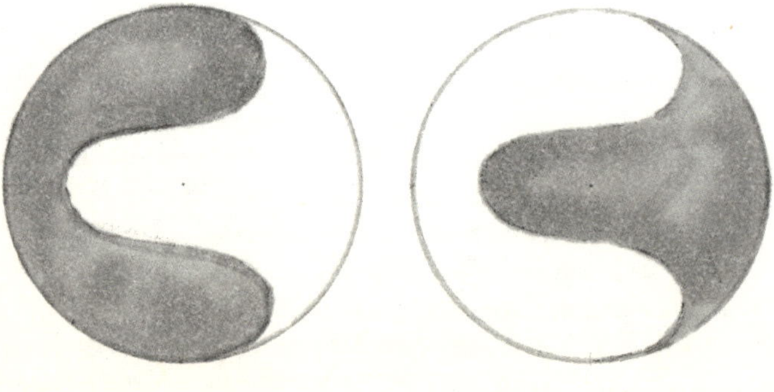

# Die Liebesbrieftechnik

Die Liebesbrieftechnik ist eine sehr wichtige Fertigkeit, die man lernen kann, um erfolgreich eine liebevolle und dauerhafte Beziehung zu pflegen. Mit dieser jahrhundertealten Technik kann man lernen, Ärger und andere negative Gefühle loszulassen, um so in den positiven Gefühlen der Liebe, des Verstehens und Vergebens zu Ausgeglichenheit zu finden. Sie hat Tausenden von Paaren geholfen, ihre Beziehung zu retten oder wenigstens in Frieden auseinanderzugehen. Die Liebesbrieftechnik ist die perfekte Methode, um negative Gefühle zu verarbeiten und in positive Einstellungen umzuwandeln.

Der Liebesbrief umfaßt zwei Teile. Im ersten schreibt man freimütig und wahrheitsgemäß seine Gefühle nieder und stellt sich dabei vor, der Partner würde einen anhören und verstehen. Der zweite Teil stellt eine liebevolle Antwort auf den ersten dar. Beim Verfassen dieser Antworten stellt man sich vor, der Empfänger des ersten Briefes gebe einem damit eine offenherzige Antwort. In diesem Antwortbrief drückt man aus, was man gerne von dem anderen hören möchte.

## Der Zweck eines Liebesbriefes

Das Verfassen von Liebesbriefen hilft Ihnen dabei, sich all die Strategien, die in diesem Buch vorgestellt werden, zu eigen zu machen. Ganz gleich, wieviel man darüber weiß, wie man eine gute Beziehung führt, fällt es schwer, liebevoll und unterstützend zu handeln, wenn die eigenen Gefühle verletzt sind. Mit der Liebesbrieftechnik können Sie sich die nötige Unterstützung selbst geben, wenn Ihr Partner dazu nicht in der Lage ist. Während Sie einen Liebesbrief schreiben, nehmen Sie sich die Zeit, um sich selbst liebevoll, fürsorglich und verständnisvoll anzuhören. Wer nicht bereit ist, sich die Zeit zu nehmen, um durch Anhören der eigenen Gefühle sich selbst liebevoll zu behandeln, kann auch nicht erwarten, daß andere dies für ihn tun. Wenn Sie ein Bedürfnis nach emotionaler Unterstützung empfinden, sie aber nicht bekommen, müssen Sie sich selbst dazu verhelfen, indem Sie einen Liebesbrief schreiben. Der Sinn und Zweck eines Liebesbriefes besteht nicht darin, Ärger, Verurteilungen und Kritik über dem Partner auszuschütten. Ein solcher Brief will weder versuchen, den anderen zu ändern oder zu korrigieren, noch möchte er auf dessen Unzulänglichkeiten hinweisen. So eingesetzt, kann er nicht funktionieren. Er kann nur dann etwas bewirken, wenn man ihn für sich selbst schreibt, um liebevollere Gefühle zu entwickeln.

## Die Wirkung eines Liebesbriefes

Wenn Ihr Partner Ihre Gefühle nicht vernimmt, ist es wichtig, daß zumindest Sie sie wahrnehmen. Nachdem Sie sie zum Ausdruck gebracht haben, besteht der nächste entscheidende Schritt darin, daß Sie sich vorstellen, welche Antwort Sie hören müssen, um das Gefühl zu bekommen, Gehör gefunden zu haben und unterstützt zu werden. Durch das Schreiben eines Liebesbriefes können Sie leichter die Hindernisse aus dem Weg räumen, die Sie davon abhalten, Liebe zu geben und zu empfangen. Wenn Sie das ganze Spektrum Ihrer Gefühle kennenlernen und erleben, verlieren negative Haltungen sich beinahe von selbst.

Beim Verfassen des Antwortbriefes spürt Ihr Unbewußtes die Unterstützung, die ihm zusteht. Indem wir verantwortungsvoll ausdrücken, was wir hören möchten, öffnen wir unser Herz, um die Unterstützung, die tatsächlich da ist, zu fühlen und anzunehmen. Der Antwortbrief hilft auch dem Empfänger des Liebesbriefes, zu erkennen, was Sie sich von ihm oder ihr als Reaktion auf Ihren Brief wünschen.

Das genau vorgegebene Schema des Liebesbriefes hilft Ihnen dabei, ihre innersten Gefühlsebenen zu erschließen und zu spüren. Während Sie schreiben, weitet sich spontan ihr Bewußtsein, bis sie die positiven Gefühle entdecken, die stets bereits vorhanden, aber in der Regel verborgen sind.

## Schreiben befreit

Dem Akt des Schreibens wird nicht umsonst eine befreiende und reinigende Wirkung zugeschrieben. Sicher wissen Sie aus eigener Erfahrung, wie gut es sein kann, Gedanken zu Papier zu bringen oder Briefe zu schreiben. Allein die Mühe, sich so auszudrücken, daß das Ganze klare Formen annimmt und andere es verstehen können, ist schon ein gutes Stück Aufarbeitung innerer Vorgänge.

Jede Verärgerung und Irritation rührt daher, daß das Bewußtsein sich auf die negativen Aspekte der Dinge fixiert. Während wir unseren negativen Gefühlen nachgehen, weitet sich allmählich unser Bewußtsein, und wir nehmen schließlich auch die positiven Seiten wahr. Sogleich werden wir von dem behindernden Einfluß der negativen Emotionen befreit und werden uns einer Fülle positiver Gefühle bewußt. Um diese Befreiung und Wandlung herbeizuführen, müssen vier Ebenen negativer Emotionen bewußt erlebt oder erspürt werden. Danach erst werden die liebevollen Gefühle spürbar, die durch die negativen Haltungen blockiert waren. Daher wendet man sich beim Verfassen eines solchen Liebesbriefes, nachdem man die vier Ebenen der Verstimmtheit beschrieben hat, zum Abschluß stets der fünften Ebene, der der Liebe, zu. Durch das Aufschreiben all dieser Emotionen macht man sie sich deutlicher bewußt und ist so imstande, sich vollends von ihnen zu befreien.

Die fünf Ebenen des Liebesbriefes
1. Ebene: Ärger
2. Ebene: Trauer
3. Ebene: Angst
4. Ebene: Reue
5. Ebene: Liebe und andere positive Gefühle

Indem Sie diesem Schema folgen, können Sie negativen Gefühlen bis zu ihren tiefsten Wurzeln auf den Grund gehen und die liebevollen Gefühle wiederentdecken, die man in

Streßzeiten so schnell vergißt. Wenn Sie Ihren Liebesbrief zu Ende geschrieben haben, verfassen Sie anschließend einen Antwortbrief, in dem Sie sich entschuldigen und Ihr Verständnis, Ihre Zustimmung, Anerkennung, Liebe und Dankbarkeit ausdrücken. Schreiben Sie auf, was Sie als Erwiderung auf Ihren Liebesbrief hören möchten, was Ihre Gefühlslage verbessern würde und was der Adressat des Liebesbriefes Ihrem Gefühl nach sagen würde, wenn er Sie hören und offenherzig antworten könnte.

## Wie man einen Liebesbrief schreibt

In einem Liebesbrief schreiben Sie die Gefühle einer Ebene auf, wobei Ihr Bewußtsein sich irgendwann von selbst den Gefühlen der nächsten Ebene zuwenden wird. Schreiben Sie zunächst all ihre Ärgergefühle nieder. Solange Sie Ärger empfinden, bleiben Sie bei der ersten Ebene. An einem gewissen Punkt werden Sie bemerken, wie Sie milder gestimmt werden. Nun sind Sie bereit, Ihre Gefühle der zweiten Ebene zu ergründen.

Schreiben Sie Ihre Gefühle der Trauer nieder. Wenn Sie die zweite Ebene völlig ergründet haben, wird Ihr Bewußtsein automatisch dazu übergehen, die innersten und verletzlichsten Gefühle der dritten Ebene zu durchleben. Schreiben Sie also Ihre Angstgefühle auf.

Vielleicht stellen Sie, während Sie mit den Gefühlen der ersten drei Ebenen befaßt sind, fest, daß Ihre Emotionen stärker werden. Dies ist ein Zeichen dafür, daß Sie im Begriff sind, diese Gefühle loszulassen, und sich in Ihnen eine Katharsis (Befreiung) vollzieht.

Irgendwann wird sich ein Gefühl der Verantwortung einstellen. An diesem Punkt gehen Sie zur vierten Ebene über. Schreiben Sie ihre Gefühle der Reue und Entschuldigung auf. Durch diese Umorientierung können Sie am wirkungsvollsten alle negativen Gefühle loslassen, was sich darin äußert, daß positive, liebevolle Gefühle in Ihnen aufsteigen.

Inzwischen fühlen Sie sich vermutlich schon viel besser. Dennoch ist es von größter Wichtigkeit, daß Sie auch Ihre positiven Gefühle aufschreiben.
Drücken Sie Ihre Liebe und Anerkennung, Ihren Respekt, Ihr Verständnis, Ihre Akzeptanz, Ihre Fürsorge und Ihr Vertrauen aus. Indem Sie Ihre positiven Gefühle schriftlich festhalten, bleiben sie auch länger erhalten.

## Liebevoll bleiben – auch in Streßzeiten

Mit jedem Liebesbrief, den Sie schreiben, stärken Sie Ihre Fähigkeit, besonders in streßbelasteten und aufregenden Zeiten eine positive und liebevolle Haltung beizubehalten. Stellen Sie sich beim Verfassen eines Liebesbriefes vor, daß man Ihnen wirklich zuhört und bereit ist, Sie zu unterstützen.
Sind Sie auf jemanden sauer, können Sie Ihre Gefühle ebenfalls in einem Liebesbrief mitteilen. Denken Sie aber daran, daß Sie nur Ihre Gefühle mitteilen und sich nicht über diesen Menschen äußern. Es geht nicht darum, ihn zu kritisieren, sondern allein darum, daß Sie ihm Ihre Gefühle mitteilen, damit er Sie besser verstehen und unterstützen kann.
Aber ein Liebesbrief erfüllt auch dann seinen Zweck, wenn Sie ihn gar nicht abschicken. Kann der Adressat zum Beispiel Ihre Gefühle nicht unterstützen, richten Sie dennoch den Brief an ihn, ohne ihn jemals auszuhändigen. Allein das Schreiben des Briefes bessert Ihre emotionale Lage. Natürlich ist der Effekt größer, wenn Sie Ihre Gefühle mit dem Menschen, an den Sie schreiben, teilen können.
Kann dieser Ihnen aber nicht voller Liebe und Verständnis zuhören, und würde ein persönliches Gespräch nur auf beiden Seiten zu Verdruß führen, dann verschaffen Sie sich selbst Klarheit und Erleichterung, indem Sie einen Liebesbrief schreiben, ohne ihn abzusenden.

## Die richtige Form

Für jede der fünf Ebenen sieht das Liebesbriefformat Einleitungssätze vor, die Ihnen die Annäherung an Ihre Gefühle er-

leichtern. Schreiben Sie eine dieser kurzen Einleitungen nieder und vervollständigen Sie dann den Satz. Diese Technik hilft Ihnen, Ihre Gefühle hervorzulocken. Einleitungssätze sind vor allem dann hilfreich, wenn Sie sich nicht sicher sind, wie Sie Ihre Gefühle ausdrücken können.
Sie tragen nicht nur dazu bei, daß die Emotionen an die Oberfläche steigen, sondern führen sich auch hin zu Ihren unbewußten Gefühlsebenen.
Sie können innerhalb einer Ebene entweder immer denselben Einleitungssatz verwenden oder auch alle benutzen. Wählen Sie die Sätze, mit denen Sie Ihren Gefühlen am besten Ausdruck verleihen können. Die meisten Einleitungssätze beginnen mit dem Wort »ich«, das Ihnen hilft, bei sich und Ihren Gefühlen zu bleiben.
Jedesmal, wenn Sie negativ gestimmt sind, holen Sie sich einen Stift und einige Bögen Papier und schreiben Sie einfach drauflos. Durch das Aufschreiben Ihrer Gefühle finden Sie wieder mehr zu Ihrer Mitte. Aller Wahrscheinlichkeit nach geschieht dies um so schneller, wenn Sie das folgende Liebesbriefformat einhalten.

## Das Liebesbriefformat:

Liebe(r),
ich schreibe Dir diesen Brief, um meine Verärgerung und negativen Gefühle loszuwerden und die positiven Gefühle zu entdecken und auszudrücken, die Dir zustehen. Ich schreibe Dir auch diesen Brief, um Dich um Unterstützung zu bitten, ohne sie zu fordern.

1. Ebene: Ärger
»Ich mag es nicht«
»Ich ärgere mich«
»Ich bin frustriert«
»Ich bin zornig«
»Es macht mich wütend«
»Ich möchte«

2. Ebene: Trauer
»Es verletzt mich«
»Ich bin enttäuscht«
»Ich bin traurig«
»Ich bin unglücklich«
»Ich wünsche mir«

3. Ebene: Angst
»Es schmerzt mich«
»Ich mache mir Sorgen«
»Ich habe Angst«
»Ich fürchte«
»Ich brauche«

4. Ebene: Reue und Entschuldigungen
»Ich entschuldige mich«
»Es ist mir peinlich«
»Es tut mir leid«
»Ich schäme mich«
»Ich bin bereit«

5. Ebene: Liebe, Verständnis, Dankbarkeit und Vergeben
»Ich liebe«
»Ich schätze«
»Ich sehe ein«
»Ich verzeihe«
»Ich würde gern«
»Ich vertraue«

»Ich liebe Dich«

## Der richtige Zeitpunkt

Wann immer es Ihnen schwerfällt, liebevoll zu sein, ist es an der Zeit, einen Liebesbrief zu schreiben. Wenn Sie sich an das vorgeschlagene Format halten, fällt es Ihnen leichter, Ihre ne-

gativen Emotionen wirklich zu verarbeiten und die liebevollen Gefühle in Ihnen zum Vorschein zu bringen.
Nehmen Sie sich Zeit, jede einzelne Ebene zu ergründen. Selbst wenn anscheinend keine Gefühle da sind: Atmen Sie tief durch, entspannen Sie und lassen Sie sie allmählich aufsteigen. Schreiben Sie auf, was immer an die Oberfläche kommt. Versuchen Sie, auf jede Ebene gleich viel Zeit zu verwenden. Wenn Sie auf einer Ebene zunächst nicht fündig werden, kann dies ein Zeichen sein, daß Sie hier besonders gründlich suchen müssen, weil Sie bestimmte Dinge verdrängt haben.
Im Durchschnitt dauert das Verfassen eines Liebesbriefes etwa 20 Minuten. Nehmen Sie sich für jede Ebene etwa vier Minuten Zeit. Denken Sie nicht an Rechtschreibung und Interpunktion. Spüren Sie nur ihren Gefühlen nach, und schreiben Sie sie sogleich auf.
Wenn Sie ins Stocken geraten, schreiben Sie einfach einen Einleitungssatz und schließen Sie an, was immer an Gefühlen oder Gedanken in Ihnen aufsteigt, selbst wenn es nicht zum Einleitungssatz paßt. Auch wenn es nichts mit der Person zu tun hat, an die sich der Brief richtet: Lassen Sie es zu!
Die Liebesbrieftechnik ist ein hilfreiches Werkzeug, um sein Innerstes zu öffnen und seinen Gefühlen auf die Spur zu kommen. Mit Hilfe dieses Werkzeugs werden Sie Ihre Fähigkeit, Ihr Herz ständig offen zu halten, stetig verbessern.

## Der Antwortbrief

Ist Ihr Liebesbrief fertig, nehmen Sie sich noch einige Minuten Zeit, um eine Antwort zu verfassen. Viele sehen gerade in diesem zweiten Schritt die eigentliche heilende Wirkung des Liebesbriefes.
In diesem Antwortbrief geben Sie sich selbst die Liebe, die Ihnen zusteht.
Meist rührt unsere Verstimmung daher, daß wir der Gefühlsseite in uns mitteilen, wir würden auf die eine oder andere Weise mißhandelt.

Mit dem Antwortbrief sagen wir unseren Gefühlen, was wir als Antwort verdient haben.
Nach dem Verfassen eines Liebesbriefes sind die eigenen Gefühle sehr offen für positive Botschaften. Ein Antwortbrief gibt Ihnen die Möglichkeit, sich die Liebe und Unterstützung zu verschaffen, die Sie brauchen. Auch wenn Sie vielleicht denken mögen, »Warum soll ich mir selbst eine Antwort schreiben, das ist doch reichlich absurd«, tun Sie es. Sie werden merken, wie gut es Ihnen tut.

Das sollte Ihr Antwortbrief enthalten:
- Entschuldigungen, die so formuliert sind, daß Sie das Gefühl haben, Gehör und Unterstützung zu bekommen.
- Verständnisvolle und bestärkende Aussagen, die Wärme und Mitgefühl für Ihre Gefühle ausdrücken.
- Liebevolle Aussagen, die Sie loben und schätzen sowie anerkennen, was Ihnen zusteht.
- Was immer sonst Sie brauchen, um sich gut zu fühlen – also etwa eine Aufmunterung oder ein schönes Kompliment.

Antwortbriefe stellen nicht nur eine gute Möglichkeit dar, für sein eigenes Wohlbefinden zu sorgen, sondern lassen auch die Menschen in ihrer Umgebung wissen, welche Unterstützung Sie von ihnen haben möchten. Die Unterschiedlichkeit von uns allen macht es sehr schwer, selbst von den Menschen, die uns nahestehen, genau die richtigen Worte erwarten zu können. Indem Sie einen Antwortbrief schreiben und mit Ihrem Partner oder Ihrer Partnerin gemeinsam lesen, geben Sie sich und dem anderen die Möglichkeit, Liebe und Unterstützung auf eine Weise auszudrücken, die verstanden wird und Ihnen ein Höchstmaß an Beziehungsqualität gibt.

# Nachwort

Der Tod meines Vaters und meines Bruders – beide sind durch tragische Umstände zu Tode gekommen – haben mein Leben zutiefst beeinflußt. Durch ihr Sterben wurde ich mir meiner Verantwortung bewußt, denen zu helfen, die sich in irgendeiner Weise »gefangen« fühlen – sei es durch ihre besonderen Lebensumstände, ihre Beziehungen zum Partner oder durch ihr eigenes Denken und Verhalten.
Können Sie sich vorstellen, was es heißt, im Kofferraum eines Autos qualvoll zu sterben? Oder im Leben so zu scheitern, so vom Pech verfolgt zu werden, daß Sie keinen anderen Ausweg als den Selbstmord sehen? Das erste ist meinem Vater zugestoßen, er wurde von einem Anhalter überfallen und in den Kofferraum seines Wagens gesperrt, wo er starb. Und das zweite Unglück betrifft meinen Bruder. Er hatte sich in eine solch unglückselige Situation verrannt, daß er keinen Mut zum Leben mehr aufbringen konnte.

## Nähe rettet

Beiden hätte geholfen werden können, wenn es jemanden gegeben hätte, der in ihrer Nähe gewesen wäre. Und das ist schon alles, nicht mehr und nicht weniger: Nähe. Deshalb widme ich dieses Buch allen, die sich in vergleichbaren Situationen befinden, die sich Nähe und Hilfe vom andern wünschen, auch wenn das mitten in einer Situation ist, von der man eigentlich annehmen sollte, daß sie von Nähe gekennzeichnet sei – in einer Beziehung zum anderen, besonders jedoch in der zwischen Männern und Frauen.
Dieses Buch ist auch all jenen gewidmet, die sich bereits aus ihrer Isoliertheit befreit haben und nun versuchen, anderen bei ihrer Befreiung zu helfen. Möge es Sie in Ihrem Bemühen unterstützen und Ihre Arbeit fördern.
Das Buch zu schreiben und die darin aufgezeigten Einsichten, Fähigkeiten und Strategien zu verwirklichen war für

mich eine erlebnisreiche Reise, die mich zu vielen Höhen, aber auch durch zahlreiche Täler und Stürme führte.
Ich danke meiner Frau Bonnie für ihre Begleitung auf dieser Reise und für ihre unermüdliche Liebe und Unterstützung.
Ich danke ebenso meiner Tochter Lauren, meinen Stieftöchtern Shannon und Julie, meiner Mutter Virginia und all meinen Patienten, deren Fälle ich in diesem Buch schildere, sowie den Teilnehmern meiner Seminare, die mir ihre Geschichte und ihre Erfahrungen mitgeteilt haben.
Ihre Unterstützung hat dieses Buch erst möglich gemacht.
Es will Ihnen helfen, in Ihrem Leben etwas zu verändern. Haben Sie den Mut und zeigen Sie Ihr ehrliches Bemühen, das Licht der Liebe in Ihrem Herzen zu finden, diese Liebe zu teilen und anderen zu schenken. Versuchen Sie, den Weg für Verständnis und Nähe zu ebnen, um Freude zu stiften, sich und andere von Trauer und Gefangensein zu befreien. Vergessen Sie niemals: Sie sind etwas Besonderes, und Ihre Liebe kann Großes bewirken.

Titel der amerikanischen Originalausgabe:
Men, women and Relationships.
Making peace with the opposite sex.
Übersetzung aus dem Englischen: Susanne Vogel, München

Illustrationen:
Anne Strasser, Hamburg


Redaktion:
Dr. Alex Klubertanz, Michaela Breit, Stefan Vieregg
Redaktionsleitung: Josef K. Pöllath
Layout und Umschlaggestaltung:
Michael Keller, München unter Verwendung des Fotos
»Woman Twirling« von Jo Ann Callis,
courtesy of Craig Krull Galery, Santa Monica, California
DTP/Satz: Wolfgang Lehner
Druck und Bindung: Legoprint, Vicenza
Printed in Italy

Gedruckt auf chlor- und säurearmem Papier

ISBN 3-517-01781-7